RADIUS V BÜCHER

Ingeborg Drewitz
Literatur und Politik. Essays
Im RADIUS-Verlag

Kurz vor 1984

CIP-Kurztitelaufnahme der Deutschen Bibliothek

Drewitz, Ingeborg:
Kurz vor 1984 [neunzehnhundertvierundachtzig]:
Literatur u. Politik; Essays / Ingeborg Drewitz.
Mit e. Vorw. von Walter Dirks. – Stuttgart:
Radius-Verlag, 1981.
  Erscheint als: Radius-Bücher
  ISBN 3-87173-588-4

3., 2., 1. Auflage (die letzte Ziffer gilt für diese Ausgabe)
ISBN 3-87173-588-4
© 1981 by RADIUS-Verlag GmbH, Stuttgart
Gesamtherstellung Clausen & Bosse, Leck
Printed in Germany

Vorwort

Die Dichterin in Ingeborg Drewitz schweigt »kurz vor 1984«, jedenfalls in dem Buch, das sie so genannt hat. Ihr Leben und Wirken in Perioden: Der von der Diktatur und dem Krieg vergewaltigten Jugend folgen von der Befreiung an bis 1965 zwei Jahrzehnte jener doppelten Existenz in Beruf und Familie, wie sie für die Frauen unserer Zeit so typisch ist: sie schreibt Dramen, Erzählungen, Hörspiele, Romane (und empfängt Preise); sie ist eine junge Dichterin, und sie liebt ihren Mann und zieht mit ihm drei Kinder auf. 1965 aber ist sie die Vorsitzende des Schutzverbandes deutscher Schriftsteller, drei Jahre später Mitbegründerin des VS, des Verbandes deutscher Schriftsteller. So beginnt ein unermüdliches Wirken in den Organisationen der »Autoren« und für das Bewußtsein derer, die sie gern als Zeitgenossen sehen würde, »die kein Blatt vor den Mund nehmen«: der Schriftsteller. Schriftstellerin ist sie jetzt selber. In derselben Zeit ist sie ebenso unermüdlich dabei, Fäden zu knüpfen zwischen den Literaturen in Berlin-West und in Berlin-Ost, in der BRD und in der DDR, in Deutschland und in der Welt. Und sie hilft: Gefangenen, Türken, anderen Erniedrigten und Beleidigten. Sie regt an, und sie klärt auf. Zeugnisse der Verbandsarbeit sind im ersten Teil dieses Buches verarbeitet, die anderer Engagements in den folgenden Teilen. Die Situation der Frau wird reflektiert, die angstgetriebene Verhärtung der Demokratie in unserem Land, demokratischer Rückstand in anderen Zonen, Neonazismus.

Der letzte Abschnitt wird den zeitbewußten Leser aufregen, wenn es nicht schon die anderen getan haben. Da ist die große politische Gegenwart präsent, das Elend der deutschen Zustände. Während ich dies niederschreibe, Ende Februar 1981, heißen die Stichworte Berlin, Brokdorf, Tornado, Aufrüstung. Ich kann nicht wissen, wie sie in den Wochen und Monaten lauten werden, in denen die erste Auflage dieses Buches an die Leser kommt, aber eines weiß ich genau: Ingeborg Drewitz' Buch »Kurz vor 1984« wird brandaktuell sein. In allen Teilen schreibt sie genau in unser Schicksal hinein, das sich nicht so rasch ändern kann. Wir, die wir zwischen dem Immobilismus der Strukturen, Kulissen und Gesinnungen und einer offenen Zukunft ratlos sind, werden es merken. Daß wir so existieren, wird sowohl der bestreiten, der unseren Status quo für die am wenigsten schlechte unserer Möglichkeiten hält – »Weitermachen!«, »Keine Experimente!« –, als auch der, der ein sicheres Rezept für die große Veränderung zu haben glaubt. Aber ich denke nicht, daß es wenige sind, die weder »denen da oben« in Gesellschaft, Wirtschaft, Staat und auch Kirche trauen, noch denen, die uns mit Ideologien oder todsicheren Strategien kommen. Ich denke vielmehr, daß die Vorschläge der Ingeborg Drewitz einer sehr beachtlichen Schicht von Zeitgenossen plausibel oder doch beachtenswert erscheinen werden, die gerade jetzt in Wartestellung sind; ich denke auch, daß diese Schicht in den nächsten Monaten und Jahren anwachsen wird – möglicherweise explosiv? Ich komme noch darauf zurück.

*

Da ich mich ins Spiel gebracht habe (und keine Rezension schreibe, sondern ein Vorwort), darf ich eine Weile persönlich werden. Etliche Male habe ich meine Unterschrift neben die von Ingeborg Drewitz gesetzt, nicht weil wir verwandte Seelen wären, sondern weil uns dieselben Zwänge ärgern, dieselben Ungerechtigkeiten quälen, dieselben Gedankenlosigkeiten Sorge machen. Wir sind als Kommilitonen aufgetreten, haben uns aber nie kennengelernt. Das kann nicht mit der Größe und Unübersichtlichkeit des gemeinsamen Feldes unseres Engagements zusammenhängen. Die Bundesrepublik ist ja nicht nur provinziell, sondern eine Provinz; unsere IC-Fahrten dauern zwei bis sechs Stunden, Freiburg-Berlin allerdings zehn und etwas mehr; fürs Fliegen ist unsere Sackgasse fast schon zu klein – wieder mit Ausnahme Berlins. Es wird, so denke ich, mit einem Defekt zusammenhängen: Wir Westdeutschen lassen Berlin links liegen. Ehrlicher und genauer: Ich habe Berlin vernachlässigt unter dem Vorwand, da sei es so interessant und so wichtig – oder: da sei es so uninteressant und so unwichtig –, daß ich mich nicht »hineinziehen« lassen dürfe. So ist mir eine Frau nur aus der Ferne bekannt geworden, die nun allerdings sehr und durchaus eine Berlinerin ist: geboren in Moabit, Heirat in

Schöneberg, immenses Wirken in der ganzen Stadt, den Ostteil nicht ausgenommen. Als ich schon an diesem Vorwort arbeitete, erhielt ich – zum runden Geburtstag – den ersten Brief von ihr. Indem er aussprach, ich hätte 1946 und anschließend versucht, »in diesem völlig kaputten Land Deutschland« die der Demokratie fremd gewordene junge Generation »nicht im Stich zu lassen«, sondern »ins Gespräch zu nehmen«, hat sie mindestens so viel über sich selbst gesagt. Vergleiche ich, was bei ihr und bei mir daraus geworden ist, finde ich dieselbe Grundhaltung: »Kritische Solidarität«. Da ist der große Loyalitäts-Vorschuß an das System der Bundesrepublik, an die auf Freiheit, Frieden, Emanzipation gerichtete Reformpolitik der sozialliberalen Koalition und die wachsende Angst, auch dieser Daseins- und Geschichtsentwurf der deutschen Demokratie könne sich totlaufen, könne erstickt werden.

Als ich den ersten Abschnitt durcharbeitete, bekam ich ein schlechtes Gewissen. »Die Organisation der Schriftsteller in der Bundesrepublik Deutschland: Überlegungen zur sozialen und kulturpolitischen Situation und Aufgabenstellung« –, das sollte mich doch angehen und geht mich an: die organisatorische und soziale Lage der Journalisten, Schriftsteller und Rundfunkautoren, der kulturelle Aspekt sowieso. Ich bin zwar braver als viele meinesgleichen den Weg der Organisation mitgegangen und hoffe, auch noch die Medien-Gewerkschaft zu erleben, aber engagiert habe ich mich nicht sonderlich: ein durch einen sehr frühen optimalen Start von vornherein privilegierter Zeitgenosse, der sich allenfalls um die Kollegen seiner Arbeitsbereiche, nicht aber um alle gekümmert hat. Der »Autorenreport« ermittelte – vor einem Dutzend Jahren –: 16% der Freien Autoren hatten Jahreseinkünfte unter 3000 DM – monatlich unter 250 DM! –, 18% verdienten mehr, aber unter 1000 DM im Monat; die Hälfte der Autoren hat jedenfalls weniger als 2000 DM im Monats-Budget. (»Mit einem Einkommensabfall nach dem 60. Jahr.«) Das nur mit einem herzlichen, am Ende gar genußreichen Gefühl kollegialer Sympathie beantwortet zu haben, ist schlimm. Die Lektüre dieses Abschnittes ist spröde, so wie der Weg zu einer sozialen Absicherung freier Berufe steinig ist. Gelohnt haben es ihr die Kollegen im allgemeinen nicht; sie ist bald zornig darüber geworden, bald melancholisch, aber resigniert hat sie nicht. Ich muß für diese kollegiale Belehrung dankbar sein und bin es. Die Leser, die nicht unserem Berufskreis angehören, mögen diesen Abschnitt zunächst überschlagen, um zu Themen mit Fleisch und Knochen zu kommen, aber dann sollten sie heran an die Informationen und Überlegungen zur sozialen Situation in einem Berufsfeld, das auch für sie wichtig ist. Frau Drewitz hat ihnen viel Kraft und Zeit gewidmet, und wenn ich sie eingangs als »unermüdlich« bezeichnet habe, dann brauche ich in ihrem Gratulationsbrief nur nachzulesen, wie hoch sie »Sensibilität und Geduld« stellt, dann muß ich mir sagen, daß eine Dichterin und Mutter, die in ihrem dritten Beruf so viel tut, keineswegs »unermüdlich« ist, sondern »ermüdlich«: müde. Wir dürfen sie nicht im Stich lassen.

✻

Wie sie weder die Frauen noch uns Männer im Stich läßt. Mit dem nüchternen Blick auf Tatbestände, die mit den Bedingungen der Humanität zu tun haben, und durch die eigene dichte Erfahrung davor geschützt, sich zu versteigen, bedenkt sie die Situation der Frauen, insbesondere der Künstlerinnen, aber aller Berufstätigen überhaupt. Sollen sie nicht am zerspaltenen Leben scheitern, müssen sie versuchen, ein doppeltes voll zu leben. (Im ersten Abschnitt gab es ein männliches, allerdings einfacheres Gegenstück: den Autor, der einen halben Tag Auftrags-Brotarbeit leistet, um in der anderen Hälfte zu tun, was seines Amtes ist, im günstigsten Fall: »kein Blatt vor den Mund zu nehmen«.) Ingeborg Drewitz verstrickt sich nicht in Gedanken über die »Wesensbestimmung« der Frau und des Mannes. Es scheint ihr zukunftsträchtiger zu sein, wenn sich die Frau zur Menschlichkeit, der Mann zur Menschlichkeit emanzipiert, mit unbekanntem Ergebnis, was das »Rollenspiel« betrifft.

Aber ich bin kein Rezensent. Ich will die Abschnitte nicht einzeln durchgehen, sondern zur Sache kommen. Ich erwähnte »die wachsende Angst«, auch der 1945 begonnene, 1972 neu aufgegriffene Versuch der Deutschen, aus einem demokratischen Daseins- und Geschichtsentwurf zu leben, »könne sich totlaufen, könne erstickt werden«. Für diese Sorge und mit

Angst durchsetzte Furcht steht der Titel »Kurz vor 1984«. Der Große Bruder könnte in mancher Gestalt auftreten. Die nächstmögliche, am Ende nächst-wahrscheinliche, könnte sich Zug um Zug aus der tüchtigen braven Koalition entwickeln, die einmal eindeutig sozial und eindeutig liberal zu sein schien und es weniger eindeutig, aber immer noch nachweisbar bis zum heutigen Tag geblieben ist. Im Umschlag von Quantität in Qualität könnte sie sich zur Großen Schwester mausern. Der Große Bruder könnte sich auch aus der Opposition gegen die Schwächen – und die Stärken – dieses Regimentes ergeben. Das Buch ist schon deshalb »noch« aktuell, weil es in allen Abschnitten kaum überholte Reflexionen über die Siebziger Jahre und den Beginn der Achtziger vorlegt, über Berufsverbote, Zensur, Terrorismus, über Neonazismus, über Folter anderswo, Abschiebung bei uns, besonders aber in dem letzten Abschnitt. Er bezieht sich auf eine Phase der Geschichte, in der die Situation unserer Gesellschaft in einem greifbareren Sinn als früher als offen aufgefaßt werden kann, in diesem Frühjahr 1981. In drei Jahrzehnten hat mit Ausnahme der Übergangsperiode der »Großen Koalition« erst eine Rechte gegen die Opposition einer Linken, dann der Entwurf einer Linken gegen eine konservative und besitzbürgerliche Opposition regiert. Es ist fraglich geworden, ob diese Grundkonstellation für ewige Zeiten gilt, ob sie sich auch nur für weitere Jahre oder Jahrzehnte gegen die wachsende Unzufriedenheit wird behaupten können. Man darf fragen: Zittert es im Gebälk? Leben wir in einer Phase der Vorbeben? Ein gehöriger Vorrat »normaler« gruppen- und interessengebundener Unzufriedenheit – gerade sind es Heeremanns Bauern – ist sowieso ein dicker Brocken für jede Regierung, eine fast vordemokratische, wenig mobile Masse. Heute sind es dazu sehr große Teile der Jugend, von den »Punks« und Rockern und von den kritischen Studenten und Schülern bis zu Hausbesetzern und Atomgegnern, ja Widersachern der Technik, ständig zum Aussteigen verlockt. Dann sind da die Grünen mit ihrer tief und breit ansetzenden Systemkritik, dem gewohnten weit verbreiteten »Unbehagen an der Kultur«, aber volksnäher, direkter und vor allem zum Handeln bereit. Da sind die »Alternativen«. Das Unbehagen, bisher vor allem von Intellektuellen verspürt und formuliert, auch von »heimatlosen Linken«, beginnt auf die Kirchen überzugreifen, seit längerem auf die Evangelische, neuerdings in wachsendem Maße auf die Katholische. Der Panzer des in dieser Kirche herrschenden Konformismus weist einige Sprünge auf – Bischof Mosers dramatischer Appell gegen die Rüstungspolitik ist vielleicht ein Symptom. Die entscheidende Frage wird sein, ob die Opposition in der SPD trotz ihrer wachsenden Unzufriedenheit weiterhin der Partei folgen wird, die ihr zumutet, um der Machterhaltung willen »weiterzumachen«. Ihre Unzufriedenheit hat mehrere Quellen: die alte sozialistische Option, den Widerstand gegen eine Sicherheitspolitik, die durch Aufrüstung und Bindung an Reagens Amerika die Entspannung zu verspielen droht und die Katastrophe näher bringt, die Entdeckung der ökologischen Gefährdung sowohl der Erde als auch des humanen Lebens. Die so lange gelebte Doppel-Loyalität: zur großen Mutter SPD und zu den kritischen Einwänden und real-utopischen Zielen, – wird sie auf unbegrenzte Zeit halten? Bahro hat erst angefangen, seine erhebliche analytische Energie genau auf die Bundesrepublik zu beziehen; Agnes Hellers Ansatz lockt. Auch entwickeln viele, die lange Zeit die Zukunft als verlängerte Gegenwart im Kopf hatten, aus ihrer je spezifischen Unzufriedenheit eine neue Unruhe. Sie alle, beginnen sie zu warten? Auf eine Wende? Können da kritische Massen, kritische Temperaturen entstehen?

Voraussagbar ist nichts. (Auch Oberflächen-Bewegung, halb Erstarrung, halb Versumpfung ist denkbar.) Aber in der Unruhe, die jedenfalls der nächste Zustand in der Entwicklung sein wird, kommt das Buch »Kurz vor 1984« kurz vor 1984 genau zur rechten Zeit. Seitdem Ingeborg Drewitz »sich einmischt«, lebt sie – wie ihre berühmteren Kollegen Böll und Graß – im Zentrum des Geschehens. Sie wird auch im Zentrum des Bebens existieren, Stand halten, sich einmischen.

Wittnau, 28. Februar 1981   Walter Dirks

Statt einer Einführung

Literatur und Politik – Reflexionen
kurz vor 1984

1. Die Angst der Politiker vor den Literaten ist die Angst vor denen, die »kein Blatt vor den Mund nehmen«.
2. Die Freiheit der Literaten ist die Freiheit von Rückversicherungen, nicht zu verwechseln mit Verantwortungsfreiheit.
3. Die Freiheit der Politiker ist (sollte) die Freiheit derer (sein), in deren Auftrag sie handeln.
4. Beide Freiheiten brauchten nicht diskutiert zu werden, wenn es den Bürger, wenn es *die* Bürger mit gleichen Ansprüchen, Zielvorstellungen, ja, Lebensgewohnheiten gäbe, wie ihn Diktatoren, wie ihn dogmatische Ideologen voraussetzen. Freiheit (?) 1984.
5. Eine Jahreszahl, die längst schon ihren Symbolcharakter an die Realität abgegeben hat.
6. Was haben die Literaten getan, um 1984 zu verhindern?
   Was hätten sie tun können?
   Was können sie noch tun?
7. Was haben die Politiker getan, um 1984 zu verhindern?
   Was hätten sie tun können?
   Was können sie noch tun?
8. Heißt solche Fragen stellen nicht, von einem nicht bestehenden Übereinkommen zwischen Literaten und Politikern über den Freiheitsbegriff ausgehen?
   Und zeigt sich das Dilemma nicht beim Versuch, die Fragen unter 6 und 7 zu beantworten?
   Denn die Freiheit des einzelnen ist so facettenreich, daß sie nur durch Abgrenzungen zu definieren ist, zum Beispiel

Freiheit der Berufswahl, Freiheit der Religion, Freiheit der Meinung, Freiheit der Wahl des Wohnortes, Freiheit der Chancengleichheit, sexuelle Freiheit – daß das Versagen der Politiker leichter einzuklagen, Forderungen an sie präziser zu formulieren, ihre Erfolge exakter zu messen sind als Leistung oder Versagen der Literaten in ihrer Arbeit an der Freiheit und für die Freiheit.

9. Es müßte von Annäherungen und Entfernungen, von sich verändernden Zuständen der Angst der Politiker vor denen, die »kein Blatt vor den Mund nehmen«, gesprochen werden.

10. Es müßte vom Mut der Literaten gesprochen werden, der billig zu haben ist in Phasen geringer Angst der Politiker (meist Phasen allgemeiner Gleichgültigkeit) vor denen, die »kein Blatt vor den Mund nehmen«; der aber gefährlich wird, wenn die Angst der Politiker (in Krisen-Phasen) wächst.

11. Es müßte gefragt werden, wieviel der Mut der Literaten in den dreieinhalb Nachkriegsjahrzehnten der Bundesrepublik Deutschland jeweils gekostet hat.
Und wie ihn die Literaten in den 50er, 60er, 70er Jahren genutzt haben, in den 80er Jahren zu nutzen gedenken.

12. Hat es nicht bis zum Ende der 50er Jahre am Mut der Literaten (einzelne ausgenommen) gefehlt, die Abstriche an der Freiheit zu benennen, weil die Lust an der Freiheit (nach der Diktatur) die Sensibilität überschwemmt hatte? Konnte deshalb die Repräsentation von Literatur (in der Gruppe 47 vorerst ungewollt praktiziert) über die Gleichgültigkeit der Politiker gegenüber den Literaten hinwegtäuschen?

13. Und entlädt sich nicht unmittelbar nach dem Abklingen der Lust an der Freiheit, nach dem Gewahr-Werden ihrer Einbußen, die Angst vor den Literaten in einem Wutausbruch seitens der Politiker (Pintscherzitat)?

14. Das heißt doch auch, daß der Mut der Literaten gereizt werden muß, die Sensibilität für Minderungen der Freiheit trainiert werden muß.

15. Und das heißt, daß die Angst der Politiker, die sich in Beschimpfungen, zensuraler Praxis, Einengung von Meinungsfreiheit u. a. m. entlädt, Unsicherheit verrät.

16. Sind also Möglichkeiten der Verständigung (nicht des Einverständnisses) versäumt worden? Hat die ständige Auseinandersetzung über die facettenreiche Freiheit nicht stattgefunden, so daß jetzt 1984 probiert werden kann?

17. Oder können wir Literaten, die wir »kein Blatt vor den Mund nehmen«, den Politikern noch Impulse vermitteln, ihre und unsere Verantwortung noch zur Interferenz bringen, die Schwingungen des Lebens, das ein Leben von vielen einzelnen ist, noch vor der Erstarrung »1984« bewahren?

18. Müßten wir Literaten es nicht versuchen, anstatt uns in uns selbst zurückzuziehen?

19. Sollten die Politiker nicht darauf hören, anstatt uns zu Beschönigungen zu ermutigen – oder verächtlich zu machen?

20. Nein, keine Konjunktive mehr. Wir haben schon 1981!

Die Organisation der Schriftsteller
in der Bundesrepublik Deutschland

Überlegungen zur sozialen und kulturpolitischen
Situation und Aufgabenstellung

Der freie Autor – eine Fiktion?

Es wäre kurz geschlossen, wollte man die Neudefinition des Berufs *Autor oder Schriftsteller* in der Bundesrepublik im Zusammenhang sehen mit dem Zweifel an der Funktion der Literatur und der Freiheit, die ihr hier seit 1945 uneingeschränkt zugestanden worden ist. Ebenso ungenau wäre es, die Ergebnisse der jüngsten Sozial-Enquete der Schriftsteller, die im »*Autorenreport*«* vorgelegt wurde, als unmittelbaren Anlaß des Nachdenkens über den Autor zu zitieren. Und doch machen sie Bewußtseinsschübe sichtbar, als Folge gesamtgesellschaftlicher Veränderungen, die den Schriftsteller oder Autor und nicht nur ihn betreffen.

Die Gründung des *Verbandes deutscher Schriftsteller (VS)*, der 1969 die provinziellen Landesorganisationen der Schriftsteller vereinigte, hat diesen Prozeß zwar nicht ausgelöst. Sie hat aber zweifellos verdeutlicht, was sich jetzt in dem zu erwartenden Beschluß des Schriftstellerkongresses, als Fachgruppe der IG Druck und Papier beizutreten, artikulieren wird. Wenn nicht alle Erwartungen täuschen, soll dieser Beitritt die Entwicklung einer großen Mediengewerkschaft innerhalb des DGB auslösen und damit den sozialen Ort aller im Kulturbereich Tätigen kenntlich machen. Daß gerade die Autoren unter den freischaffenden Intel-

---

* Der Autorenreport von Karla Fohrbeck und Andreas J. Wiesand. Rowohlt 1972.

lektuellen und Künstlern zu Fürsprechern dieser politischen Entscheidung geworden sind, kann nur dem zufällig erscheinen, der die Veränderung ihrer Arbeitsbedingungen nicht übersieht.

1.

Schon der Zweifel, welchem Begriff der Vorrang zu geben sei – dem im 16. Jahrhundert aus dem Lateinischen übernommenen und im romanischen Sprachbereich noch immer geläufigen Wort *Autor* oder dem im 18. Jahrhundert mit der Aufklärung in Deutschland eingeführten Begriff *Schriftsteller* – verweist auf die fließenden Grenzen des Berufs. Der Rückgriff auf den älteren Begriff im »Autorenreport«, eine Konsequenz der statistischen Erhebungen, nutzt dessen Offenheit. Denn die neuen technischen Medien der Kommunikation haben den Vorrang der Schrift, der gedruckten Sprache gebrochen und vorlaufende Einsichten der Linguisten eingeholt, die auf den natürlichen Kommunikationsverlust der Sprache durch Verschleifungen und Versteinerungen, durch historische und ideologische Fixierungen aufmerksam gemacht haben. Der Kommunikationsauftrag der Sprache hat sich zu ihren Ungunsten gewandelt. So ist es nur folgerichtig, daß sich zugleich mit den Arbeitsfeldern auch die Arbeitsweisen der Autoren veränderten. Nicht geändert hat sich jedoch der kreative Impetus der künstlerischen Leistung – auch wenn ihre Funktion in der Gesellschaft durch die Bindung an Produktionsvorgänge verwischt und sie fälschlicherweise oft erst als Mehrwert, den die Reproduzenten erzielen, greifbar wird.

Gewiß gefährdet die sehr offene Berufsbezeichnung *Autor*, die Spezifizierungen außer acht läßt, die Bestimmung seiner Funktion; täuscht Freiheiten vor, die es so für ihn nie gab, und verschleiert Abhängigkeiten, die nicht erst das 20. Jahrhundert geschaffen, wohl aber vervielfacht hat. Denn die Librettisten, die Theaterdichter, die Flugschriftenschreiber, die Kalendermacher, die Verfasser von Traktaten, die Liedermacher, die Verfasser von Romanen für Leihbüchereien gehören schon in vorklassischer Zeit zu den Abhängigen, ganz zu schweigen von der Abhängigkeit von fürstlichen Mäzenen, in der Dramatiker, Lyriker, Epiker, Philosophen lebten. Das 19. Jahrhundert hat schließlich den Journalisten etabliert und gleichzeitig die Marktabhängigkeit in Verlagsgewerbe und Buchhandel erkennbar werden lassen; sie hat sich seitdem, im Zuge der Industrialisierung dieser Produktionszweige, nur verdeutlicht. Für den Autor ergab sich neben dieser mittelbaren Marktabhängigkeit eine zweite, die Abhängigkeit vom Proporz in den Anstalten des öffentlichen Rechts, die die technischen Medien betreuen; mit deren zunehmender Krisenanfälligkeit ist sie ihm erst jetzt als politische Abhängigkeit bewußt geworden.

Immerhin ermöglicht die Offenheit des Begriffs Autor – der den Kinder- und Jugendbuchautor neben dem Groschenheft-Autor, den Dramatiker neben dem Illustriertenschreiber, den Sachbuchautor neben dem Rätselheftautor, den Lyriker, den Romancier, den Hörfunk- und Fernsehautor, den Filmemacher, den Essayisten, den Kritiker einschließt – die soziale Eingrenzung eines nicht recht faßbaren Berufsstandes. Der »Autorenreport« gibt Daten über Monats- und Jahreseinkommen, Alterssicherung, Krankenversicherung (oder ihr Fehlen), über Familienstand, Herkunft und Ausbildung usw. zur Hand, die bislang nicht greifbar gewesen sind*. Und er löscht damit das Image des Dichters durch das Gegen-Image eines sozial schwachen, im Alter ungeschützten, politisch oft unzuverlässigen, jedenfalls nicht der Norm des Mittelstandsbürgers entsprechenden Mitbürgers, der mehr liest als andere, die Ehe nicht so ernst nimmt wie andere, weniger Kinder und weniger genormte Arbeitszeiten hat, so lange lebt wie andere, bis zuletzt arbeitet und häufig als armer Hund stirbt.

Nichts wäre allerdings irriger, als dieses Gegen-Image für die Definition des Autors zu nehmen. Es erhellt nur seine innergesellschaftliche Position und bestätigt den Irrtum von der Freiheit der freien Autoren. Eine der interessantesten Aussagen des Reports betrifft die soziale Herkunft der Autoren, die vorrangig aus der mittleren und oberen Mittelschicht stammen, so als wäre die Lust am intellektuellen Risiko des Schreibens dem sozialen Aufstieg vorbehalten, der Bildungsbarrieren nicht mehr nehmen

---

* Danach geben 16% der freien Autoren Jahreseinkünfte unter 3000,– DM, 18% Einkünfte zwischen 3000,– DM und 12000,– DM, 25% zwischen 12000,– DM und 24000,– DM, 34% über 24000,– DM an – mit Einnahme-Schwerpunkten im Alter von 40–50 Jahren, mit einem Einnahmeabfall nach dem 60. Jahr.

muß und – sozial anerkannt, wenn auch nicht reich – vom Existenzkampf unverbraucht den Absprung aus der gesicherten Schicht wagt, weil Bildung und sozialer Aufstieg seine Zielvorstellungen nicht mehr decken und die Wert-Kategorien seiner Schicht ihn nicht mehr befriedigen. Daß der Versuch, sich freizustoßen, für die meisten in neuen Abhängigkeiten endet, gehört nur zum allgemeinen Bild einer Gesellschaft, die immer wieder einzelne provoziert, aber sie weitgehend schutzlos läßt; es erklärt zugleich die späteren Abweichungen des Lebensstils der Autoren von der Norm, das häufige Umschlagen ihrer frühen Erfahrung in eine imaginäre Freiheitsvorstellung, nicht selten ihre Realitätsblindheit*. Kraß genug bestätigen daher alle Erfahrungsberichte der heutigen »Werkkreise«, die über den »schreibenden Arbeiter« berichten, das fast völlige Fehlen von Autoren aus der unteren Mittelschicht und der Arbeiterschaft.

Die von der Aufklärung legitimierte und durch die Alphabetisierung der Gesellschaft erhoffte Freiheit ist also nach wie vor ein Luxus-Begriff. Und das Umkippen der verbalen in die visuelle Kommunikation, das sich im letzten Jahrzehnt vollzog und den Tele-Programmkonsumenten schuf, hat – vorläufig jedenfalls – den Freiheitsraum weiter eingeschränkt: Mit der Freizeit, die zum Konsumzeitraum verengt ist, ist auch die Chance verschenkt, welche die Freiheit für die Lohn- und Gehaltsabhängigen (80 % der Bevölkerung) bedeutet hätte. Die Apperzeptionsfähigkeit dieser 80 % ist heute durch die Bilderflut überfordert, die Refexions- alias Urteilsfähigkeit entsprechend gehemmt. Darüber täuscht kein Informationszuwachs, den demoskopische Umfragen gerne feststellen, hinweg.

* Beides, Freistoß und neue Abhängigkeit, hat schon eine Enquete aus dem Jahr 1921, also vor Erschließung der technischen Medien, festgestellt: Karl Bücher, »Gutachten über das Gesamtgebiet der Schriftstellerfrage« und Max Teichmann, »Über die Lage der freien Schriftsteller seit der Gründung des Deutschen Reiches«. Beide in »Die geistigen Arbeiter«, Schriften des Vereins für Sozialpolitik Band 152. Die Verfasser des »Autorenreports«, Karla Fohrbeck und Andreas J. Wiesand, weisen darauf hin, daß die harten Diskussionen um gewerkschaftliche Organisationsformen in den Schriftstellerverbänden der Weimarer Republik schon für diese Zeit das Dichter-Seher-Image entlarvt haben. Deutlicher noch wird das in Inge Jens' Dokumentation »Dichter zwischen rechts und links. Die Geschichte der Sektion für Dichtkunst der Preußischen Akademie der Künste, dargestellt nach Dokumenten«, Piper 1971.

Die Folgen für den Autor sind kaum schon absehbar.

Die Verdrängung der individuellen Sprechweise durch den Slogan, die modische Floskel; das Schrumpfen der verbalen Kommunikation, die mit dem Verlust der Briefkultur begann und in der Veränderung der Lesegewohnheiten zu Buche schlägt; der Vorrang der informativen vor den reflektiven Publikationen, der Interessenschwund für den Eigenwert der Sprache etwa im literarischen Text – all dies sind Symptome einer Entwicklung, die in der nicht mehr fernen Utopie der verkabelten Städte, in denen der Programmkonsument zwischen einem unübersehbaren Programmangebot wählen kann, mutmaßlich zum Stehen kommen wird. Der Zerfall in nicht mehr untereinander kommunizierende Interessengruppen scheint dann unvermeidbar – und als Vorwegnahme künftiger *gemeinsamer* Reaktionen, was schon heute bei Fußballübertragungen als unartikulierter Schrei aus den Fenstern stößt. Es ist nicht einmal ausgeschlossen, daß eine solche nur reagierende, nicht mehr reflektierende Gesellschaft den Zustand erreicht, wie er schon heute in den Gehirntrusts der Werbebranche auskalkuliert wird: vollkommen ausbalanciert zwischen produzierbaren Wünschen und Wunscherfüllungen. Die Autoren würden in einer solchen Gesellschaft als Informationsmanipulatoren, bestenfalls noch als Clowns, agieren und selbstverständlich dank der unersättlichen Programme gut verdienen. Wer jedoch versuchen sollte, auch nur durch kritische Beobachtung Unruhe zu stiften, wird von den Konsumenten aus- = abgeschaltet werden. Die Programm-GmbH, für die er arbeitet, kann ihr wirtschaftliches Fiasko vorausberechnen, wenn die Empfindlichkeit des Publikums durch jahrelanges tägliches Anschauen zerfetzter, verstümmelter, verbrannter Opfer von Kriegen, Aufständen, Unfällen, Attentaten im »klassischen« Nachrichtenprogramm der Anstalten öffentlichen Rechts so weit abgestumpft ist, daß es auch zur Reflexion der eigenen Situation nicht mehr reicht.

Natürlich wird es auch in einer derart unterhaltenen Gesellschaft einzelne geben, die sich die Reflexion mittels Sprache erhalten haben; die hinter die Fassaden der Geburts- und Todesanstalten sehen; die hinter der brutalen Wochenend-Euphorie die

Konflikte aufdecken. Ebenso natürlich werden diese einzelnen Autoren, die sich der »klassischen«, noch 1970 gebräuchlichen Arbeitsmethoden bedienen werden, ihr Publikum mehr und mehr im *underground* der verkabelten Gesellschaft haben. Schließlich haben sie ja auch wirklich keinen Nutzwert, wenn selbst die Lehr-Programme in Formeln und Bildern vermittelt werden und der Wortschatz von durchschnittlich 600 Wörtern, wie er 1970 noch für den Normalbürger anzusetzen ist, je nach Programmabonnement auf 25–45 zusammengeschmolzen sein wird.

Nun ist solch groteske Überzeichnung künftiger Situationen so widerlegbar wie jede Groteske. Daß sie nicht ganz aus der Luft gegriffen ist, hat schon die inzwischen vielzitierte demoskopische Untersuchung über die »*Lesekultur in Deutschland*«, die der Börsenverein 1968 durchführen ließ, erwiesen. Nach deren Daten lesen 32 % der erwachsenen Bevölkerung überhaupt nicht, 7 % ein Buch im Jahr, während die wöchentliche Einschaltzeit für Rundfunk- und Fernsehgeräte mit 15 Stunden angegeben wird. Daß der Markt für Literatur noch weiter schrumpft, bestätigt der »*Autorenreport*«. Die Befragung ergibt, daß 37 % der Wortproduktion in den letzten drei Jahren auf Feuilletonbeiträge, 33 % auf Rezensionen und Kritiken, 19 % auf Erzählung und Kurzgeschichte, 22 % auf den Essay, 12 % auf das Fernsehfeature, 11 % auf den Roman, 9 % auf Lyrik, 5 % auf Drama oder Libretto, 13 % auf Sachbücher und 10 % auf Hörspiele und Fernsehspiele (etwa genau so viel wie auf PR und Werbetexte) entfallen sind. Das heißt: Dem Autor, der seine Existenz auf das Schreiben gegründet hat, bleibt für jede Art literarischer Produktion nur ein geringer Bruchteil seiner Arbeitskraft; verzichtet er auf die Streuung seiner Arbeit in den unterschiedlichen Medien, ist er wirtschaftlich gefährdet (von den paar Bestseller-Romanciers einmal abgesehen). So ist es nicht erstaunlich, daß nur 8 % der Befragten unter 30 Jahren angeben, belletristisch zu arbeiten. Zugleich haben sich für viele Mitarbeiter der technischen Medien Dauer-Arbeitsverhältnisse durch Kettenverträge ergeben, die sie wirtschaftlich und intellektuell in Abhängigkeit bringen, ohne ihnen die soziale Sicherheit der Kulturbeamten zu gewähren, sie also zu gesteigerter Anpassung zwingen. Demgegenüber besagt es wenig, daß die Popularität eines Autors noch immer an Buchveröffentlichungen gebunden ist: weil diese in immer genauerer Relation zum Einsatz des Managements für sein Image steht. Die Umschulung des Lektors zum Produkt-Manager ist heute keine Utopie mehr, wie in der Zeitschrift Buchmarkt 10/71 nachzulesen ist.

Schon Walter Benjamin hat darauf hingewiesen, daß es nicht immer Romane oder Tragödien werde geben müssen. Als einer der ersten hat er die Abhängigkeit der literarischen Medien von der jeweiligen gesellschaftlichen Wirklichkeit benannt und auch die literarische Chance der technischen Medien angedeutet. Aber die politische Einbindung dieser technischen Medien hat er ebensowenig vorausgesehen wie die heutige Konsumgesellschaft. Zugegeben, noch genießen die literarischen Autoren eine Schutzfrist, noch funktioniert das Gespräch über Literatur, wenn es auch meist ein Gespräch von Insidern ist und weder die Diskrepanz zwischen Käuferinteresse und Preisgestaltung noch die unter Preis gebotene Konsumbefriedigung durch die Programme der Anstalten öffentlichen Rechts berücksichtigt. Doch die Schutzfrist ist begrenzt, weil auch das Beinahe-Insider-Gespräch durch Marktanpassung im Zeitungs- und Zeitschriftensektor immer mehr eingeengt wird.

Ist es also nur ein Anachronismus, wenn heute noch immer der Buchautor in der Rangordnung vor dem Medienautor steht? Oder weist die Auskunft, die von allen Anstalten des öffentlichen Rechts gegeben wird: daß die Programme ohne die freien Mitarbeiter, die anders als die »festen freien« Mitarbeiter nicht durch Kettenverträge gebunden sind, nicht interessant zu gestalten wären, vielleicht auf ein »Loch in der Zukunft« hin? Verdeutlicht etwa die Mobilität zwischen den Medien, die heute für die meisten Autoren charakteristisch ist, eine gesteigerte Fähigkeit, die eigentümlich *gesplitterte* Freiheit(-Unabhängigkeit) zu nutzen, die Verantwortung zu multiplizieren? So oder so jedenfalls bleiben die freien Autoren durch ihre Heimwerkerexistenz sozial verletzlicher als Ingenieure, Bauarbeiter, Lokomotivführer, Laboranten usw. Und nicht von ungefähr entwickeln sie ein Rollenbewußtsein, das sie als Schutz für ihre kreative Freiheit brauchen, das sie zugleich aber auch wieder isoliert.

Wohl deshalb ist das Nachdenken über Autorschaft in der gegenwärtigen und künftigen Gesellschaft in diesem Augenblick so dringend. Je deutlicher nämlich der *soziale* Ort für den Autor unterschiedlichster Fachrichtung sich abzeichnet, um so mehr kann dies darüber hinwegtäuschen, daß die *Funktion* des Autors durchaus unscharf ist. Wie viele Ausbildungskonzepte lassen sich heute entwerfen, um dem jungen Autor auf der Suche nach Kommunikation mittels Schreiben Irrwege zu ersparen – bedenkt man allein im literarischen Bereich die Vielfalt der Produktionsweisen in den technischen Medien, die Randzonen des Schreibens, die die konkrete Poesie erreicht, die offenen Spielformen, die für das Theater erschlossen werden, die noch kaum genutzten Möglichkeiten der Computertechnik, ganz zu schweigen von der Unbegrenztheit der Sachbereiche. Und natürlich wird mit der Festigung der Laufbahnen, die sich vorrangig in den technischen Medien und im journalistischen Bereich schon entwickelt haben, die Berufswahl des Autors jeder anderen Berufswahl vergleichbar werden. *Warum* er aber diesen Beruf wählt, warum er sich zum Schreiben gedrängt weiß, ist nach wie vor ungeklärt. Anders als die sozialen Voraussetzungen, die unveränderbar sind, bleiben hier die psychischen und physischen Voraussetzungen unbestimmbar. Die Überempfindlichkeit, die den einen zur sprachlichen Artikulation drängt, läßt den anderen sich in Neurosen verzehren, den einen die Zukunft visionär entwerfen und den anderen in seine Ängste zurückfallen. Auch der Begriff der »Selbstverwirklichung« eignet sich nicht mehr und nicht weniger zur Definition der Autorschaft wie zu jeder anderen Aktivität.

3.

Die Aussagen der Autoren, die der Report bewußt zufällig zusammengetragen hat, um ihre Vielfalt anzudeuten, erweisen sich gerade in diesem Punkt als ungenau. Sie bezeigen allenfalls den Reflexionsstand des Autors, der entweder naiv oder großsprecherisch antwortet, der sich *up to date* geben will oder der seinen Befrager durchschaut. Ob er nun »über den Menschen unserer Zeit«, über den »bedrängten Menschen« für ein »kritisches, politisch interessiertes Publikum« schreibt, ob er sich ein Bild von seinem Publikum macht, »ein Volksschriftsteller« sein will, sich schreibend »an etwas erinnert« oder zu seinem »Vergnügen« schreibt oder für eine unterprivilegierte Gruppe – die Auskünfte sind eher ausweichend und benennen nicht den Anlaß des Tuns. Auffallend ist höchstens das Fehlen des Pathos in den Antworten, das durch Preisreden zu geistern pflegt und jedem Autor bei Lesungen in der Provinz noch den Atem verschlägt.

So scheint nur eines gewiß: Weder soziale Herkunft noch psychische Labilität, physische Unterlegenheit, außergewöhnliche Intelligenz, ungewöhnliche Potenz, weder Bildung noch Sprachbegabung sind *Voraussetzungen* der Autorschaft. Daß auch Charakter und Autorschaft nicht in Korrelation stehen, erweist schon ein flüchtiger Blick auf die Biographien. Von der Gesellschaft negativ bewertete Eigenschaften wie Eitelkeit, Großmannssucht, Unzuverlässigkeit, Hysterie, sexuelle Abartigkeit, Planlosigkeit, Genußsucht und abnorme Enthaltsamkeit, Aggressivität, Hilflosigkeit im praktischen Leben, gebrochene Aktivität, Selbststilisierung, monomanische Weltsicht, partielle Kommunikationsunlust – all das taugt nur zur Beschreibung einzelner Autoren, nicht zur Definition *des* Autors. Sicher: Die so unbestimmbaren, weil völlig unterschiedlichen Voraussetzungen der Autorschaft sind durch Einbindung ins Management, auch durch Assimilationstraining einzugrenzen. Aber was sagt das? Sie sind ja auch, brutal weitergedacht, medizinisch wegzusteuern – oder zu vernichten, ohne daß die Gesellschaft davon Notiz nimmt. Der Verlust eines Verses provoziert eben keine Entrüstung, die Tragik einer nicht veröffentlichten Philosophie bleibt die ihres Autors. So mag der Kulturbetrieb noch lange über das Aussterben des Autors hinwegtäuschen: Die Gesellschaft vermißt ihn nicht, weil sie ihn nicht braucht.

Aber braucht sie ihn wirklich nicht? Weil sie Formeln entwickelt hat, die er nicht einfach nachspricht? Weil sie eine Existenzgewißheit hat, die er als Lüge entlarvt? Weil sie Gewohnheiten hat, deren verborgenen Sadismus er durchschaut? So zu fragen ist zumindest nicht ungefährlich, weil es nicht nur abgetane Assoziationen weckt, sondern auch das *understatement* überspringt, zu dem die soziale Unterprivilegiertheit den wahren Autor in der heutigen Industriegesellschaft mehr als in früheren Gesellschaften genötigt hat. Dennoch wäre das Nachdenken über den Autor ohne diese Fragen überflüssig. Es scheint so, als sei seine Funktion nur in der Negation greifbar, nur durch In-Frage-Stellung erkennbar. Formulieren wir den Grund einmal marxistisch: Die Arbeit des Autors erzeugt Mehrwert nicht unmittelbar, sondern erst in der Reproduktion und für den Reproduzierenden. Das heißt: Sie partizipiert zwar, zur Ware transformiert, am ökonomischen Prozeß der Industriegesellschaft, ohne jedoch durch Aufstockung des Grundkapitals, nämlich der Fähigkeit des Autors, größere Zuwachsraten zu erreichen. Das Kapital des Autors ist er selbst, es ist einmalig, es verzehrt sich, es ist vom Leben und Sterben nicht abgehoben, ist den Lebensgesetzen, nicht den ökonomischen Gesetzen unterworfene Substanz.

Dies, nicht mehr und nicht weniger, bestätigt schließlich auch der »Autorenreport«: ständige Versuche der Autoren, durch Splitterung der Tätigkeiten Freiheiten zu erhalten, sich durch Marktabhängigkeiten hindurchzujonglieren. Also doch wohl, daß der Widerstand gegen die Absorption durch den Markt noch immer ungebrochen, daß die Verletzlichkeit der Autoren, ihre Nichtanpassung auch ihre Chance ist.

4.

Genügt das in diesem Augenblick, in dem die Berufsorganisation der Autoren in eine Industriegesellschaft einzutreten entschlossen ist, um damit einen fast ein Jahrhundert lang anstehenden Entscheid zu vollziehen? Werden die Funktionäre der Arbeiterschaft, gewohnt, mit konkreten sozialen Gegebenheiten zu arbeiten, für Ziele wie Mitbestimmung, Tarifverträge und Rechtsschutz, auch die mit diesen Zielen nicht gedeckten Notwendigkeiten des Autorenberufs vertreten können? Werden sie nicht, wenn auch unbeabsichtigt, die vorgefundene Abhängigkeit verfestigen helfen, wenn sie die konkreten sozialen Ziele für die Autoren anpeilen?

Deshalb wird es für die Autoren darauf ankommen, nicht nur Erfahrungen einzusammeln, die den meisten von ihnen fremd sind. Sie werden auch Erfahrungen zu formulieren haben, die für die Partner in der Gewerkschaft – vor allem aber für die Partner an den Arbeitsplätzen in der Industriegesellschaft – bislang unbekannt, genauer noch, ungesagt sind. In solcher Nötigung steckt zugleich eine Chance für die Gesprächspartner – nämlich die: ihre Konsumenten-Unfreiheit zu erkennen. Nur wenn die Autoren verteidigen, daß sich ihre Produktion *nicht* unmittelbar als Mehrwert niederschlägt, ist die Chance, die sozialen Schichtgrenzen zu überwinden, größer als die Gefahr, zusammen mit den Arbeitnehmern sich von Angebot und Nachfrage terrorisieren zu lassen. Denn es ist ja hoch an der Zeit, die Marxsche Interpretation der Industriegesellschaft auszuweiten und den Begriff der Mündigkeit einzuführen, einer Mündigkeit zu sich selbst, die mit dem vornehmlich sozial eingegrenzten Begriff der Selbstbestimmung nicht ohne weiteres deckungsgleich ist; die die Verantwortung des einzelnen für die Gesellschaft neben die Verantwortung der Gesellschaft für den einzelnen rückt.

Ob der Entschluß des Verbandes deutscher Schriftsteller (VS), sich auf die Seite der Arbeitnehmer der Bundesrepublik zu stellen, dazu beiträgt? Ob sein Entschluß die Verfestigung der Gewerkschaften zu Funktionärshierarchien verhindern hilft, weil die Autoren, deutlicher als einzelne profiliert und gefährdet, auf die Mechanismen großer Organisationen noch immer empfindlich reagieren? Denn nur solange und insoweit er die Abhängigkeit der Gesellschaft, in der er lebt, noch benennt, noch benennen kann; nur solange es ihm freisteht, Partei zu nehmen – ist der freie Autor wohl keine Fiktion.

Zum Ende meiner Amtszeit

Daß ich nicht noch einmal für den VS-Bundesvorstand kandidiere*, hat keinerlei »Anlässe« (auch keine verschleierten Anlässe). Weder ist die Arbeit im jetzt abtretenden Bundesvorstand von irgendwelchen Unstimmigkeiten gestört gewesen – im Gegenteil, wir haben einander zugearbeitet in den voraus bestimmten Ressorts, wir haben uns als Kollegen und Schriftsteller gut verstanden und Differenzen in der Sache bis zu Ende ausdiskutiert. Auch

* Ingeborg Drewitz war bis 2. März 1980 stellvertretende Bundesvorsitzende des »Verbandes deutscher Schriftsteller (VS) in der Industriegewerkschaft (IG) Druck und Papier«

möchte ich nicht den Verdacht eines Konflikts mit unseren Ge- werkschaftskollegen in der IG Druck und Papier aufkommen lassen; im Gegenteil, wir haben von Stuttgart aus Unterstützung bekommen, wenn Konflikte in den Landesverbänden unver- meidlich schienen, weil das Zusammenwachsen von Schriftstel- lern und Industriegewerkschaften eben nicht mit euphorischen Umarmungen allein zu leisten ist ...

Mein Kandidaturverzicht hat keinen anderen Grund als den des in Demokratien dann und wann notwendigen Personalwechsels. Denn ich bin ja von den Kollegen des derzeitigen Bundesvorstan- des am längsten mit der Arbeit für die Schriftsteller befaßt gewe- sen. Mein Versuch, Bilanz zu ziehen, ist denn auch nichts anderes als der Versuch, die noch offenen oder unerfüllt gebliebenen Ziel- vorstellungen zu benennen, das Erreichte zu würdigen.

Als ich den alten Schutzverband in Berlin 1965 übernommen hatte und ihn sehr bald zu einem kulturpolitischen Instrument entwickeln konnte, weil es gelungen war, in die Kultusbeamten- kultur einzugreifen, war die beunruhigendste Erfahrung die von der sozialen Randsituation einer großen Mehrheit der Schriftstel- ler, unter ihnen berühmte Namen der Zeit. Eines der Motive für die Gründung eines politisch effektiveren bundesweiten Verban- des ist damit genannt. Das zweite Motiv, nämlich den Schriftstel- ler durch seine Berufsorganisation stärker in die politische Ver- antwortung einzubinden, löste dann wohl um die Wende zu den 70er Jahren unter den Schriftstellern die Euphorie aus, die die »Gründerzeit« des VS charakterisiert, obgleich wir bei der Vor- bereitungsarbeit für die Gründung vornehmlich die berufspoliti- schen Ziele festmachten. Durch die Begegnung mit Dieter Latt- mann und durch seine Wahl zum Präsidenten der alten Bundes- vereinigung der Schriftsteller, der Dachorganisation der vonein- ander unabhängigen Landesverbände, war ein Kristallisations- zentrum entstanden, das die Kräfte, die für eine starke Schriftstel- lerorganisation eintraten, band. So konnten die Aufgaben, die für den zu gründenden VS anstanden, bis zum Gründungstag im Juni 1969 alle formuliert werden; bei der Rückschau im Sommer 1979 war es doch erstaunlich, wieviel davon ausgeführt werden konn- te. Daß dennoch Erwartungen unerfüllt geblieben sind, soll nicht verschwiegen werden.

Das ist zum Beispiel das programmatische Ziel der Mediengewerkschaft, während der Vorbereitungen zur gewerkschaftlichen Organisation der bildenden Künstler als Formulierung auf-
getaucht, von Martin Walser auf dem Stuttgarter Kongreß des VS
vorgebracht, sachlich begründet, weil die Mehrheit der Schriftsteller ja sowohl in den technischen Medien (Rundfunk/Fernse-
hen) arbeitet als auch in der Buchproduktion und im journalistischen Arbeitsbereich. Die für den Rundfunk- und Fernsehbe-
reich zuständige Gewerkschaft RFFU (in der Gewerkschaft
Kunst) nimmt also unter anderen die Interessen des Autors im
Bereich der elektronischen Medien wahr.

Was lag uns in gewerkschaftlichen Strukturfragen blutigen
Laien, die wir Schriftsteller waren, näher, als auf eine Einheitsge-
werkschaft im gesamten Medienbereich zu hoffen – zumindest
jedoch auf eine Tarifgemeinschaft, wie sie ja in der Gewerk-
schaftspraxis nicht selten ist? Daß bis heute nichts weiter als eine
»Arbeitsgemeinschaft Publizistik« als ein – hoffentlich – vorbe-
reitendes Gremium zu einer solchen Verhandlungsgemeinschaft
besteht, gehört zu den heftigsten Enttäuschungen der Schriftsteller im VS. Andere Auseinandersetzungen auf Landesverbands-
ebene insbesondere im »deutschen Herbst 1977« und seinen Folgen machten die Schriftsteller mißmutig, wenn etwa die Beobachtung des AGIT-Drucker-Prozesses in Berlin durch VS-Beobach-
ter vom Berliner Landesverband der IG Druck und Papier nicht
goutiert wurde, wenn es mancherorts kurzerhand zu Streichun-
gen von Mitgliedern kam, die ihren Beitrag nicht pünktlich ent-
richtet hatten, wenn politische Stellungnahmen gegen zensurale
Eingriffe von den Landesvorständen nicht gebilligt wurden.
Doch hatte der Hauptvorstand in den Auseinandersetzungen mit
solchen Querelen, die ja den Nerv schriftstellerischen Schaffens
treffen, Verständnis für die hochpolitische Empfindlichkeit der
Schriftsteller. Ein gegenseitiger Lernprozeß hat also stattgefunden. Denn auch die Schriftsteller sind um die Berufsprobleme
ihrer Kollegen Drucker bemüht gewesen, was sich besonders in
den Druckerstreiks erwiesen hat.

Daß dennoch von Ermüdungserscheinungen besonders in den
Landesverbänden gesprochen werden muß (die eine Spiegelung
des politischen Klimas der Bundesrepublik sind), ist in der

schriftstellerischen Arbeit begründet. Denn wenn auch die Einbindung in die allgemeine Sozialversicherung, die Alters- und Krankenversicherung für den Schriftsteller bringen soll, zur politischen Entscheidung ansteht, wenn Verlagsvertragsmodelle zwischen VS und Börsenverein entwickelt werden konnten, wenn die Auslandsbeziehungen ausgebaut werden konnten, von denen im Lauf der Jahre eine erkleckliche Anzahl von VS-Mitgliedern hat profitieren können – so bleibt doch für den Schriftsteller seine derzeitige Arbeit, die Möglichkeit, sie zu publizieren und diskutiert zu sehen, im Vordergrund. Die Konzentration im Verlagswesen hat zwar nicht die Zahl der erscheinenden Bücher verringert, wohl aber die Manipulation auf dem »Markt« so erheblich verschärft, daß die Chancen, sich durchzusetzen, für den einzelnen Schriftsteller von den Fähigkeiten der PR-Abteilungen in den Verlagshäusern und weniger von der Stabilität seines Vertrages abhängen. Um dem gegenzusteuern, sind zwar in allen Bundesländern Fördervereine der Schriftsteller entstanden, die die literarische Präsentation, den kulturellen Anspruch der Schriftsteller in der IG Druck und Papier wahrnehmen. Aber hier hat mancherorts eine Entfernung vom VS stattgefunden, die als Störung erlebt wird, weil von diesen Fördervereinen aus so wenig in die Kulturarbeit des DGB geschweige die Kulturpolitik der eigenen Gewerkschaft hineingewirkt werden kann. So findet die emanzipatorische Kulturpolitik, für die die Schriftsteller eintreten, einigermaßen unkoordiniert statt, bleibt auf die Bundesländer bezogen und läßt die Mitwirkung am DGB-Kulturprogramm weitgehend im Verbalen, in Ausformulierungen stecken. Das ist unbefriedigend und muß in den kommenden Jahren geändert werden!

Eines sollten wir allerdings nicht übersehen: Viele Anstöße zu einer alternativen Kulturpolitik, die zuerst im VS diskutiert und probiert worden sind, haben heute in der kommunalen Kulturpolitik Aufnahme gefunden unter Hinzuziehung von Schriftstellern in Jurys und Berufung in eigenverantwortliche Gremien (also anders als zu Zeiten der Kultusbeamtenkultur in den 50er und frühen 60er Jahren). Autorenbuchhandlungen sind entstanden. Im Theaterverlagsbereich hat der Autorenverlag seine Bewährungsprobe bestanden. Aber auch der Autorenbuchverlag hat sich über gefährliche Krisen hinweg stabilisiert.

Daß die Euphorie der Jahre '67, '68, '69, die ja für den Schriftsteller mit dem Schriftstellerkongreß in Prag im Sommer '67 begann, nicht mehr aufzufrischen ist, weil die Hoffnung nicht mehr aufzufrischen ist, daß es uns, den Schriftstellern gelingen könnte, das Gespräch über die Grenzen mitten in Europa unbefangen zu führen, werden wir zu akzeptieren haben. Daß der Kongreß Europäischer Schriftstellerorganisationen, den ich 1977 in Berlin ins Leben gerufen habe, zumindest berufspolitische Annäherungen zwischen den Schriftstellern in Reykjavík und Athen, Dublin und Istanbul, Hammerfest, den Färöer, Paris und Berlin, Wien, Rom und Barcelona zu erbringen scheint, ist eine Chance, wenn auch mit der großen Euphorie der »VS-Gründerjahre« nicht identisch. Also ein Rückblick in Trauer?

Nein, denn es ist ja viel – wenn auch noch immer zu wenig – erreicht worden ... Was mich allerdings schmerzt, ja mehr, zornig macht, ist das unausrottbare Vorurteil gegen die Schriftsteller, die einige Jahre und ihre Arbeitskraft für eine Verbesserung der Lebenssituation ihrer Schriftstellerfreunde und -kollegen einsetzen – ohne Bezahlung, ohne Anspruch geschweige die Möglichkeit eines finanziellen Ausgleichs für ihre verlorene Arbeitszeit; ein Vorurteil, das in der Öffentlichkeit genüßlich gepflegt wird, und das der einzelne Schriftsteller, der sich für diesen kollegialen Einsatz bereit gefunden hat, von seinen besten Freunden um die Ohren geschlagen kriegt.

Dieser öffentliche Mißmut macht mir jedenfalls mehr Sorgen als sachliche Auseinandersetzungen innerhalb der Organisationen, die durchgestanden werden müssen, weil der die fähigen jüngeren Schriftsteller in ihrer Bereitschaft zur Mitarbeit lähmt. Und auf niemand kann der VS weniger verzichten als auf sie!

Meine spezielle Arbeit im derzeitigen Bundesvorstand galt der vorbereitenden Arbeit für das Künstlersozialversicherungsgesetz, den Gesprächen mit der RFFU zur Verbesserung der Situation der freien Autoren im Rundfunk und Fernsehen, dem ersten Kongreß Europäischer Schriftstellerorganisationen 1977 in Berlin und dem Folgeprogramm, europäische Minderheitsliteraturen im Abstand von 2 Jahren in Berlin vorzustellen sowie dem Kontakt mit schreibenden Häftlingen und ihrer Förderung.

Die Spielfreiheit der Künste
oder
Die Angst sitzt neben der Schreibmaschine

Wer kennt nicht die verschämte Anfrage: Ist da was zu machen? BIch komme mit der Mietnachzahlung nicht mehr zurecht. Oder: Die Zahnarztrechnung, wissen Sie, ich habe das so lange aufgeschoben. Oder: Die Krankheit hat mich ganz herausgebracht, meine monatlichen Sendungen schreibt jetzt ein anderer. Oder auch: Die Sendereihe ist eingestellt worden, ich sitze ohne regelmäßige Einkünfte da. Und: Das Angesparte ist verbraucht, aber wir leben doch noch, meine Frau und ich.

Meist verschämt am Telefon oder auch in einen Briefumschlag gesteckt. Anfragen von Schriftstellern, die sich ein Leben lang mit ihrer Arbeit durchgebracht haben und nun plötzlich nicht mehr können. Andere sind da, die nicht einmal fragen.

Die Angst vor solcher Notlage sitzt bei jedem Schriftsteller mit an der Schreibmaschine, denn seine ökonomische Situation kann sich von einem Tag auf den anderen ändern, und er ist rechtlich noch weniger geschützt als der ungelernte Arbeiter, auch wenn sein Arbeitstag zumeist länger währt. Er hat vielleicht studiert, vielleicht gejobbt, ehe er gewagt hat, auf der schriftstellerischen Arbeit eine Existenz aufzubauen, für die er kein Diplom, keinen Meisterbrief hat, seine Arbeit also ähnlich wie ein Ungelernter anbietet, nur nicht auf Lohn- oder Gehaltsbasis, sondern auf Honorarbasis. So entsteht die absurde Situation, daß er als Unternehmer versteuern muß, die Übernahme von 50 % der Soziallasten durch den Arbeitgeber nicht kennt, und die Einkommensschwankungen, denen er in seinem Beruf ausgesetzt ist, bei der Besteuerung nicht unmittelbar berücksichtigt werden, bei den laufenden Lebenshaltungskosten gar nicht. Sicher, das war in diesem Beruf immer so, nicht erst in den 200 Jahren, seit Lessing sich als freier Schriftsteller zu behaupten versucht hat. Die Literaturgeschichte ist endlich dabei, diese Berufswirklichkeit aufzuarbeiten. Jüngeren Datums ist auch die Reflexion über diesen Zustand und die Notwendigkeit, ihn zu ändern. Die Gründungen von Schriftstellerorganisationen sind erste Antworten auf soziale Ungeschütztheit, die ersten in Deutschland in den vierziger Jahren des vorigen Jahrhunderts, meist kurzlebig und von geringer Durchschlagskraft bis hinein ins 20. Jahrhundert, weil nämlich – allem gewerkschaftlichen Selbstverständnis zum Trotz, das schon der 1909 gegründete Schutzverband deutscher Schriftsteller für sich in Anspruch genommen hat – die Unternehmen, für die die Schriftsteller arbeiten, frühindustriell strukturiert sind. Das gilt auch heute noch für sehr viele Verlage, die wie Kleinunternehmen arbeiten und sich über die Mitbestimmungsrechte der Belegschaft hinwegsetzen. Die Autoren haben ohnehin keine Mitbestimmungsrechte.

Insgesamt hat sich die Situation der Schriftsteller allerdings erheblich verändert, und zwar durch den Ausbau der Programme der elektronischen Medien, die neue Arbeitsfelder haben entstehen lassen, die in der Quantität die Erwartungen von Walter Benjamin und Bert Brecht in den zwanziger Jahren weit übertroffen, nicht allerdings die Qualität der Kommunikation erreicht haben, auf die beide hofften. Die einschneidenden Veränderungen im Pressebereich im Zusammenhang mit der weiteren Ausbreitung der großen Konzerne und in ihrer Folge dem Sterben eines hohen Prozentsatzes unabhängiger Blätter haben allerdings den Zugewinn von Arbeitsfeldern für die Schriftsteller wieder geschmälert. Dennoch sichert die Nachfrage nach schriftstellerischen Produkten heute einer begrenzten Zahl von Schriftstellern das Auskommen, das sich etwa mit dem eines beamteten Lehrers vergleichen läßt. Die Arbeit im Auftrag auf Honorarbasis bindet allerdings einen großen Teil der Arbeitskraft des Schriftstellers, ohne ihm immer die Identität mit dem Produkt zu gewähren.

Es hat der Anregungen von seiten der Schriftsteller und Journalisten bedurft, bis innerhalb der elektronischen Medien, die in der Bundesrepublik in der ARD zusammengeschlossen sind – und das ZDF hat sich angeschlossen –, eine Pensionskasse für die freien, also die auf Honorarbasis einigermaßen regelmäßig mitarbeitenden Schriftsteller, Journalisten und sonstigen freien Mitarbeiter entwickelt worden ist. Damit ist für diesen Bereich nachgeholt worden, was sich im Versorgungswerk der Deutschen Presse schon bewährt hatte, von dem allerdings der nicht regelmäßig Mitarbeitende auch nicht profitiert. Unverkennbar ist also die Stabilisierung der Abhängigkeiten zuungunsten des freien literarischen Angebots. Daß sich dies auch für den Bereich der Buchproduktion feststellen läßt, ist auf jeder Buchmesse unübersehbar, auf der das Sachbuch den Markt beherrscht, wenn auch die Belletristik im Gespräch ist. Es war also von vornherein konsequent, daß der Verband deutscher Schriftsteller VS in der IG Druck und Papier, dessen Vertreter sich neben anderem die Aufgabe gestellt hatten, die soziale Benachteiligung der Schriftsteller in der Bundesrepublik zu überwinden, auf ein Sozialversicherungsgesetz hingearbeitet hat, das die Alters- und Krankenversicherung des Berufsschriftstellers garantieren soll und, wie sich in den Jahren der Vor-Diskussion sehr schnell und überzeugend erwiesen hat, ebenso für die in den anderen Künsten Tätigen dringend erforderlich ist. Das Künstlersozialversicherungsgesetz, das nach langer Vorbereitungsarbeit – die die so unterschiedlichen Berufsbedingungen der auf Honorarbasis arbeitenden Schriftsteller, Künstler und Musiker zu berücksichtigen hatte – im Juli 1979 von der Bundesregierung vorgelegt wurde, galt von vornherein als umstritten sowohl aus Gründen der Belastbarkeit der »Arbeitgeber«, der Verleger, Galeristen usw., als auch für ideologisch anfechtbar. So hat es zwar 1980 in erster Lesung den Bundestag passiert, ist aber im Bundesrat zurückgewiesen worden und wird in der nächsten Legislaturperiode erneut dem Bundestag vorgelegt werden.

Über die ökonomische Belastbarkeit der »Arbeitgeber« läßt sich streiten. Und dies ohne Polemik gesagt. Denn allein für den Verlagsbereich ist ja zwischen Großkonzern und Kleinbetrieb jederlei Struktur vorhanden und ist über Modifikationen der Zahlungsweise der Arbeitgeberanteile in der Erprobungsphase des Gesetzes zu verhandeln.

Zurückzuweisen aber ist die ideologische Anfechtbarkeit des Künstlersozialversicherungsgesetzes. Sie geht von einer in der Realität nicht gedeckten Vorstellung vom Künstler, vom Schriftsteller aus, setzt Freiheit mit ökonomischer Unsicherheit gleich, hält die Angst, die neben jedem Schriftsteller an der Schreibmaschine sitzt, für eine Fiktion, glaubt – vielleicht – an den Segen von Preisen und Förderungen, an die Wohltätigkeiten, wie sie durch Stiftungen gedeckt werden, klammert die Scham aus, die die Verarmten kennen, hält die ökonomisch Erfolgreichen für die Erfolgreichen, übersieht, daß die künstlerische Leistung nicht konsumidentisch ist, klammert völlig die nachweisbare Manipulation von Erfolgen aus. Und unterschätzt die geistige Unabhängigkeit, die dem Schriftsteller immer wieder untersagt, Aufträge anzunehmen, Verträge zu schließen, die sich mit seinem künstlerischen und moralischen Anspruch nicht vereinen lassen. Die Vorstellung, daß einer auch nebenberuflich Schriftsteller sein könne und doch Ungewöhnliches leisten, ist zwar nicht von der Hand zu weisen (nicht nur Schiller und Goethe, auch Büchner und Kafka waren nebenberufliche Schriftsteller), sie schätzt aber das derzeitige Berufsleben, mit 8 Stunden Arbeitszeit, Pausen, Hin- und Rückwegen täglich etwa neuneinhalb bis zehn Stunden, falsch ein. Unterschlägt auch die schriftstellerische Auftragsarbeit für die elektronischen Medien, die Presse, die Zeitschriften, die Vortragstätigkeit, die heute für den Schriftsteller das Pfarramt (Mörike), die Arbeit für die Versicherung (Kafka), das Lehramt (Schiller), die Theaterleitung und das Ministeramt (Goethe), die Arztpraxis (Döblin, Benn), den Journalismus (Fontane) ersetzen. Wenn beispielsweise Wolfdietrich Schnurre beschreibt, daß er den Vormittag für die literarische Arbeit, den Nachmittag für das Schreiben im Auftrag ansetzt, das ihm die literarische Arbeit ökonomisch ermöglicht, so ist das nichts anderes als das Protokoll des Arbeitsalltags des Schriftstellers. Wir wissen allerdings auch aus vielen Lebensläufen, daß die Auftragsarbeit der Identitätsfindung, die der Schriftsteller, der Künstler ja doch versucht, querstehen kann und er psychisch kaputt geht, weil er nicht die Ruhe findet, um sich auf seine Erfahrungen, seine Assoziationen zu konzentrieren. Darum sind Förderungen, Preise ja auch nicht abzulehnen, gleich wie begründet die Vorbehalte gegen Jurys sind. Abzulehnen ist allerdings die Versteuerung der Preise (nur Preise für ein Lebenswerk sind nicht zu versteuern). Daß aber jemand drei, vier Monate (die meisten Preise erlauben nicht einmal das!) arbeiten kann, ohne an die nächste Sendung, den nächsten Aufsatz zu denken, oder einfach auch drei oder vier Monate pausieren kann, um Pläne zu entwickeln, die Sprache aus der Berufsgebrauchssprache heraus wiederzufinden, vom zielgebundenen Auftrag frei Konzeptionen erproben kann, rechtfertigt die eher zufälligen Preise und Förderungen. (Daß sie so zufällig nicht sind, könnte eine Untersuchung über Preisvergaben in den zehn, zwanzig vergangenen Jahren nachweisen, gehört jedoch nicht in die Reflexionen im Zusammenhang dieses Aufsatzes.)

Eines jedenfalls ist sicher, die Angst neben der Schreibmaschine ist der Kreativität nicht förderlich. Und es ist ja nicht die blanke Angst vor dem Hunger, es ist die Angst, die Wohnungsmiete nicht zahlen zu können, den Unterhalt für die Familie nicht bereit zu haben, im Krankheitsfall von Krankenhauskosten überfordert zu werden, in einer Arbeitskrise aus dem Geschäft zu kommen. Fast immer fehlt das Familienkapital, das Hoffmannsthal die Arbeitskonzentration gesichert hat.

Schon die unvollständige Aufzählung erinnert daran, daß die Industriegesellschaft, in der wir leben, wenige Spielräume, wenige Freiräume läßt; daß sie den Anschein erweckt, den freien Künstler, den nicht in Dienst genommenen Schriftsteller nicht zu benötigen. Für diese Arbeit in den freien Spielräumen einzutreten ist also vordringlich, wenn man von ihrer Bedeutung für die Entwicklung des Menschen überzeugt ist.

Das heißt gewiß nicht, sie mit ökonomischer Unsicherheit verwechseln. Sie jedoch auch nicht für gesichert halten, wenn die ökonomische Sicherheit gewährt ist. Heißt, den politischen Konflikt um die soziale Sicherung der Schriftsteller, der Künstler aus dem parteipolitischen Jargon herauslösen, von jeder Wahltaktik frei über die Freiheit künstlerischen Schaffens nachdenken. Es wäre zu kurz geschlossen, die soziale Sicherung und die künstlerische Leistung in einen unmittelbaren Zusammenhang zu bringen, zumal die Versicherungspflicht ja einen gewissen Druck auf die Produktivität ausübt, Mindesteinkommen zu erarbeiten sind, um der Versicherungspflicht nachzukommen und damit den Versicherungsschutz zu erreichen (ausgenommen in den ersten fünf Jahren nach Aufnahme der künstlerischen, der schriftstellerischen Tätigkeit, sagt das Gesetz); Mindesteinkommen, die der Lyriker selten erreichen kann, die den Erzähler nötigen, Auflagenhöhen zu erzielen, die unter den heutigen Marktbedingungen ein kleiner bis mittelgroßer Verlag kaum durchsetzen kann, die den Dramatiker auf die elektronischen Medien mitverweisen, wenn er nicht zu der kleinen Gruppe derer gehört, deren Stücke von vielen Bühnen nachgespielt werden.

Es ist jedenfalls ein Fehlschluß, es sind Unkenrufe, wenn die Verwerter anführen, daß die soziale Sicherung der Schriftsteller und Künstler den Literatur- und Kunstmarkt verändern würde. Die Entwicklung ist umgekehrt verlaufen. Im Verlagswesen tendiert sie seit gut zwanzig Jahren zur Bildung immer größerer Konzerne, die die mittelgroßen und kleinen Verlage aufgesogen oder in ihrer Wirkung so eingeschränkt haben, daß das literarische Kunstprodukt nur noch einen kleinen Anteil an den veröffentlichten Büchern hat. Der Kunstmarkt hat sich so weitgehend internationalisiert, daß die Chancen des jungen Künstlers geringer geworden sind. Die Arbeitsfelder der freien Musiker haben sich durch die elektronischen Medien verändert. Entwicklungen, die die Zahl der Vollberufler in den künstlerischen Berufen stabilisiert haben, bislang ohne gesetzlich abgesicherten sozialen Schutz, denn die Einschreibung in der Pensionskasse für freie Mitarbeiter in den elektronischen Medien, der Eintritt in die Rentenversicherung (die sich für einen begrenzten Zeitraum den Freiberuflern geöffnet hatte) mit Unterstützung der Verwertungsgesellschaften, die aus den urhebereigenen Nebenrechten für die Arbeitgeberleistungen aufgekommen sind und aufkommen, basieren auf Freiwilligkeit.

Der Anspruch auf die gesetzliche Absicherung der Alters- und Krankenversicherung ist also an der Entwicklung der Vermarktung gemessen ein Nachholbedarf.

Nun hat aber die galoppierende Entwicklung der Reproduktionstechniken, die das Wachsen der Konzerne begünstigt hat, nicht nur eine gesteigerte Nachfrage erzeugt, die die Stabilisierung insbesondere des Berufsschriftstellers begünstigt hat, sie hat auch das anspruchsvolle, das elitäre Kunstprodukt eingereiht, hat ihm eine Alibi-Funktion gegeben (zwischen gut gehender Massenware der Lyrikband), die der mäzenatischen Förderung durch den Feudalaristokraten oder später den Millionär nicht adäquat ist, die Freiheit des künstlerisch Schaffenden aber ähnlich unernst in Dienst nimmt. Der Konzern leistet sich in seinem breitgefächerten, warenhausähnlichen Buchangebot Literatur, leistet sich Kunst, um ins Gerede zu kommen. Interessanterweise nimmt der Konsument diese Tendenz nicht mit aller Deutlichkeit wahr. Sicher, er sieht sich dem Überangebot von Büchern auf der Buchmesse, in den Buchhandlungen, in den Kaufhäusern gegenüber, wird aber doch mehr oder weniger ungewollt abhängig von der Werbung, die längst schon der Werbung in anderen Industriebereichen gleicht und ein entscheidender Kostenfaktor für die Ware Buch ist, den Lyrikband im Angebot aber benachteiligt.

Wie ist auf die Entwicklung zu antworten, die doch ganz offensichtlich der künstlerischen Freiheit gefährlich ist?

Im Bereich der elektronischen Medien, die ja in der Bundesrepublik durch das Rundfunkgesetz an den Rundfunkauftrag gebunden sind, ist der kulturelle Auftrag zumindest festgeschrieben. Hier greifen die politischen Aufsichtsgremien ein und haben tendenzielle Schmälerungen des kulturellen Angebots erreichen können, ist der Freiheitsanspruch des künstlerisch Schaffenden also politisch eingrenzbar und gefährdet.

Im publizistischen Bereich wird der Freiheitsanspruch durch den Tendenzschutzparagraphen linearisiert.

Für den Buchverlag treffen beide genannten Einschränkungen (theoretisch) nicht zu, denn die Marktbeherrschung durch die großen Konzerne ist natürlich nicht folgenlos geblieben.

Hier sind Versuche zu nennen, die Marktbeherrschung zu unterlaufen; zum Beispiel die Gründung des Autorenverlages, ursprünglich ein Aushängeschild des Bertelsmannkonzerns, nach zensuraler Einflußnahme von seiten des Konzerns Wechsel des Mutterverlages, in der Athenäum-Gruppe nun unbehelligt, eine Verlagsstruktur, die sich durch die Autorenmitsprache bei der Programmgestaltung und die Autorenmitwirkung im Lektorat von anderen Verlagen unterscheidet, aber auch nach den Bedingungen des Buchmarktes geführt werden muß.

Eine andere Alternative ist die Gründung einer Vielzahl von Kleinverlagen, die meist unter gestrigen Produktionsbedingungen arbeiten, in kleinen Druckereien, zumeist schmale, graphisch oft ansehnlich gestaltete Bücher herausbringen, aber fast durchweg kaum Autorenhonorare, Grafikerhonorare erwirtschaften. Hier suchen viele Jungautoren und Junggrafiker die

Chance, sich vorzustellen, die sie in den Konzernen nicht finden. Die Verlage haben sich als AGAV, als Arbeitsgemeinschaft alternativer Verlage, zusammengeschlossen, haben alternative Vertriebsformen entwickelt, veranstalten jährlich eine Gegenbuchmesse in Frankfurt und mehrere Treffen im Ablauf des Jahres. Ihre Bücher werden über den Buchvertrieb Zweitausendeins und in alternativen Buchläden gehandelt. Noch übersieht die Presse die meisten dieser alternativen Produktionen und sicher nicht nur, weil sie für das Anzeigengeschäft der Presse ohne Interesse sind, sondern weil hier zuweilen Themen zur Diskussion gestellt werden, die in der Presse heiße Eisen sind. So ist eine ständige Abwanderung von Autoren in die größeren Verlage, aber auch das ständige Nachdrängen von Jungautoren festzustellen.

Ein dritter Versuch, die Marktbeherrschung der großen Konzerne zu unterlaufen, wird jetzt in der »Büchergilde Gutenberg«, dem gewerkschaftseigenen Verlag, gemacht, die nach dem 2. Weltkrieg vornehmlich schon veröffentlichte Bücher in Lizenz genommen hat, neuerdings aber wieder Erstausgaben produziert wie in den Jahren vor 1933. Und es ist zu wünschen, daß der gewerkschaftliche Verteilerapparat, die büchergilde-eigenen Buchhandlungen und Geschäftsstellen solchen Auftrieb nehmen, um einen Gegenmarkt entstehen zu lassen, unter dem Druck der Konzernriesen allerdings ein waghalsiger Versuch.

Für die bildenden Künstler ist festzuhalten, daß die Zahl kleiner Galerien noch immer im Wachsen begriffen ist, eine alternative Entwicklung, aber wie die der kleinen Verlage für die Urheber ökonomisch unbefriedigend und selten genug eine Chance, auf den internationalen Kunstmarkt zu gelangen.

Die grundgesetzlich festgeschriebene Freiheit der Künste ist also, anders als die Freiheit der Wissenschaften, weitgehend ungeschützt.

Noch einmal: Wie ist auf die Entwicklung zu antworten, die, weil wesentlich vom Markt bestimmt, der künstlerischen Freiheit gefährlich ist?

Mit Skepsis? Sicher. Mit Verzweiflung? Vielleicht. Mit Verzicht? Keinesfalls.

Nicht mit dem Verzicht auf soziale Sicherungen.

Nicht mit dem Verzicht auf das Ausmessen alternativer Kommunikation.

Nicht mit dem Verzicht auf die Definition der Freiheit, immer neuen Beschreibungsversuchen ihrer Einengung, also entschlossener Abwehr ihrer Gefährdung.

In den Auseinandersetzungen um das 14. Strafrechtsänderungsgesetz und im selben Zusammenhang mit der »Schere im Kopf«, also der freiwilligen, der Selbstzensur, mit dem Eintreten für die Zurücknahme des § 88 a aus dem Paket des 14. Strafrechtsänderungsgesetzes (auch die vom Bundestag beschlossen und im Bundesrat vorerst zurückgewiesen) ist vornehmlich die Einschränkung des Freiheitsbegriffs thematisiert worden, einer der entscheidenden Werte der Freiheit, der die Kritik am Ist-Zustand der Gesellschaft zu sichern hat, ohne die es keine Entwicklungen, keine Veränderungen zugunsten der Schwächeren geben kann, ohne den moralische Zöpfe nicht abgeschnitten werden können, Rechte der Benachteiligten nicht eingefordert, Vorrechte der Privilegierten nicht angefragt werden können. Die politischen Werte der Freiheit sind also festzumachen als die Werte, die emanzipatorischen Prozessen innewohnen, sie auslösen, vorwärtstreiben, die ständige Offenheit der gesellschaftlichen Strukturen für Veränderungen gewährleisten.

Die ästhetischen Werte der Freiheit sind viel weniger präzis zu benennen, auch wenn man Ästhetik und Kommunikation als Begriffspaar bündelt. Sicher sind die ästhetischen Werte der Freiheit gesellschaftlich mitbedingt, ist die Entwicklung des Geschmacks ein gesellschaftliches Phänomen und können wir in den letzten fünfzehn bis zwanzig Jahren einen Einbruch in die bildungsbürgerliche Ästhetik feststellen, die sich in den 50er Jahren in der Bundesrepublik sehr schnell wieder stabilisiert und Aufbrüche aus den 20er Jahren eingeebnet hatte (Spätexpressionismus, sozialistische Literatur, didaktisches Theater).

Obgleich heute wieder eine Verwaschung ästhetischer Kategorien festzustellen ist, kann der ästhetische Schub der 60er Jahre nicht ausgelassen, in seinen Nachwirkungen nicht übersehen werden.

Mit der Wiederentdeckung einer Arbeiterliteratur (Dortmunder Gruppe 61, Werkkreis Literatur der Arbeitswelt 1970), mit

der neuen Nutzung von Dialekt und Soziolekt, mit der Ermutigung von Randgruppen zur eigenen Kreativität, mit der Ermutigung zur Konfession durch die Frauenbewegung für die Frauen
hat sich das Angebot auf dem Literatur- und Kunstmarkt verändert, ist die bildungsbürgerliche Ästhetik zwar nicht so radikal
geleugnet worden wie durch die frühen Naturalisten, die ersten
Expressionisten, die Dada-Bewegung, aber die Einebnung der
Entwicklungen und Ansätze in den 60er und frühen 70er Jahren
ist bis heute nicht gelungen. Es haben sich Formen der Kommunikation im Bereich der Randgruppen entwickelt, die sich in der
alternativen Literatur- und Kunstproduktion, in der alternativen
Szene der großen Städte halten und als verwaschene Spiegelung
auch bürgerlich-ästhetische Vorstellungen verändern, denken
wir an die Theaterinszenierungen der letzten Jahre, an die gewollte Abkehr vom festen Spielort, denken wir an die gewollte
Abkehr vom Atelier.

Daß das nicht ohne Einfluß auf die binnengesellschaftliche
Kommunikation bleibt, ist selbstverständlich, auch wenn bis zur
Stunde noch keine radikale Veränderung, kein radikaler Bruch
mit der gesteuerten Kommunikation im Zeitalter der technischen Reproduzierbarkeit erfolgt ist. Möglicherweise auch gar
nicht erfolgen kann, weil die Ermattungserscheinungen des Individuums nicht aufzuhalten sind, im Fein-Raster der arbeitstei-
ligen Produktion auch kaum aufzuhalten sein werden.

Dennoch sind die Anstöße, die Aufregungen, die Aufrauhun-
gen, die eine veränderte Ästhetik ausgelöst hat und immer wieder auslösen muß, unverkennbar. Und notwendig. Sind Ausdruck von Freiheit, die sich auch hier wieder des Menschen an-
nimmt, ihm seine Entmündigung vor Augen führt, ihn ermutigt,
sich dagegen zu wehren, sich selbst einzufordern, seine Verseh-
rungen auszuheilen, zu entdecken, daß er Verantwortung einzuklagen hat, Kommunikation nicht nur hinzunehmen, sondern
auch zu leisten hat.

Die Spielplatz-Freiheit, zu der die Freiheit der Künste sich
immer wieder zu verengen droht, ist also immer wieder mit den
Werten der Freiheit zu besetzen, listig, voller Erwartung und
mit dem vollen Anspruch auf ein primäres Menschenrecht, für
das in der Geschichte immer hat gekämpft werden müssen.

Mit der sozialen Sicherung allein ist der Anspruch nicht zu garantieren. Sie formuliert nur eine Selbstverständlichkeit, die der Wissenschaft längst zugesichert ist, macht öffentlich, daß die künstlerische Kreativität ihren Platz in der Gesellschaft haben muß, weil ihre Produkte ja ganze Industriezweige stabilisieren, macht öffentlich, daß der künstlerisch Arbeitende von der Gesellschaft angenommen werden muß. Mehr nicht. Aber kommt das nicht – spät genug in der Geschichte der Künste, der Literatur – einer, wenn auch noch immer gefährdeten, sozialen Emanzipation der Künstler, der Schriftsteller gleich?

Kritik oder Literaturbetrieb?
Zu einem bundesdeutschen Dilemma

Die literarische Produktion in der Bundesrepublik ist heute noch heterogener als Anfang der sechziger Jahre. Zwischen Helmut Heißenbüttel und Max von der Grün, zwischen Ingeborg Bachmann und F. C. Delius, zwischen Peter Rühmkorf und Ludwig Harig, zwischen Elias Canetti und Marie Luise Kaschnitz gibt es kaum eine andere Gemeinschaft als den Duden von A bis Z; die Kritik spaltet sich in Freunde und Gegner der einzelnen Autoren; so ehrenwerte Usancen wie der Verzicht auf die Kritik an einem Buch, das im gleichen Verlag erschienen ist, in dem auch der Kritiker publiziert, sind längst nicht mehr gültig; der Zusammenhang zwischen Annonce und großer Rezension wird längst nicht mehr schamhaft verschwiegen, im Gegenteil, große Annonce und große Rezension werden zeitlich aufeinander abgestimmt; Bestsellerlisten werden lanciert; das Geheimnis der Promotion ist längst keines mehr, wie auch der Marktdruck der großen Konzerne nicht; und die neuerliche Selbstwerbung der Verlage in der Werbezeitschrift »Buch aktuell« hat sich trotz lebhafter Kritik in den Feuilletons eingeführt. Der Weg zum Leser über den Buchhandel wird für die Verlage immer teurer, die Auswahlkriterien verändern sich entsprechend; die Rückläufigkeit der Belletristik ist aus jeder Verlagsanzeige im Börsenblatt abzulesen; mit dem Modewort Nostalgie soll jedoch ein neues Bedürfnis nach Belletristik manipuliert werden.

Inzwischen ist auch der entscheidende Anteil der technischen Medien an Entwicklungen, Störungen und Verstörungen der Literatur ins Gespräch gekommen; die Abhängigkeiten der Programm-Macher in den demokratisch kontrollierten Anstalten öffentlichen Rechts, die Steuerung der Meinung, des Geschmacks, des Interesses sind transparent geworden, ohne Publikumsentrüstung hervorzurufen; im Gegenteil, die Infratests und Meinungsumfragen machen die erschreckend verbreitete Konsumentenhaltung deutlich. Sicher, es hat auch Protestaktionen gegen einschneidende Programmeingriffe gegeben, immer initiiert von mittelbar oder unmittelbar Betroffenen, von Autoren, Publizisten und Studierenden, freien Mitarbeitern, es sind Modelle der Kritik erprobt worden, die entwicklungsfähig sind, Modelle, die vielleicht auch einmal zur Kritik der Mißbräuche auf dem Buchmarkt, und hier auf den betroffenen Sektor des literarischen Buches anzuwenden sind. Noch aber ist die Öffentlichkeit, die etwa für die literarische Produktion mittels Werbung, Marketing, Preisverleihungen usw. hergestellt wird, eine künstliche Öffentlichkeit.

Und der Vergleich zwischen den Aufführungszahlen von Goethe und Kotzebue, oder der Hinweis auf das Scheitern der Volksbühnenbewegung am kleinbürgerlichen Unterhaltungsbedürfnis taugen wenig zur Erklärung der gegenwärtigen Misere in der Bundesrepublik. Denn leider ist es hier noch immer üblich, zumindest auf seiten der Literaturvermittler, die Schichtabgrenzung für unüberwindbar zu halten, obgleich die Spaltung in die zwei deutschen Nachkriegsliteraturen in Erinnerung ruft, daß es im Deutschland der zwanziger Jahre schon so etwas wie eine Übereinkunft der Autoren unterschiedlicher politischer Position gegeben hatte, den Schichtdurchbruch zu versuchen; und daß die DDR-Literatur an diesen Versuch der Väter angeknüpft hat, der in der Bundesrepublik in den fünfziger Jahren kaum richtig eingeschätzt wurde, denken wir nur an Brecht oder Döblin, an Heinrich Mann oder Fallada, an Arnold Zweig oder Georg Kaiser, an Ernst Toller oder Horváth, auch an Erik Reger oder Ludwig Renn, an Anna Seghers oder Marie Luise Fleißer.

Daß in der Literatur nach der Kahlschlagphase, also in den Jahren der größten Wirksamkeit der Gruppe 47 trotz Böll, Koeppen, Kolbenhoff, Schallück und Schnurre der kühne Ansatz der zwanziger Jahre nicht weitergedacht wurde, daß die Sozialkritik in der Literatur zur Kritik am Kleinbürger verengt wurde, den die Nazis hochgespielt hatten, ohne daß die sozialen und politischen Zusammenhänge bloßgelegt wurden, die dem Kleinbürger förderlich gewesen waren, gab den Weg frei für die ausschließlich ästhetische Argumentation und bedingte schließlich die Überbewertung des Literaturbetriebs von Tagung zu Tagung, von Jahr zu Jahr.

Bis 1962 auf der fünfzehnten Jubiläumstagung der Gruppe 47 die erschreckende Realitätsferne dieses Literaturbetriebs spürbar wurde, die auch mit Resolutionen nicht zu überwinden war. Denn zumindest seit 1959 mit dem gleichzeitigen Erscheinen von Grass' »Blechtrommel« und Johnsons »Mutmaßungen über Jakob« war deutlich, daß die Literatur sich dem Griff nach der Nachkriegswirklichkeit nicht entziehen konnte. Der Literaturbetrieb der Gruppe begann auf der Höhe des Erfolges (die großen Auslandtagungen mit dem weltweiten Echo) sich zur Repräsentativfunktion zu verselbständigen.

1961 hatte sich außerhalb der Gruppe 47 die Dortmunder Gruppe 61 mit einem deutlichen Programm zusammengefunden. Die Entdeckung der Arbeitswelt, die Aufwertung der Reportage, des Interviews, des Protestsongs, die Entwicklung der Werkkreisarbeit brachten die kritische Auseinandersetzung mit der sozialen Realität in der Bundesrepublik – anfänglich ohne den Segen der großen Kritiker, ohne Sektempfänge und Fernsehpublicity.

Auf dem Theater hatte Hochhuths »Stellvertreter« die Bresche für die Auseinandersetzung mit der sogenannten unbewältigten Vergangenheit geschlagen. Das Dokumentationsstück arbeitete endlich die ausgesparten Erinnerungen auf. Peter Weiss und Heinar Kipphardt brachen mit der Repräsentativfunktion der Literatur, wenn auch darüber die Versuche zum politischen Theater, die die Dramatiker der fünfziger Jahre gemacht und gegen das europäische und amerikanische Angebot verloren hatten, vergessen wurden.

Daß die Verlage fast gleichzeitig den Interessenschwund für Literatur anmerken, scheint konsequent. Die herkömmliche Bildungsbürgerschicht hatte in den fünfziger Jahren, ehe sich das große Kapital wieder gefestigt und die Macht übernommen hatte, zwar noch einmal Einfluß gewonnen, hatte den Aufbau der Demokratie 1949 nach ihren Vorstellungen und geschichtlichen Erfahrungen geleistet; jedoch das Fehlen der jüdischen Intelligenz, die diese Schicht in den zwanziger Jahren so aufgeschlossen hatte reagieren lassen und die sie zum Schichtdurchbruch in der Literatur befähigt hatte, führte zu ihrer Ermüdung. Der bürgerliche Bildungsbegriff wurde ausgehöhlt. Wissen, Information traten an seine Stelle. Bis es, nicht plötzlich, das Selbstgewahrwerden der Lohnabhängigen anzuzeigen gab. Dennoch traf der Schichtdurchbruch der Literatur, den die Autoren versucht hatten, noch nicht auf eine vorbereitete Öffentlichkeit.

Woran lag das?

Hatten sich denn die Verlage und der Buchhandel ernsthaft auf diesen Schichtdurchbruch eingerichtet? Hielt sich der Buchhandel nicht allzu zäh an die Erfahrung, daß die Ladentür eine Grenze sei, die einer erst überschreiten müsse, um zum Leser zu werden, als die Verlage längst schon Taschenbücher und Reihen produzierten? Gab es denn irgendeinen Versuch im Bereich des Buchhandels, zum Leser zu gehen, die Grenze in umgekehrter Richtung zu überschreiten? Warum zögerte der Buchhandel, außerhalb des Ladengeschäfts und des Versandbuchhandels neue Verkaufsmöglichkeiten zu suchen? Und ließen nicht auch die Buchgemeinschaften, ja auch die gewerkschaftlichen Buchgemeinschaften Initiativen vermissen? Die jährlich anwachsenden Werbeetats, die die Buchproduktion belasten, beweisen die Kommunikationsstörung zwischen Autor und Publikum.

Und die technischen Medien haben trotz erwähnenswerter Ansätze zur Vermittlung der Literatur die Versäumnisse des Buchhandels nicht wettgemacht, haben die Chance, als Medium für jedermann keine Grenze überschreiten zu müssen, seit das Fernsehen in den sechziger Jahren zum Heimkino für jedermann geworden war, nicht recht genutzt. Viel zu schnell wurde der Elan der großen didaktischen Aufgabe, die Unbekümmertheit, alles versuchen zu können, durch die Institutionalisierung gebremst und das Medium unter dem Zwang der Sendezeiten zehn Jahre lang nicht oder doch nur oberflächlich reflektiert.

Und hier ist nun endlich die Kritik an der Kritik fällig.

Wie für die Literatur war auch für die Kritik, die sie begleitet, nach 1945 die Tradition unterbrochen. Den Journalismus der zwanziger Jahre gab es nicht mehr, wenn auch die Kritiker, die die Arbeit damals aufnahmen, vornehmlich im Bereich der Theaterkritik ihn mit seiner Lust an der scharfen, polemischen Formulierung und der dramaturgischen Analyse zum Vorbild nahmen. Anders die Buchkritik, die in den zwölf Jahren nazistischer Kulturpolitik zur Lobrednerei heruntergekommen war und jede Tradition außer der Deutschtümelei eingebüßt hatte.

Der Einfluß der Curtius-Schule in den fünfziger Jahren förderte die Sensibilisierung der ästhetischen Argumentation, nahm die entstehende Literatur in den westeuropäischen Zusammenhang hinein und setzte der Literaturkritik damit Maßstäbe, ließ sie aber ratlos gegenüber der sozialistischen Literatur, die in der DDR entstand. Die ästhetische Selbstgefälligkeit, die um die Mitte der fünfziger Jahre im literarischen Angebot der Bundesrepublik zu beobachten war, wurde nicht als Irritation erkannt. Literatursoziologie wurde an den Hochschulen der Bundesrepublik noch nicht praktiziert. Die Einflußschübe sowohl der europäischen und amerikanischen Literatur der dreißiger Jahre überlagerten sich, drängten etwa die Nachkriegsdramatiker ins Hörspiel ab, waren zugleich aber auch Ansporn für die jungen deutschen Autoren, die den Zusammenhang zwischen Kommerz und Literatur vornehmlich der amerikanischen Importe lange nicht erkannten.

Daß fürs Hörspiel als einem so wesentlichen Arbeitsbereich gerade auch der Dramatiker die ausschließlich inhaltsorientierte Kritik den Vorrang behielt und mit der Verbreitung des Fernsehens für dieses Medium übernommen wurde, die Produktionsbedingungen also weitgehend außer acht gelassen wurden, ließ die technischen Medien fast ohne Kontrolle. Das experimentelle Hörspiel, das in den sechziger Jahren die Stereophonie und die Elektronik nutzen lernte und die Erfahrungen der Linguistik in die Medienliteratur einbrachte, fand in der Kritik kaum Spiegelung, geschweige Förderung. Und es bleibt zu fragen, ob die verspätete Medienkritik, die seit 1970 eingesetzt hat, strukturelle Verhärtungen der Programme aufbrechen kann, ob nicht längst in Anpassung an einen nicht entwickelten, nicht trainierten Publikumsgeschmack die Chancen für die Freisetzung der Urteilskraft vertan sind.

Erstaunlich, daß die Theaterkritik und die Buchkritik in den sechziger Jahren ungeachtet des Vordringens des Fernsehens ihre Eigenständigkeit erhalten haben. Die Theaterkritik hat die Impulse der sozialkritischen Literatur aufgenommen und verdeutlicht, wenn auch sicher von sehr unterschiedlichen Standorten aus. Sehr viel weniger entschlossen hat allerdings die Buchkritik auf die Entwicklung reagiert, die noch immer bevorzugt den einzelnen Autor an sich selbst mißt und seine Position innerhalb der Literatur seiner Zeitgenossen und ihres Erfahrungsspielraums vernachlässigt. Das kann zu so grotesken Ergebnissen führen wie in der gesamten Kritik des »Malina«-Romans von Ingeborg Bachmann, die fast durchgängig das Unbehagen an der emotionalen Verklemmung der Autorin während der Arbeit an diesem Buch spüren und doch keinen der (Star-)Kritiker den Irrweg der Bachmannschen Entwicklung genau benennen ließ, was ja die Qualität früherer Bachmannscher Leistungen keineswegs gemindert hätte.

Das kann aber auch so deutlich auf die Abhängigkeiten verweisen, wie die Kritiken zu Friedrich C. Delius' Dokumentationssatire »Unsere Siemens-Welt. Eine Festschrift zum 125jährigen Bestehen des Hauses S.«. Daß die Springer-Presse auf Rezensionen verzichtete, war nachgerade selbstverständlich. Daß die »Süddeutsche Zeitung«, die im Kapitel »Unsere Informationspolitik« selbst ins Schußfeld der Satire geraten war, keine Rezension gebracht hat, macht zumindest nachdenklich. Daß aber der »Münchener Merkur« zwei Tage vor der mündlichen Verhandlung am 22. 11. 1972 einen Verriß veröffentlichte, den der Siemensanwalt denn auch bei der Verhandlung aus der Tasche zog, läßt an Deutlichkeit nichts mehr zu wünschen übrig. Ein Fall von vielen, der die Abhängigkeit der Presse vom Anzeigenangebot der großen Industriekonzerne wie nebenbei bestätigt.

Ein anderes Beispiel der Unsicherheit der Buchkritik ist der langsame Prozeß der Anerkennung der Gruppe 61, die Zurückhaltung gegenüber Werkkreisinitiativen; ist aber auch die zögernde Anerkennung der Literatur in der DDR. Und wenn anfangs auf die Auswahlkriterien für große Besprechungen verwiesen wurde, so kann man sicher nicht ohne Übertreibung sagen, daß der literarische Ruhm in der Bundesrepublik und die Aktivität der Werbeabteilungen der Verlage nicht ganz voneinander zu trennen sind, denn die Literaturkritik in der Bundesrepublik hat, anders als die Theaterkritik, keine verbindlichen Kriterien entwickelt und immer auch im Schutz ihrer Abhängigkeit agiert (was Ausnahmefälle nicht ausschließt, was die einzelne bedeutende Kritik nicht verleugnet). Sie hat sich gegen die Medienentwicklung und ihren Einbruch in die Lesezeit abgeschirmt und im Reservat der Wochenendnummern wesentliche Vermittlerleistungen versäumt, gerade in der Zeit, in der die Literatur durch eine vorher unvorstellbare Ausweitung der Kommunikationsmöglichkeiten der Vermittlerleistung vollauf bedurft hätte. Es ist ihr nicht gelungen, die ästhetische und die sozialkritische Wertung zueinander in Relation zu bringen und somit die literarische Produktion in allen Medien im Zusammenhang zu sehen.

Gibt es überhaupt noch eine Möglichkeit, das Versäumte nachzuholen, die fehlenden Meßinstrumente der Kritik zu entwickeln? Und wie kann darauf hingearbeitet werden, wenn der Buchhandel nicht endlich die Ladentür öffnet und zum Publikum geht, wie es seine große Konkurrenz, das Fernsehen, allabendlich tut? Fehlt es nicht noch an Untersuchungen über Ermüdung oder Anreiz der Phantasie durch die ständige audiovisuelle Beanspruchung? Muß die Funktionsbestimmung von Literatur diese unerkundete Erfahrung nicht einbeziehen, wenn sie ihre Chancen des gesprochenen, des gedruckten Wortes einkreisen will? Wenn sie das Wechselspiel zwischen Autor und Leser, Autor und Publikum ernst nimmt?

Hätte die kritische Arbeit nicht hier anzusetzen, um die Literatur aus dem Engpaß von Warenproduktion und Konsumbedürfnis herauszuführen? Hätte sie nicht hier einzugreifen und bewußtzumachen, didaktische Arbeit zu leisten, Urteilsfähigkeit zu entwickeln, aufzubegehren gegen das Modewort Nostalgie, das aus Marktinteressen manipuliert wird und den literarischen Ansätzen der letzten Jahre Hohn spricht? Denn Kritik kann nicht nur Nachvollzug sein. Lessings »Hamburger Dramaturgie« war ein Vorentwurf, den die Klassik erfüllte, Friedrich Schlegel reizte die deutsche Literatur zur Weltoffenheit, Gutzkow forderte, was Georg Büchner leistete. Was aber fordert unsere Literaturkritik?

Kulturpolitik in der Reform?

Kulturpolitik, die sich im Vorfeld der Politik versteht, bedeutet, wenn auch nicht den Verzicht auf Selbstdarstellung, so doch die Umwertung der Repräsentation in Kommunikation. Diese Umwertung der bundesdeutschen Kulturpolitik ist erfreulicherweise im Gange. Verlagerung der Programmschwerpunkte, einschneidende Veränderungen in der Sprachvermittlung, Öffnung für die technischen Medien, Auffächerung der Kontakte in den Gastländern, organisatorische Veränderungen bis hin zur Ausbildung und Weiterbildung der Dozenten sind zu planen und zu leisten. Es bedarf der Mitarbeit aller beteiligten Institutionen, der Auswertung der Erfahrungen, die noch auf der entlegensten Außenstelle gemacht werden. Warum geschieht das? Und warum so spät?

»Die Bundesrepublik ist wieder wichtig geworden«, sagte kürzlich ein Engländer zu mir. Und das klang anders als jenes prahlerische »Wir sind wieder wer«, an das wir uns nur ungern erinnern. Es war nicht einfach Anerkennung, sondern, von einem Intellektuellen ausgesprochen, durchaus mit jenem neugierigen Mißtrauen durchsetzt, das der Entspannungspolitik der Regierungskoalition begegnet.

Ohne Mondraumschiffahrt und eigne Atomversuche, jenen modernen Insignien der Macht, muß ein Staat heute andre Beiträge leisten, um sein Selbstverständnis zu artikulieren. Die Fähigkeit, Konflikte zu neutralisieren, gewinnt angesichts der bedrohlichen Wachstumsrate der Erdbevölkerung und des lagernden Vernichtungspotentials ständig an Bedeutung. Die Lage und Größe der beiden deutschen Staaten mitten in Europa, mitten im

Konfliktfeld der unterschiedlichen politischen Systeme als Herausforderung zur Entspannungspolitik begriffen zu haben, ist das Verdienst der gegenwärtigen Bundesregierung. Die Bundesrepublik ist wieder, aber anders wichtig geworden, als in der Bollwerksituation des kalten Krieges. Was im kulturellen Bereich schon längst in Einzelbegegnungen versucht wurde, Vorfeldleistungen, so unscheinbar sie gewesen sein mögen, sollte und kann sich nunmehr zum kulturpolitischen Programm verdichten.

Das klingt als Prognose überzeugend einfach, stößt in der Realität aber auf vielfache Schwierigkeiten. Denn mit der Unterzeichnung von Verträgen wird der kulturpolitische Wettkampf kaum schon beendet sein, im Gegenteil, die Nachlaufphase politischer Auseinandersetzungen ist seit eh und je in den kulturpolitischen Bereich abgedrängt worden, weil dort der Apparat von gestern scheinbar ungefährdet intakt geblieben ist. Diese Nachlaufphase in der gegenwärtigen und künftigen Kulturpolitik zu verhindern, heißt wiederum Vorfeldarbeit leisten.

Die unterschiedliche Bewertung von Kultur in beiden politischen Systemen, die sich nicht nur in der Bundesrepublik und der Deutschen Demokratischen Republik gegenüberstehen, ja, man darf getrost sagen: die Benachteiligung der entsprechenden bundesrepublikanischen Institutionen, damit aber auch ihr Einzugs- und Ausstrahlungsbereich vor allem in Außereuropa ist bekannt. Hier ist einiges nachzuholen, was mit Repräsentation nicht zu leisten ist. Mögen Nationalstolz und das Pochen auf das Prestige der deutschen Sprache auch der Vergangenheit angehören, so muß doch die Bundesrepublik mit dem gezielten Einsatz ideologisch bestimmter Kulturpolitik seitens der DDR rechnen. Das gab und gibt Verstimmungen, die kein Vertrag beenden kann, wenn die Konfrontation nicht angenommen, die Wettkampfsituation nicht fair genutzt wird. Der Übermittlungsauftrag für das kulturelle Geschehen zwischen Heimat- und Gastland entfällt zwar nicht, bekommt aber einen anderen Stellenwert im Programm, dessen Schwerpunkte mehr und mehr im kulturpädagogischen und sozialpädagogischen Bereich zu bilden sind, um im Gastland nicht nur die privilegierte Schicht zu erreichen. Das heißt nicht, die Übermittlung, die ja immer auch mit Repräsentation verbunden ist, gering einschätzen. Es heißt auch nicht, der Sparsamkeit das Wort reden und damit den Fehler der Nachkriegskulturpolitik wiederholen. Doch sollte es so utopisch sein, etwa einige Repräsentationsveranstaltungen mit denen der DDR-Institutionen im Gastland abzustimmen und aus der Konfrontation oder Wechselbeziehung den Dialog zu schlagen? Sollte es so utopisch sein, kulturpädagogische und sozialpädagogische Aufgaben im Gastland zu koordinieren? Natürlich sind die Schwierigkeiten mit dem missionarischen Eifer von Ideologen nicht gering und werden sich nicht mindern, aber sich ihnen nicht stellen, wäre nur Ausdruck von Unsicherheit in der eigenen Konzeption.

Sicher, dem Kenner der Situation in den Außenstellen mit ihren Verbindungsleuten, ihrem Interessenpotential klingt das illusorisch, es klingt auch illusorisch angesichts des Repräsentationsetats der DDR-Institutionen, und es klingt illusorisch eingedenk des tiefsitzenden Mißtrauens, das die sozialen Schichten in den Gastländern, die ja von der BRD und der DDR getrennt angesprochen werden, oft gegeneinander haben. Dennoch scheinen Koordinierung und Dialog nicht unmöglich, wären etwa der bildungsfördernden Tätigkeit in den Gastländern hilfreich und erleichterten, das Vertrauen herzustellen, das beiden deutschen Staaten im kulturpolitischen Alleingang bisher nur partiell, nur innerhalb ihres politischen Freundschaftsbereiches herzustellen gelungen ist. Damit würde nicht nur das Erbe Nazideutschlands überwunden, sondern böte die Doppelerfahrung mit den zwei politischen Systemen, die die Deutschen nach 1945 gemacht haben, eine offenere Diskussion in und mit den Gastländern.

Auch der größte Illusionist weiß, daß Kulturpolitik immer wieder nur Machtansprüche kaschieren, und wo sie anders verstanden, dann doch dazu mißbraucht werden wird. Aber der Versuch, sie zur dritten Kraft zu entwickeln, zum Beitrag der Staaten ohne Mondraumschiffahrt und eigene Atombomben, sollte nicht abgewinkt werden. Die Besinnung auf die Funktion der Kulturpolitik, die in der Bundesrepublik eingesetzt hat, könnte mehr sein als ein Signal. Sie könnte Repräsentationsprioritäten abbauen helfen, die in Ost und West, in Europa und in

Außereuropa im Zuge des kalten Krieges geschaffen worden sind. Sie könnte der Kulturarbeit den Rang geben, der ihr angesichts der Weltbevölkerungsflut und des lagernden Vernichtungspotentials zusteht: Die Welt wohnlicher zu machen.

Föderalismus oder Zentralisierung?

Ein unzeitgemäßer Gegensatz in der Kulturpolitik

Wir alle kennen die Kritik am Kulturföderalismus, kennen auch die Argumente zu seiner Verteidigung. Wir alle wissen, daß uns in dieser Hinsicht nach 1945 eine harte Aufgabe gestellt worden ist – sicher nicht ohne den Nebengedanken der Zerschlagung der zentral gelenkten Kulturpolitik in Nazi-Deutschland. Und wir alle wissen auch, daß uns die föderalistische Kulturpolitik gar nicht so schlecht bekommen ist, daß sie Initiativen freigemacht hat, ohne die mutmaßlich die kulturelle Landschaft Bundesrepublik einförmiger aussehen würde. Doch wir wissen ebenso, daß im letzten Jahrzehnt Grenzen dieser föderalistischen Kulturpolitik deutlich geworden sind, sei es im Schul- und Hochschulbereich, in der Kunstpflege und -förderung, sei es in der Auswirkung auf die Kulturpolitik im Ausland, wo die Bundesrepublik in dem Augenblick zu Sparmaßnahmen genötigt ist, in dem die zentral gelenkte Kulturpolitik der DDR an Bedeutung und Anerkennung gewinnt.

Heutige Kulturlandschaft

Natürlich ließe sich über das Vierteljahrhundert bundesrepublikanischer Kulturpolitik philosophieren, ließe sich mit Hilfe der deutschen Geschichte der Nachweis erbringen, daß Zentralismus in der Kulturpolitik der Kultur in Deutschland schlecht bekommen sei, und ließe sich eine Hymne auf die deutschen Kulturprovinzen singen, die ja fast immer mit den landesherrlichen Grenzen identisch waren. Eine Fülle von Perspektiven böte sich an – Postkutschenzeit, Eisenbahnzeit, Hoftheater, Stadttheater, das reiche, das überreiche Erbe aus einem Jahrtausend deutscher

Geschichte. Wer aber den Kulturbegriff weiter faßt und den Sport mit einbezieht – keine Marotte von mir, sondern grundsätzliche Überlegungen im Außenministerium –, könnte über die Auf- und Abstiegschancen von Schalke 04 und Borussia Dortmund, von Eintracht Frankfurt oder VfL Bochum reflektieren und den Föderalismus loben, der immer wieder neue Karrieren fördert. Und er hätte nicht einmal so unrecht, so wenig wie der Stadtkämmerer unrecht hat, der seinen Kulturhaushalt verteidigt.

Doch genug der Randüberlegungen und ein Blick auf die Kulturlandschaft von heute, deren Zerrissenheit nicht nur dem Schüler, der mit seinen Eltern von einem Bundesland in das andere umzieht, Schwierigkeiten bereitet.

Die Landkarte zeigt uns kulturelle Ballungszentren wie das Rhein-Ruhrgebiet mit einer Vielzahl von Theatern, Museen, Hochschulen, Schulen und im selben Nordrhein-Westfalen kulturelles Ödland wie die Eifel, zeigt uns in Niedersachsen das Fehlen eines Ballungszentrums, in Bayern die Konzentration um den Münchener Raum, trotz der Theater in Augsburg oder Nürnberg, Bamberg oder Coburg, trotz der Universitäten in Regensburg oder Würzburg oder Erlangen-Nürnberg, zeigt uns anders als die Erinnerungsreise ins neunzehnte, achtzehnte oder siebzehnte Jahrhundert die im zwanzigsten Jahrhundert gewachsenen Kultur-Schwerpunkte oder Ballungszentren, die immer auch Siedlungs-, also Industriezentren sind. Das kulturelle Leben, die kulturellen Aktivitäten, die es natürlich auch in Meschede oder Eschwege, in Eimsbüttel oder Tuttlingen gibt, treten auf dieser Landkarte nicht deutlich in Erscheinung. Natürlich sind überall Schulen, Stadtbüchereien, ein Heimatmuseum, aber längst nicht mehr überall ist der Dichter auf dem Podest im Park der unangefochtene Zeuge kultureller Arbeit, haben auch Dülmen oder Wunsiedel oder Pforzheim oder Ahrweiler ihren Kulturetat und ihren Kulturdezernenten, der je nach Stadtsäckel, Neigung und Aufgeschlossenheit der Bevölkerung das kulturelle Leben am Ort in Gang hält, Initiativen, die niemand geringschätzen sollte, wenn auch das Stadtorchester nicht Weltklasse oder die Wunsiedler Festspiele verregnet sind. Denn »Kultur« ist nun einmal nicht im Gießkannenprinzip gleichmäßig übers Land zu verteilen, bleibt an den einzelnen und seine Befähigung gebunden. Und Kulturpolitik planen heißt den Einzelbegabungen die Entfaltung ermöglichen, dem Schüler oder der Schülerin auch aus einem verlorenen Eifelnest die Chance einer dezidierten Ausbildung geben. Das alles geschieht – zumindest theoretisch –, wenn es auch zutrifft, daß Jungen oder Mädchen, die zwischen Stall und Tankstelle aufgewachsen sind, in den industriellen Ballungszentren Anpassungsschwierigkeiten haben, die aber durch Auto und Fernsehen ständig geringer werden. Die Sozialbarrieren sind heute andere und mit den klassischen Schichtbenennungen nicht mehr zu fassen. Jungen oder Mädchen aus dem zweiten Hinterhof in Berlin-Schöneberg oder einer Essener Werksiedlung werden es trotz der Sicherheit in großstädtischen Umgangsformen nicht leichter, sondern schwieriger haben, weil sie, in ein kleinbürgerliches Verhaltensschema gepreßt, die Sozialbarrieren, die sie überwinden müssen, nicht recht mehr erkennen können und sich gegenüber dem Landkind für bevorzugt halten.

Für unsere Frage nach Föderalismus oder Zentralisierung der Kulturpolitik taugt das Beispiel nicht vollends, denn es gibt ja nur Nachricht über die unterste Schicht der Kulturpyramide, der, wenn auch gewiß unterschiedlich intensiv, in allen Bundesländern Aufmerksamkeit geschenkt wird. Es gibt ja wohl kaum ein Bundesland, in dem die kritische Durchleuchtung der Schulsysteme ausgeblieben ist. Doch wenn wir bei unserem Landkartenstudium die unterschiedliche Dichte kultureller Ballungszentren beobachtet haben, wird deutlich, welche Gefahren die föderalistische Kulturpolitik birgt. Kulturetats sind nun einmal vom Steueraufkommen abhängig! Die Notwendigkeit der Koordinierung leuchtet ein. Zentralisierung würde jedoch bedeuten, daß die Kulturetats in einen Topf geworfen und zentral verwaltet würden. Sicher brächte das Ersparnis in den Personalkosten, die jedoch im Verhältnis zur Größe der Etats kaum ins Gewicht fallen würden. Es brächte aber zugleich eine weitere Bevorzugung der Ballungszentren, da nur noch die vertikale Kontrolle durch die Wählerschaft funktioniert und die Siedlungsdichte noch entscheidender für die Kulturpolitik werden müßte, als sie naturgemäß ist.

Daher ist der Widerstand gegen die radikale Zentralisierung der Kulturpolitik in allen Bundesländern verständlich. Denn gerade im Kulturbereich ist der Wunsch nach Gerechtigkeit für alle – und das heißt nicht Gleichheit oder Uniformität aller – besonders ausgeprägt und wird leidenschaftlicher verteidigt als jeder andere Anspruch, denken wir nur an die völlig unterschiedliche Belastung durch Mieten oder Fahrpreise städtischer Verkehrsgesellschaften, die immer nur lokal begrenzte Erregung provozieren.

Inhalt der Kultur

Da nun einmal ein gewisser Vorrang der Kulturpolitik auch in der Schätzung durch die Bevölkerung erkennbar ist, wird es nötig, den so prädestinierten Begriff »Kultur« zu verdeutlichen.

Wenn ich auf Ausbildung, Bildung, Kunstpflege und Sport verwies, so folgte ich dem Verteilungsraster der Verwaltung, die mancherorts Schul- und Kultusministerium trennt und den Sport jedenfalls gesondert verwaltet. Der so wichtige Kulturbereich Rundfunk und Fernsehen hat kein Ministerium, da das Rundfunkgesetz den Status der Anstalten des öffentlichen Rechts geschaffen hat, ein Privileg, das erst jetzt im Zusammenhang mit der Kulturpolitik kritisch reflektiert wird. Allzu lange haben wir unsere Vorstellung von Kultur nicht unter die Lupe genommen, haben übersehen, wie entscheidend sich unsere Beziehung zu ihr verändert hat.

Statt uns initiativ zu machen, wird uns da etwas ins Haus geliefert, unterhält uns, belehrt uns, bildet uns, formt zumindest unser Denken – oder noch bescheidener und genauer: bricht in unsere private Sphäre ein, überlastet die Wahrnehmungsfähigkeit, erweitert das Reservoir unserer optischen Wahrnehmungen. Wir hatten in der Folge des Einbruchs der technischen Medien, vornehmlich des Fernsehens, zeitweilig den Besucherrückgang in den Theatern, den Leserrückgang im belletristischen Bereich, wir haben einen Zuwachs an Informationsbedürfnis, eine Verdichtung des politischen Interesses, eine Vereinheitlichung des Sprachbestands und eine Kumulation des Interesses für Sport – und das alles extrem deutlich im Laufe von 10 Jahren, in der Zeitspanne, in der das Fernsehgerät vom Luxus- zum Gebrauchsgegenstand geworden ist. Wenn wohl auch als eine Konsequenz dieses Mediums die Besucherzahlen in den Museen wachsen und die Hochschulkatastrophe zum Symptom für den kaum mehr kontrollierbaren Bildungshunger und Leistungszwang geworden ist, heißt das nicht, daß Kultur immer noch mit Repräsentation identisch, sondern, weit mehr als jeder Kritiker des bürgerlichen Kulturprivilegs zu hoffen wagte, zum allgemeinen Gebrauch freigegeben ist. Die Differenzierungen zwischen Ballungszentren und Ödflächen schleifen sich eher ab als die Unterschiede zwischen den neuen Sozialschichten der Industriegesellschaft, die mit den alten Begriffen Bürger und Proletarier nicht mehr zu fassen sind, sondern vor allem nach den Graden der Abhängigkeit einzuschätzen sind. Daß die neue Oberschicht, die leitenden Angestellten, die Top-Manager, die wissenschaftlichen Fachkräfte genau wie die Kapitaleigner der dritten und vierten Generation dem bürgerlichen Bildungskulturbegriff nicht mehr blindlings huldigen, sondern sich Hobbys, also partielle Interessen, leisten, ist aufschlußreich. Der Bilder sammelnde Chefingenieur oder der archäologisch interessierte Bankdirektor haben nichts mehr mit dem gebildeten Sohn aus einem Pfarrhaushalt oder einem Gymnasialprofessorhaushalt gemein, die für das Bildungsbürgertum bis in unser Jahrhundert hinein so entscheidend gewesen sind. Das heißt, daß auch die weniger privilegierten Abhängigen kein Kulturmodell haben, dem sie nachstreben, wie einst die Besitzlosen des vierten Standes sich am dritten Stand, dem besitzenden Bürgertum, orientiert haben, sondern daß sich ihr Interesse mehr und mehr auf das Fachwissen richtet, das ihnen vielleicht die Karriere ermöglicht bzw. den ökonomischen statt des sozialen Aufstiegs. Der Wunsch nach Ausbildung ist also mit dem Wunsch nach Karriere beinahe identisch geworden. Die Wertidentität von Bildung und Kultur ging verloren.

Sicher, die schon in der kapitalistischen Industriegesellschaft des späten 19. Jahrhunderts nachweisbare Störung der Identität von Bildung und Kultur, die der deutsche Idealismus entwickelt hatte, haben wir vorgefunden und haben sie nach 1945 unreflektiert übernommen. Unsere Hilflosigkeit gegenüber der Hochschulkatastrophe wie gegenüber der totalen Vereinnahmung unserer Freizeit durch die technischen Medien, das Erschrecken vor der Veränderung der Kultur zum Konsumartikel, kennzeichnen unsere Lage. Und alle Bemühungen, das Angebot der technischen Medien in den Griff zu bekommen, den Buchkonsum zu kultivieren, die Kommerzialisierung der Kulturproduktion zu verhindern, täuschen über die Ungenauigkeit des Begriffs Kultur nicht hinweg. So ist zu fragen, ob die Industriegesellschaft, die die bürgerliche Kultur aufgesogen hat, nicht eine Neudefinition des Begriffs versuchen muß.

Einer der besonders törichten Anachronismen der Nazi-Zeit war ja die Politisierung der Pflege der ständischen, also noch vorbürgerlichen Kultur, an die die Heimattreffen heute noch erinnern, während längst in ganz Europa diese ständische Kultur zur Folklore verkümmert ist. Das mag man bedauern, wird aber die Zerstörung der Stände ebensowenig rückgängig machen können wie die des Bürgertums der frühkapitalistischen Epoche. Die Erschlaffung der Bräuche, die von Generation zu Generation mehr an rituellen Inhalten einbüßen, wurde zum erstenmal in den zwanziger Jahren beklagt und provozierte den Kulturpessimismus der europäischen Intelligenz, dessen extremster Repräsentant Oswald Spengler gewesen ist. Die Folgen dieses Kulturpessimismus, die künstliche Wiederbelebung der musealen Stände-Kultur durch die Nazis, erklärt aber in der Bundesrepublik nach 1945 die Rückwendung zum Kulturbegriff des deutschen Idealismus, der ein Jahrhundert früher in der Paulskirche politisch evident gewesen war.

Der Kulturbegriff der sozialistischen Gesellschaften – uns besonders nahe in der Gesellschaft der DDR – ist bei näherer Betrachtung dem deutschen Idealismus mit seiner Verherrlichung des Individuums in der Gesellschaft und seiner »Wer-immer-strebend-sich-bemüht«-Tendenz fast noch unmittelbarer verpflichtet als der durch die Verfassung zwar fixierte, aber schnöd mißhandelte Kulturbegriff der Bundesrepublik. Die ideologische Überlagerung in der DDR besteht natürlich ebenfalls. Doch ist es kaum ein Trost, daß es beiden Gesellschaftssystemen noch nicht gelungen ist, Kultur neu zu definieren. Beide kennen das Ausbildungsbedürfnis, das die sozialen Schichtungen beweglich macht, übervolle Universitäten, in absehbarer Zeit nicht mehr gültige Aufstiegschancen durch Ausbildung allein. Nur daß in der DDR die angestrebten 97 Prozent Abiturienten Facharbeiterkenntnisse haben und das Karrieregefälle flacher ist, der Staatseingriff etwa in der Erziehung zum Lesen und zu handwerklich-technischer Fertigkeit auf das Humboldtsche Bildungskonzept zurückverweist. Festzustellen bleibt, daß der Begriff »Kultur« hier wie dort mit dem Zustand der Gesellschaft nicht mehr recht korrespondiert, wenn er auch administrativ noch immer in Gebrauch ist, ja, wohl gebraucht werden muß, falls wir die Herausforderung zum Überdenken der Kultur in der hochdifferenzierten Industriegesellschaft annehmen und die Kreativität der Menschen gegenüber der Vermarktung und der Dienstbarmachung verteidigen.

Das fehlende Element des Schöpferischen

Die zerstörte oder, bescheidener gesagt, die nicht mehr existente Wirklichkeit von Kultur im überkommenen Wortsinn und der Verwaltungsüberbau, der nach dem traditionellen Kulturschema »Bildung«, »Kultur«, »Sport« oder »Familie und Sport« gegliedert ist, sind also zweierlei Realität.

Konflikte zwischen beiden erklären sich aus der Nichtübereinstimmung beider mit der vorgefundenen Realität, wenn auch bei den Kulturgüter Produzierenden, den Künstlern, den Wissenschaftlern, oder den Kultur Vermittelnden, den Lehrern und Dozenten, den Museumsfachleuten und Galeristen, den Theaterdirektoren und Orchestermusikern sowie den Schauspielern, ebenso wie bei den Beamten der Kulturverwaltungen diese Nichtübereinstimmung gesehen und Kompromisse versucht und gesucht werden. Der Gegensatz zwischen Föderalismus und Zentralisierung in der Kulturpolitik wird so immer mehr zu einem verwaltungstechnischen Problem, das am eigentlichen Konflikt vorbei lösbar erscheint.

Denn natürlich lassen sich unterschiedlicher Andrang an den Universitäten, Bildungsdifferenzen durch unterschiedliche Schulsysteme, unterschiedliche Förderung der Begabungen durch Preise und Stipendien, unterschiedliche Subventionierung von Orchestern, Theatern usw. zumindest theoretisch relativieren, bedarf oder bedürfte es des Koordinators im Schulwesen, im Universitätsbereich, bedürfte es der Überprüfung des tatsächlichen Bedarfs an Ausgebildeten und der Förderung von Auszubildenden. Und wenn auch die Kultusministerkonferenz und ihre Organe die Koordination nicht immer und überall leisten, weil föderalistischer Eigen-Sinn die Probleme verzerrt, sie wären zu entzerren.

Heute allerdings sieht sich der künstlerisch begabte einzelne noch immer zwischen hochdotierter Repräsentativfunktion der verwalteten Kultur und dem zur Kultur als Ware abgewerteten Kulturbegriff eingeengt. Die Vermarktung der Kreativität ist ihm nicht günstig, die Repräsentationskultur dient vornehmlich der Pflege des überkommenen Kulturgutes. Die Subventionierung von Orchestern, Theatern, Opernhäusern stützt die reproduzierenden Begabungen. Der lebende Autor, Komponist, bildende Künstler steht viel schlechter da als der Schauspieler, der Dirigent, ja auch das Orchestermitglied. Der Mäzen der bürgerlich kapitalistischen Kultur, der sich seiner annahm, ist durch die Kulturverwaltung ersetzt, die vielleicht formal gerechter, aber doch weniger leidenschaftlich, weniger mutig die einzelnen stützt. Selbst die höchstdotierten Preise, die in der Bundesrepublik spärlich genug vergeben werden, entsprechen Bruchteilen der Jahreseinkünfte höherer Beamter. Der Markt, der von der bürgerlich kapitalistischen Kultur in der Bundesrepublik noch geblieben ist, gönnt der Mehrzahl der künstlerischen Begabungen Einkünfte am unteren Rand der mittleren Einkommenslagen. Gewiß gibt es Spielräume, Durchschlupfe, Glücksfälle, die aber keinen Gegenbeweis zur kritischen Situation erbringen. Und die Gesellschaft ist dieser Tatsache gegenüber indifferent, weil sie, an die Karriere durch Ausbildung gewöhnt, dem Streß lieber in der Unterhaltung ausweicht, als sich mit der künstlerischen, häufig kritischen Leistung auseinanderzusetzen. Nicht eingeordnete Kreativität ist ihr verdächtig.

Nun sind Kreativität und Kultur natürlich nicht identisch; aber Kultur ohne Kreativität ist am Ende nur noch museal und also für die Weiterentwicklung der Gesellschaft ziemlich bedeutungslos. Kompromisse zwischen Kulturverwaltungen und künstlerisch begabten einzelnen, von denen ich sprach, sind kein Anlaß zum Jubeln. Sie könnten in äußerster Konsequenz zur

Schaffung und Erhaltung von Freiräumen, Spielräumen, Kultur-reservaten dienen, in denen Künstler, Philosophen, Maler, Dichter oder Komponisten ähnlich wie die Indianer in den USA nur noch in Reservaten Überlebenschancen haben und die den Besuchern dann und wann Abenteuerliches der heilen Welt vor-zuspielen haben. Und da alle schöpferisch Tätigen ein großes Schutzbedürfnis haben, scheinen solche Reservate manchem wünschenswert und ersetzen den Elfenbeinturm des bürgerli-chen Zeitalters. Doch selbst diese »Indianer-Reservate« stehen nur einigen wenigen zur Verfügung.

Ich meine aber, daß es nicht darauf ankommt, die Industriege-sellschaft vor den zweckfrei schöpferisch Tätigen zu schützen, sondern daß die Industriegesellschaft ohne sie in ihren Mecha-nismen erstarrt. Individualitätseinbuße schreitet fort, weil der einzelne, nicht mehr herausgefordert, seine ungebundenen Be-gabungen vernachlässigt, ja, vergißt. Doch ist es angesichts einer Gesellschaft, die weder Muße noch Selbstbesinnung mehr kennt, die ihre freien Tage in Autokolonnen auf den Straßen ver-bringt, in Herden durch alte Tempel geführt wird, Reiseführer und Filmkamera in der Hand, um festzuhalten, was sie nur noch flüchtig aufnimmt (nicht mehr reflektiert), nicht schon zu spät, nach der Funktion der zweckfreien schöpferischen Begabung zu fragen? Anders als Marx in seiner Anklage des Entfremdungs-prozesses noch glauben konnte, kann die Herausforderung des Schöpferischen vielleicht nur noch geringfügig in die industrielle Produktionsgesellschaft eingebracht werden. Ich halte es für ei-ne der großen, der vordringlichen Erziehungsaufgaben, die zu leisten sind, die ungebundene, dem einzelnen nicht abverlangte schöpferische Begabung zu fördern, zu trainieren. Ich meine, daß diese Aufgabe den Verwaltern der Kultur vordringlich ob-liegt; daß es nicht genügt, Opernhäuser mit Millionenbeträgen zu finanzieren, die doch nur wenigen zugute kommen, Univer-sitäten zu schaffen, die immer mehr Fachkräfte ausstoßen, für die kein Bedarf ist, es sei denn durch ein immer noch wachsendes Potential an unqualifizierten Arbeitskräften, die als Gastarbeiter in die Industriestaaten geholt werden und damit das Gefälle zwi-schen den reichen Industriestaaten und armen, nichtindustriali-sierten Ländern vergrößern. Rastlosigkeit, Besitzgier täuschen über den Verlust an Selbstwahrnehmung und Selbstartikulation nicht hinweg.

Könnte etwa die große Geste einer »Kulturrevolution« die Repräsentationskultur hinwegfegen? Oder scheint es denkbar, die überreiche europäische Tradition und schöpferische Begabung des anonymen einzelnen in Verbindung zu bringen? Individualitätseinbuße und Konsumentenindifferenz, die doch als Erscheinung zusammengehören, sind ja der europäischen antik-christlich-humanistischen Kultur fremd. Es ist bezeichnend, daß Marx so dringend auf den Entfremdungsprozeß hingewiesen hat und damit den Sozialismus in diese europäische Tradition eingebunden hat, was immer dieser daraus machen mag.

Die Freilegung der individuellen Kreativität wäre also nichts anderes als die Wiederentdeckung einer verschlissenen Kulturidee, die in Repräsentation zu verkümmern droht.

Förderung der Kreativität

Wie aber sollte, wie könnte Kulturpolitik zur Erneuerung der Kultur beitragen? Wo ist anzusetzen? Wann ist einzugreifen?

Wir wissen, daß a) schon das unbetreute, nicht angeregte Kleinkind Entwicklungsschäden erleidet; b) die Drei- bis Sechsjährigen Gruppenspielerfahrungen brauchen, um ihre Kreativität zu entfalten, ihr Ich-Bewußtsein zu festigen; c) Lerntraining und das Training der kreativen Fähigkeiten sich im frühen Schulalter die Waage halten müssen; d) der in späteren Schuljahren berechtigte Vorrang des Lerntrainings denn doch nicht ohne Training der kreativen Fähigkeiten durchzuhalten ist; e) die Vernachlässigung des Trainings der kreativen Fähigkeiten im Erwachsenenalter für das Konsumentenverhalten anfällig macht und zur Verkümmerung der Kreativität, zum Herdenverhalten führt, dem die kreativ Tätigen leichter widerstehen.

Wir wissen also, daß Kreativität eine wesentliche Lebensfunktion ist. Es bedürfte einer sehr viel sorgfältigeren Gesellschaftsplanung, als sie der Run nach der ständigen Vergrößerung des Bruttosozialprodukts mit immer schnelleren Konsumtionsprozessen zuläßt oder als wir, die wir von diesem Run erfaßt sind, für realisierbar halten, wenn die individuelle Kreativität wieder freigelegt und der ständige Individualitätsverlust durch die entfremdete Arbeit in der Industriegesellschaft aufgehalten werden soll, die innerhalb der Arbeitsprozesse der hochindustrialisierten Gesellschaft nicht wiederherzustellen ist.

Das heißt also umdenken und die Umwertung der Kultur, besser: ihre Neudefinition mittels Erziehung, leisten. Es scheint selbstverständlich, daß eine auf die Kreativität aller hinzielende Kulturdefinition keine Klassen-Kultur mehr sein kann, nicht nur weil der Klassenaustausch in der Industriegesellschaft ständig, wenn auch durch Sozialbarrieren noch immer gebremst, stattfindet, sondern weil die neu begriffene Kultur Züge einer humanen Utopie hat, wie es der deutsche Idealismus im geschichtlichen Augenblick seines Entstehens oder die Freiheitsauffassung der Stände im geschichtlichen Augenblick ihrer Ablösung aus der ritterlich-mittelalterlichen Kultur auch hatten.

Es zeugt für den geschichtlichen Augenblick, daß diese Utopie, die Kultur als Freisetzung der Kreativität aller zu begreifen, beinahe unvermittelt vielerorts gedacht und probiert wird; genauso wie die Gehässigkeit, mit der solche Ansätze als politisch irrelevant und wirtschaftlich untragbar abqualifiziert werden, für den Augenblick zeugt.

So gewinnen die Versuche, den Industriearbeiter, die Büroangestellte zum Schreiben zu bringen, mit Häftlingen künstlerisch zu arbeiten, in Kinderläden neue Entfaltungsmöglichkeiten der Drei- bis Sechsjährigen zu erproben, das Arbeiten mit Wortfeldern anstelle von Rechtschreibübungen in den ersten Schuljahren einzuführen, auf den Straßen und mit Laiengruppen Theater zu spielen (wenn auch belächelt oder als Dilettantismus oder am schlimmsten: als politische Spiegelfechterei abgetan), einen ganz neuen Zusammenhang. Für die Kulturpolitik sind das Denkansätze.

Die Einbeziehung des kreativen Spielraums nicht nur in den kindlichen Phasen des Lebens wird eine vordringliche Aufgabe werden – nicht nur der Kulturpolitiker, sondern auch der Gewerkschaften, der Wirtschaft, der Anstalten des öffentlichen Rechts, des Staates. Sie werden ihre Wirksamkeit viel bewußter im kulturpolitischen Zusammenhang erkennen und definieren müssen.

Daß das einer zentralen Planung bedarf, die in jedem Bundesland Varianten ermöglicht, die im städtischen Siedlungsraum andere Planungsmodelle entwickeln muß als im ländlichen Raum, im Industriewohnbezirk anders arbeiten muß als im Villenviertel, scheint selbstverständlich, ebenso selbstverständlich wie die Korrelation der Planungsmodelle. Den kreativen Spielraum für jeden einzelnen in das Bildungsprogramm einzubeziehen, das Freizeitprogramm zu einer gesellschaftlichen Aufgabe zu machen, heißt ja nicht einfach Theatergänger, Bücherleser, Konzert- und Ausstellungsbesucher usw. heranziehen, sondern die künstlerische Produktion als einen ebenso selbstverständlichen Bestand der Industriegesellschaft entdecken, wie es beim Sport schon geschehen ist.

Sicher gibt es unterschiedliche Kreativität, Begabungsunterschiede. Mit einem Boom von Sonntagsmalerei oder Sonntagslyrik braucht man nicht zu rechnen. Doch bedarf die eigenwillige Gestaltung der Freizeit der Ermutigung. Der Erziehungsauftrag ist offenkundig. Daß er über die Kulturpolitik hinaus zum Beispiel in die Stadtplanung, in die Entwicklung von Wohnmodellen eingreift, sei hier nur angemerkt.

Föderalismus oder Zentralisierung – die Frage stellt in der Kulturpolitik einen unzeitgemäßen Gegensatz heraus, der über den wirklichen Konflikt, nämlich die Distanz zwischen der repräsentativen Kultur und der Unlust an der Kultur bei Millionen von den zu Konsumenten entmündigten Bürgern der Bundesrepublik, hinwegtäuscht. Ihre Hilflosigkeit der Freizeit gegenüber zeigt die Verwaschung des idealistischen Bildungsbegriffs. Er macht vergessen, daß die brutalen Gesetze des Marktes den bei uns seit etwa fünf Generationen erreichten Alphabetismus zu einer zweiten Entmündigung, zu einem nachalphabetären Analphabetismus umpolen könnten.

Organisierung von Kulturschaffenden
(Kulturproduzenten)

Vorüberlegungen zur binnenorganisatorischen Kulturarbeit

I. Ein paar Bemerkungen zur Organisationsgeschichte
von Kulturschaffenden

Organisationen künstlerisch, vornehmlich literarisch tätiger
Bürger, die sich nicht als Freundeskreise verstehen, nicht vom
künstlerischen Ziel oder auch von einer gemeinsamen Aufgabe,
etwa der Herausgabe einer Zeitung, her bestimmen lassen, sondern als berufsständische Interessengruppen auftreten, sind erst
im 19. Jahrhundert, also mit dem Beginn des Industriezeitalters
und in der Folge der qualitativen Verschiebung der gesellschaftlichen Schichten zu nennen, obgleich die Vogelfreiheit des
künstlerisch Schaffenden bei weitem keine Neuigkeit war. Aber
erst im 19. Jahrhundert gewann die »technische Reproduzierbarkeit« künstlerischer Produkte durch den Abbau des Analphabetismus die Bedeutung, die uns heute selbstverständlich
erscheint. Für eine die alten Schichtgrenzen weit übergreifende
Zahl von Menschen wurde die Presse zu einem entscheidenden
kulturpolitischen und sozialpolitischen Faktor, nicht mehr vergleichbar mit dem Theater, das die Schichtgrenzen zwischen
Adel und Bürgerschaft, zumal in den großen Städten, längst
übersprungen hatte. Daß die Organisationsversuche der Schriftsteller die ersten sind, erscheint fast selbstverständlich, denn die
seit dem Vormärz aufblühende Presse war ja vor allem für die
Schriftsteller ein neues Medium, das ihnen über die literarische
Arbeit hinaus Öffentlichkeit gab und den Transport ihrer Ideen
beschleunigte. Aber auch die Literatur- und Theaterkritik, die
Musikkritik und Kunstkritik, bis dahin in Zeitschriften veröffentlicht und für wenige geschrieben, leistete für das neu entstehende industriestädtische Bürgertum Aufklärungsarbeit, trug
schließlich zu seiner Selbstgewißheit und Stabilisierung bei.
Zeitgleich, und durch die politische Organisation des Proletariats verstärkt, profilierte das Medium Presse die Auseinandersetzung zwischen Proletariat und Bürgertum. Die Schriftsteller

und Journalisten hatten also einen ungeahnten Zuwachs an Einfluß auf die Meinungsbildung, auch wenn er sich in den Auflagen der Bücher kaum niederschlug und die Zeitungshonorare die materielle Existenz der wenigsten von ihnen sicherte. Ihre soziale Ungeschütztheit war also ein Phänomen, das die Öffentlichkeit anging. Die Details der Organisationsgeschichte der Schriftsteller und Journalisten machen deutlich, daß die Trends zwischen berufsständischer Sicherung und sozialer und politischer Verantwortung schwanken. Die sich später formulierenden Organisationen der Musik- und Kunstschaffenden haben naturgemäß andere Interessenschwerpunkte. Im Musikbereich gewinnt die berufsständische Sicherung unangefochten Vorrang, in den Berufsverbänden der bildenden Künstler wiederholten sich die Auseinandersetzungen der Schriftstellerorganisationen. Daß vor allem die Schriftsteller sich schwerer getan haben, die Spannung zwischen Eigeninteresse und Verantwortung auszubalancieren, ist natürlich vom Rohmaterial, der Sprache, bedingt, die bis an die Grenzen des Unsagbaren vorstoßen kann, im Alltag aber gewöhnlich verschlissen und in der öffentlichen Auseinandersetzung oft genug mißbraucht wird; hängt aber auch mit der doppelten Nutzung der Sprache durch die Schriftsteller zusammen, die die Sprache sowohl literarisch als auch journalistisch nutzen.

II. Kultur oder Kulturbetriebsamkeit?

Sicher, ehe Arbeits- und Wirkungsmöglichkeiten mittels Organisationen erfragt werden können (mit dem Blick auf demokratische und sozialistische Kulturarbeit), bedarf es einiger, vielleicht sogar ausschweifender Überlegungen über den Begriff *Kultur*.

Schon die flüchtigen einführenden Anmerkungen zeigten ja, wie wenig exakt der Begriff *Kultur* im modernen Sprachgebrauch einzugrenzen ist, wie Kultur, die doch von der Aufklärung an den Aufbruch des Bürgertums forciert hat, im späteren 19. Jahrhundert zur Vorzeige-Kultur geworden ist, neben der – und gegen sie an – die Forderungen des vierten Standes artikuliert werden und die sozialkritische Kunst, der politisch akzentuierte Kulturbegriff entstehen. Jedoch erst in den zwanziger Jahren unseres Jahrhunderts ist die Spaltung des Kulturbegriffs so deutlich, daß es erstaunlich ist, wie schnell die künstliche Verkleisterung dieser Spaltung in der Repräsentationskultur des Faschismus adaptiert wird. Erstaunlicher noch, daß die Spaltung der bundesdeutschen Kulturlandschaft erst um das Jahr 1960 wieder sichtbar wird. Über Kultur nachdenken heißt also darüber nachdenken, wie die Schwelle der Indifferenz überschritten werden kann, die die »Kulturschaffenden« (Kulturproduzenten) von den Kulturkonsumenten trennt; heißt darüber nachdenken, was öffentlich und ziemlich allgemein unter Kultur verstanden wird und was dieser Begriff nicht deckt, aber decken könnte.

Organisationsschemata für eine inhaltlich demokratische und sozialistische Kulturarbeit – was immer das auch sei – zu entwerfen, scheint nicht schwierig. Der Widerspruch zwischen Sozialismus und Demokratie ist historisch gewachsen und scheint, wenn auch nicht politisch, so doch ideologisch auflösbar, wenn Demokratie wörtlich, als Volksherrschaft, interpretiert wird. Sowohl der sozialistische Staatskapitalismus wie der Syndikalismus wie demokratische Reformpolitik lassen für die gestellten Aufgaben Strukturen zu, die jedermann an Kultur heranführen und aktivieren können. Die Schulpflicht für alle, die Abendschulen, Volkshochschulen, das Fern- und Abendstudium sind (bei aller gebotenen Kritik) praktizierte Maßnahmen zur kulturellen Aktivierung aller; Museumsführungen, breitgestreute Information über vorhandene Kunstbestände, über literarische und musikalische Tradition bis hin zum Bildungstourismus sind zu nennen. Die Verschulung von Kultur ist in den demokratischen wie in den sozialistischen Staaten Europas, in Nordamerika, in den asiatischen Republiken der UdSSR, in Japan, in Südafrika (also jedenfalls nicht systemkonform) im Gange. Museumsdirektoren nennen steigende Besucherzahlen, die Konzerte sind gut besucht, Bildungsinformation verkauft sich auf dem Buch- und Zeitschriftenmarkt gut. Das Fernsehen erschließt neue Interessentenkreise. Und doch hat Kultur in den westlichen Demokratien (und vor allem in der Bundesrepublik) Statuscharakter, gilt also trotz der bescheidenen Durchlässigkeit der Schichten noch immer als Äquivalent bürgerlichen Lebens und trägt so immer wieder zur Verstopfung der Schichtdurchlässigkeit bei, und ist Kultur in den sozialistischen Staaten sehr viel gründlicher organisierter Kulturbetrieb, der durch Zensur vorgesteuert, in den Dienst des Sozialismus genommen wird. Für die einen ist der Nutzeffekt der Verschulung von Kultur nur ungenau meßbar und sind die Kulturetats darum die ersten, die von öffentlichen Sparmaßnahmen getroffen werden, bleibt Kultur (wenn auch vom Kulturbetrieb verschleiert) Luxus, der vorgezeigt, der exportiert werden kann. Für die anderen ist Kultur vornehmlich an ihrer politischen und sozialpädagogischen Effizienz erkennbar.

Was also ist Kultur?

Aus gemeinsamer europäischer und vom europäischen Denken geprägter Sicht noch immer die Überwindung des Analphabetismus, die Erschließung brachliegender Intelligenzen, die vordringlich gefördert werden, um das Industriepotential zu entwickeln, oder wo es schon vorhanden ist, zu verfeinern. Die Überwindung des Analphabetismus löst allenthalben, wenn auch oft langsam genug, Zivilisationsprozesse aus. Die Niveauangleichung der Weltbevölkerung durch Zivilisation hat auf weite Sicht die Annäherung von Interessen, Kenntnissen und schließlich auch von Kulturbetriebsamkeit zur Folge. Was heute schon das internationale Management leistet, läßt sich auf die Organisationen der Schriftsteller, der bildenden Künstler, der Komponisten und ausübenden Musiker, der Schauspieler übertragen denken: internationale Fühlungsnahme, Austausch der noch differierenden sozialen Aufgaben der Künstler, Entdeckung und Vergleich der sozialen Randgruppen, die noch in die vom Zivilisationsprozeß einander angeglichenen Gesellschaften hineingeführt werden müssen. Bei allen machtpolitischen Komplikationen, die der weltweite Zivilisationsprozeß auslöst, ist die gegenseitige Annäherung der Weltbevölkerung, die er fördert, nicht zu übersehen.

III. Zivilisation contra Kulturen?

Doch es mehren sich die Stimmen, die auf die Erosion der gewachsenen Kulturen hinweisen. Stammesriten gehen ebenso verloren wie traditionelle Kommunikationssysteme (etwa die Trommelsprache Schwarzafrikas). Ungeschriebene Literatur geht verloren wie in Kolonialzeiten die Schätze aus Grabkammern und Königspalästen verloren gegangen, wenn sie nicht verschleppt worden sind. Nun ist zwar der Verlust (auch das Sterben) von Kulturen so alt oder älter als die erinnerte Geschichte und hat erst der Europäer der Neuzeit die Idee des Kulturreservats (z. B. des Museums) entwickelt, nachdem sich die Schätze aus den Kolonien in den Schlössern und Palästen und Schatzkammern Europas gesammelt hatten, Schätze, die nicht mehr kultisch »eingemeindet«, nicht mehr unmittelbar in die eigene Kultur tradiert wurden; eine Idee übrigens, die bis hin zur Folklore-Gruppe ganz selbstverständlich adaptiert worden ist, als sei sie nicht selbst schon Ausdruck der Gebrochenheit der europäischen Kultur.

Oder war in dem Augenblick, als sich Europa auf seine Verantwortung für die Kulturen und die Kulturschätze der Welt besann, das ein Symptom für das Abklingen des Welteroberungstraumes, Resignation, die zur Bewunderung befähigte? Und befinden wir uns in Europa und in den europäisch geprägten Ländern des Erdballs nicht noch heute in dieser Phase, in der sich unser – oft genug als Eroberungswillen interpretiertes (und wirtschaftspolitisch durchaus interpretierbares) Verantwortungsgefühl für die Welt und unsere Resignation mehr recht als schlecht die Balance halten? (Was anderes ist denn das handfeste Interesse der beiden, vom europäischen Denken geprägten Supermächte in den neuralgischen Zonen der Welt, wie sie die Ablösung der Kolonialherrschaft hat entstehen lassen und noch immer entstehen läßt?)

Denn nicht daß uns die Unsicherheit, in die das europäische Selbstbewußtsein vor mehr als zweihundert Jahren geraten ist, die Intelligenz genommen hätte. Im Gegenteil, seitdem die irrationale Einheit europäischer Kultur nicht mehr existiert, seit der Multiplikation des Intelligenzpotentials durch den Abbau des Analphabetismus hat die europäische Intelligenz die Welt so verändert, wie es die Menschheit vorher in Jahrzehntausenden nicht vermocht hat. Es ist nicht zuviel gesagt, daß die Schaffung der modernen Zivilisation von Europa aus die Erosion der Kulturen der Welt beschleunigte, wenn nicht ausgelöst hat. Die Klage- und Anklagerufe, die heute erst laut werden, kommen zu spät. Die Kulturen der Stämme und Völker verwandeln sich in konservierte Kulturen, die die Einheit von Alltag und Festen, von

Zeichensprache und Ritus der Erinnerung, der Neugier, der Forschung überläßt. Damit wird der Kulturbegriff historisiert und es bleibt zu fragen, ob der weltweite Zivilisationsprozeß, der die Kulturen in die Museen und Bibliotheken und Reservate abdrängt und kostbar macht, nicht auch eigene, neue Ansätze einer modernen Kultur freigesetzt hat und freisetzt.

IV. Oder Kultur im Zeitalter der Weltzivilisation?

Muß Zivilisation nicht als der Unterbau gesehen werden, auf dem der Überbau Kultur errichtet werden kann? Liegt die Findung des Feuers nicht vor dem Mythos, sind die Techniken des Jagens nicht vor der Mythisierung der Jagd entwickelt worden? Ist die Domestizierung als Frühform der Zivilisation nicht die Voraussetzung der kultischen, der politischen Gemeinschaft? Und ist die Verselbständigung der Zivilisation, die mit dem Zeitalter der Technik einsetzt und uns Heutigen zu schaffen macht, nicht reparabel? Sind nicht eben zu Beginn des technischen Zeitalters menschheitsweite Utopien entworfen worden? Sprengt der Begriffsdreiklang der Französischen Revolution nicht die tradierten Kulturvorstellungen, und waren sich die Zeitgenossen dessen nicht auch bewußt? Waren die Emanzipationsprozesse, die in Europa im 19. Jahrhundert einsetzten, nicht zugleich Zivilisationsprozesse, die Lebensstrukturen, Verhaltensweisen, Orientierungen so sehr veränderten, daß der Begriffsdreiklang der Französischen Revolution aller Widerstände zum Trotz immer hörbarer wurde? Ist es zu kühn zu sagen, daß die Erwartungen, die er ausgelöst hat, eine Zivilisationskultur hat entstehen lassen, eine säkularisierte Kultur, die nicht mehr unmittelbar in einer Kulturgemeinschaft eingebunden, nicht mehr dienend, sondern fordernd ist? Ist der seit etwa 200 Jahren in Europa zu beobachtende rasche Stilwechsel in den Künsten, in der Literatur nicht Ausdruck der Suche nach der Identität von Zivilisation und Utopie? Ist die Säkularisierung der urreligiösen Begriffe Freiheit, Gleichheit, Brüderlichkeit nicht der Schaffensantrieb des einzelnen Künstlers und Schriftstellers und dieser Begriffsdreiklang nicht hinter aller Kulturbetriebsamkeit, wenn auch häufig genug bis ins Unerträgliche verzerrt, noch zu hören? Verdeckt der immer wieder hochgeputschte Konflikt zwischen sozialkritischer und subjektiver Kunst und Literatur nicht seinen *einen* gemeinsamen Anlaß: den Drang nach Verwirklichung der Utopie von der Gemeinschaft der gleichen und freien und einander zugetanen Menschen? (Ja, stellt sich nicht auch die Spaltung der bundesdeutschen Kulturlandschaft seit der späten Wiederentdeckung der sozialen Wirklichkeit in den sechziger Jahren als ein Durchbruchsversuch zur Kultur im Zeitalter der Weltzivilisation, also einer Kultur, die alle meint, dar, die fast selbstverständlich den Widerstand derer herausfordert, die am deutschen Idealismus orientiert und vom früh-industriebürgerlichen Bildungsentwurf Wilhelm von Humboldts fasziniert und geprägt worden sind?)

V. Binnenorganisatorische Kulturarbeit real

Was ist Kultur? Was ist sie heute? Was morgen?

Kaum das Bindemittel zur Überwindung politischer Konflikte. Sicher nicht der Fahnenspruch hier oder dort. Auch nicht der Betriebsamkeit im Bewahren des kulturellen Erbes, selbst wenn hier eine Verpflichtung für alle Völker gegeben ist, die sich dank der Weltzivilisation einander annähern, ihre so unterschiedliche Herkunft und Geschichte mit einzubringen, ohne die das Selbstbewußtsein der Menschheit undenkbar ist.

Der einzelne Künstler, Schriftsteller, Komponist aber ist heute ein Fragender, Zweifelnder; von den Verstörungen der Utopie, den Identitätskrisen, die die Weltzivilisation auslöst, geschüttelt. Er wehrt sich und muß sich gegen die Anonymisierung des Einzellebens wehren, weil er weiß, daß eine Zukunft ohne den einzelnen keine Zukunft ist, auch wenn er den einzelnen eingebunden weiß in die Gemeinschaft, die die Weltzivilisation schafft.

Wie aber ist die Ausgangsfrage angesichts der so offenen Bestimmung von Kultur zu beantworten? Ganz gewiß genügt es nicht, lehrend und lernend Kultur zu vermitteln, wie es der Kulturbetrieb derzeit schon leistet oder doch anstrebt. Und es wäre auch unwahrhaftig, nicht zuzugeben, daß die »Kulturschaffenden« zu den wenigen gehören, die (bei aller Einschränkung ihrer Unabhängigkeit) keine »entfremdete« Arbeit leisten, also auch als soziale Randfiguren Privilegierte sind. Kann denn aber »Kulturarbeit« von organisierten Künstlern und Schriftstellern sehr viel anders aussehen als der funktionierende Kulturbetrieb, den sich die Staaten und Städte leisten? Kann und wird sie nicht in den schon eingespielten Organisationsstrukturen programmiert und müde werden? Denn daß die Kulturarbeit in den Organisationen der Arbeitenden Kontakte zwischen der arbeitenden Bevölkerung und den »Kulturschaffenden« entstehen läßt, daß ein Erfahrungsaustausch stattfindet, sollte doch wohl nicht genügen! Wie aber kann die »Kulturarbeit« organisierter »Kulturschaffender« (Kulturproduzenten) mehr als nur Information leisten? Wie kann sie die Kreativität all derer freisetzen, die ihr Leben lang »entfremdete« Arbeit leisten? Genügt es, zum ehrenwerten Dilettantismus zu ermutigen? Oder muß sehr viel bescheidener angesetzt werden? Muß, wie es in den Parteien praktiziert wird, die Problemdiskussion geführt werden, um den Begriff *Kultur* zu entschlüsseln? Kann mehr vermittelt werden als die gegenseitige Sensibilität für Fragen und Zweifel? Und bedingt solche gegenseitige Sensibilisierung nicht das Selbstverständnis demokratischer Verhaltensweisen, die in der Demokratiepraxis bis hinunter in die Betriebe so leicht zur Routine werden? Wird sich Sozialismus im Klima gegenseitiger Sensibilisierung nicht seinen existenziellen, seinen Wortsinn zurückgewinnen? »Kulturarbeit« so verstanden, und nicht nur im Sinne einer durch die gemeinsame Organisation gegebenen Solidarität, ist nicht vollends erlernbar oder planbar. Die Engpässe der »Kulturarbeit« in den sozialistischen Staaten, die doch vorzügliche organisatorische Modelle entwickelt haben, sind ebenso bekannt wie die Anpassungszwänge, zu denen das Wort Freiheit die Künstler und Literaten in den westlichen Demokratien nötigt. Und doch haben die bis zum Zynismus kritischen Individualisten und die bis zur Verkrampfung kritischen Sozialisten unter den »Kulturschaffenden« (Kulturproduzenten) die Erwartung gemeinsam, daß die Identitätskrisen, die die Weltzivilisation auslöst, zu überwinden sind, überwunden werden müssen.

Diese Erwartung in der Mitteilung lebendig zu machen, sollte das Ziel der Kulturarbeit innerhalb und schließlich auch außerhalb der Berufsorganisationen sein; eine Arbeit ganz ohne Eitelkeit.

Modelle, die tauglich sind:

A. Das Werkkreis-Modell, das die Arbeitenden zur Artikulation ermutigt.

B. Das Günter-Wallraff-Modell, das reale Arbeitssituationen aufspürt, die die Arbeitenden selbst nicht zu benennen wagen.

C. Arbeitsgruppentreffen in den Gewerkschaftshäusern (junge, alte Gewerkschaftler).

D. Arbeitspraxen in den Betrieben.

E. Aber auch – und das ist meines Erachtens viel wichtiger in einer sozialen Wirklichkeit, in der die Mehrheit unserer Mitbürger »Arbeitnehmer« sind, auch die »Kulturschaffenden« also von »Arbeitnehmern« aufgezogen worden sind, mit »Arbeitnehmern« zusammen leben, selber »Arbeitnehmer« sind: der Mut, die Wahrheit der »Arbeitnehmerwirklichkeit« zu benennen, nicht um anzuklagen, sondern um die Identifikation zwischen »Kulturschaffenden« und ihrem Publikum ehrlicher zu machen.

Gespaltenes oder doppeltes Leben?

Zur Emanzipationsdiskussion in der Bundesrepublik Deutschland

---

Gespaltenes oder doppeltes Leben?

Gedanken über die Frau als Künstlerin

Niemand spricht heute mehr über die Emanzipation der Frau. Sie ist vollzogen, gesetzlich abgesichert. Alle Ausbildungswege stehen der Frau offen, junge Mädchen bevölkern die Universitäten, Frauen setzen sich in allen Berufen durch. Die klavierspielende höhere Tochter vom Anfang des Jahrhunderts ist aus der Mode gekommen, die Suffragettenbewegung eine blasse, ein wenig belächelte Erinnerung. Amerikanische Frauengruppen auf Europareise mit ihrem Übereifer und ihrer zu jugendlichen Eleganz werden nicht ohne Mitleid registriert. Aber auch die Frauen in aufgeplusterten Arbeitshosen und mit den abgemüdeten Gesichtern der Überanstrengung, wie wir ihnen in den Ostblockstaaten begegnen, wenn sie Gleise aufschütten oder Straßenarbeiten durchführen, fordern unser Erstaunen, wenn nicht Mitleid heraus.

Was ist das, die Emanzipation der Frau? Nicht ohne Absicht nenne ich extreme Verwirklichungen, nicht ohne Absicht spiele ich darauf an, daß die Emanzipation der Frau in erster Linie ein Problem der Gesellschaft ist. Die Durchsetzung des Wahlrechts, des Frauenstudiums waren Ziele, die zu Anfang des Jahrhunderts immer wieder formuliert wurden und in manchen Ländern noch werden, der Anspruch auf die gleiche Entlohnung für gleiche Arbeit ist noch heute offen, die Frauen in den Parlamenten sind zu zählen, die Frauen in gehobenen, also verantwortlichen Stellungen sind eine Minderheit, der Prozentsatz der im Studium scheiternden Studentinnen übersteigt den Prozentsatz der scheiternden Studenten, Ehescheidungen berufstätiger Frauen sind häufiger als die abhängiger Hausfrauen, das Frauenwahlrecht hat, wie nachgewiesen, Hitlers triumphale Wahlerfolge bewirkt.

Auslese durch die Gesellschaft, Hemmung durch die Gesellschaft – die Emanzipation ist nicht als geleistet abzutun. Noch immer sehen wir die willenlos schmachtenden Mädchen an Jünglingsarmen, wissen wir vom zunehmenden Rauschgiftverbrauch in den Oberschulen mit gemischten Klassen, haben wir alle die verstörten Gesichter der alternden Frauen in den gepflegten Zimmern der Nervenheilanstalten vor Augen. Es scheint, als sei die Frau in der modernen Gesellschaft aus ihrem Reservat entlassen und die Umstellung auf das Ausgesetztsein noch nicht ganz vollzogen. Denn noch immer ist die uralte Dreiheit: das Paar mit dem Kind unangetastet, noch immer beobachten wir die gelösten Bewegungen junger Mütter, die unbeholfene Zärtlichkeit junger Väter und das Aufleuchten der abgebrauchten Gesichter der Arbeiterinnen und Angestellten, wenn von ihren Kindern die Rede ist. Und noch immer begegnen wir den Noras, gepflegt und kostbar und abhängig noch bei der Wahl des Nachtischs. Nachts dann die Frauen, die ganz selbstverständlich dem uralten Gewerbe der Prostitution nachgehen.

Was ist also erreicht? Ist die Emanzipation der Frau nur halb geleistet wie etwa die Emanzipation der schwarzen Bevölkerung in den USA? Oder muß die Frage lauten: Ist die Emanzipation der Frau der richtige Weg gewesen, den Platz der Frau in der modernen Industriegesellschaft zu sichern? Hat die rasche Industrialisierung, die das Individuum abschleift, um es einzuordnen, nicht die Idee von der Emanzipation der Frau, die noch auf Ausformung des Individuums zielt, überholt? Oder nötigt gerade dieser Verschleiß, den Begriff Individuum neu zu reflektieren, den in der Überlieferung geschlechtslosen Begriff zu differenzieren und – auf unser Thema bezogen: den sehr anderen Individuationsprozeß der Frau zu erkennen und zu bejahen?

Sicher ist neben der politisch-gesellschaftlichen Zielsetzung der Frauenbewegung das Bild der künstlerisch schöpferischen Frau nie aus dem Gedächtnis gekommen, ja, sind Künstlerinnenvereinigungen gleichzeitig mit den politischen Frauenverbänden entstanden und hat um die Wende zu diesem Jahrhundert die Entdeckung der Kulturleistung der Frau geradezu eine Umwertung der Kulturgeschichte herausgefordert – geschichtlich übrigens recht folgenlos, wenn man der Mutterschaftsverherrlichung in der Naziära den Platz zuweist, der ihr im rückwärts orientierten Gesellschaftskonzept jener Zeit zustand. Daß das jedoch möglich war, ja, daß es noch heute der Traum vieler berufstätiger Frauen ist, nichts als Frau und Mutter zu sein, darf nicht übersehen werden. Die biologischen Voraussetzungen lassen die Frau noch im Arbeitssaal oder in der Fabrikhalle Einzelgängerin sein. Jedem Gruppenerlebnis zum Trotz bleibt der Frau die geschlechtstypische Erfahrung der Erwartung eigen, die sie vereinzelt. Ihr Ich-Bewußtsein ist leichter zu beschädigen als das des Mannes. So ist das Ich-Du-Verhältnis wesentlich von dieser Erwartung geprägt, wird die Beschädigung des Ich dem Partner, nicht der Umwelt angelastet. Erst Schwangerschaft und Sorgenpflicht für das Kind verändern die Beziehung zur Umwelt, ohne die Partnerbindung jedoch abzulösen.

Weil die Individuation der Frau sich partnerabhängig vollzieht, wird der Einbruch, den die Emanzipation darstellt, vorerst als Störung des Ich-Du-Verhältnisses durch die Umwelt erlebt, als atypischer Individuationsprozeß, als eine Gefahr, die viele Frauen instinktiv fürchten. Die Industrialisierung ging über dieses Dilemma der Frau hinweg. Die Nutzbarmachung ihrer Arbeitskraft war der politischen Emanzipation vorausgewesen. Daneben aber setzte das aufstrebende Kleinbürgertum des späten 19. Jahrhunderts die Tradition der Kunstpflege, wie sie vorher das Bürgertum vom Adel übernommen und den Frauen vorbehalten hatte, fort. Kunstpflege als Hausaufgabe für die Frau, ein Mißverständnis, sicher, doch auch ein tastender Versuch, ihre Eigentümlichkeit auszumessen. Gesellschaftsveränderungen finden ja schubweise und oft genug fragmentarisch statt. So etwa blieb die Wissenschaft bis auf wenige Ausnahmen dem Mann vorbehalten, doch als Künstlerin wurde der Frau in der sich ausformenden Industriegesellschaft das Recht auf Individualität und eigene Leistung zugestanden, obgleich ihr auch da viele Möglichkeiten verstellt blieben. Wir wissen von Käthe Kollwitz' Schwierigkeiten, einen Akademieplatz zu bekommen, wir wissen von Annette von Droste-Hülshoffs fast hilfloser Bindung an die Familie, wir wissen von Clara Schumanns übermenschlicher Energie, sich trotz der Kinder und der Sorge um den kranken Robert Schumann als Pianistin durchzusetzen. Sicher, die mittleren Begabungen, die die Abhängigkeit von der Umwelt nicht als schmerzlich empfanden, kamen schon zurecht. Den großen Begabungen blieb die Doppelbelastung, das Leben als Frau und als Künstlerin zu leisten, also die geschlechtstypische Erfahrung durchzuhalten und im Werk zu reflektieren.

Gleichzeitig mit der Emanzipation der Frau vollzog sich die Institutionalisierung des Kunstbetriebes als Anpassung an die Industriegesellschaft – nicht plötzlich und kaum schon konsequent. Doch verlangte die Durchlässigkeit der bis dahin so festen elitären Schicht des kunstinteressierten Bürgertums das Management, das in früheren Zeiten für den Künstler niemals von so entscheidender Bedeutung gewesen war, solange nämlich das Verhältnis Mäzen-Künstler bestanden hatte. Die als Künstlerin emanzipierte Frau sah sich also sofort der neuen Belastung durch den Kunstbetrieb ausgesetzt, eine physisch-psychische Anpassung, der nur wenige standhielten.

Heute, mehr als ein halbes Jahrhundert später, sind zwar wissenschaftliche Hochleistungen der Frau noch immer selten, künstlerische Hochleistungen jedoch nicht seltener als die der männlichen Partner, ja, in Relation zur Zahl der Frauen, die sich den Künsten widmen, höher. Der künstlerische Dilettantismus, der zur bürgerlichen und nachbürgerlich-kleinbürgerlichen Gesellschaft gehörte, hat kaum mehr Bedeutung. Bedeutung allerdings hat – und das muß mit Bitterkeit festgestellt werden – die Zurückhaltung der männlichen Kollegen gegenüber der Leistung der Frau, die Attitude des Wohlwollens, des Nie-ganz-ernst-Nehmens, Erfahrungen, die es besonders der jungen Künstlerin schwer machen, die viel eher als Geliebte denn als

Schaffende wahrgenommen wird. Später billigt man der Frau Hysterie, Unbefriedigtheit, nie aber primär den Zwang zur künstlerischen Aussage zu, den noch jeder jugendliche Epigone männlichen Geschlechts für sich in Anspruch nimmt. Sicher trägt dazu bei, daß die künstlerischen Hochleistungen der Frau fast immer später datieren als die ihrer männlichen Kollegen mit gleich starker Befähigung. Ist das selbstverständlich? Und was verbirgt sich dahinter an Lebensleistung? Mehr noch an Lebenskonflikt?

Die moderne Industriegesellschaft hat sich anders, als es zur Zeit der Frauenemanzipation schon abzusehen war, zu einer hochdifferenzierten Leistungsgesellschaft entwickelt, in ihrer sozialistischen Struktur ähnlich wie in ihrer kapitalistischen Struktur. Sie ist vom Wettkampf mit dem Ziel der Prestige-Steigerung beherrscht, der weitgehend individuumsfeindlich und voraussehbar, wenn nicht planbar ist. Der freie, der Spielraum zur schöpferischen Leistung ist also von allen Seiten eingezwängt, Kraftanstrengung, Glück, List, Beziehungen sind in höherem Maße als früher Voraussetzung, diesen Spielraum zu gewinnen.

Die Frau aber schenkt ihrer Natur nach die Jahre ihrer physischen Höchstleistungsfähigkeit den Kindern, Jahre, in denen der Mann, der künstlerisch tätige Mann, in der Umwelt und mit der Umwelt ringt. So erfolgt die intellektuelle Entfaltung der Frau physisch und nervlich gestört, ihre Gefühlserlebnisse erreichen dagegen eine Intensität, wie sie die Leistungsgesellschaft dem Mann nur noch selten gönnt. Die Gefühlskälte, von der etwa die Literatur heute Zeugnis gibt, ist vom Mann erfahren, die Herabstilisierung der Erotik zur sexuellen Verfügbarkeit primär vom Mann vollzogen.

Daß die Frau durch die Entwertung der Partnerschaft hilflos vereinsamt, muß nicht hervorgehoben werden. Ihre Reaktion ist vielfältig wie ihre Fähigkeit zum Rollenwechsel: Rüde Anpassung durch Zurschaustellung von Gefühlskälte und zynische Sexualität, jüngferlich-demütige Verkrochenheit und Verbissenheit in die Leistung, hysterische Übersteigerung des Partnerschaftsanspruchs oder hochmütige Abwertung und Abwehr des Partners. Solche Reaktionen werden durch Schwangerschaften und mütterliche Pflichten gedämpft, ja oft genug umgewertet: Die Anpassung wird zur Kameraderie, die Sexualität stellt sich als Charme dar, die Demut als Hilfsbereitschaft, die eigene Leistung wird zur Selbstvergewisserung, der Partnerschaftsanspruch zur Selbstbehauptung. (Daß keine der Verhaltensweisen rein auftritt, gehört zum Wesen von Eigenschaften.)

Im Erlebnisraum der Familie ist die Emanzipation also nur wie ein Echo wirklich, das den Lebensrhythmus geringfügig ändert. Mit dem Heranwachsen der Kinder werden jedoch Kräfte der Frau freigesetzt, die im vortechnischen Zeitalter durch die Großfamilie und ihre Betreuung verbraucht wurden. Die Frau sieht sich vor der Aufgabe, die Errungenschaften der Emanzipation für sich selbst einzulösen, die Künstlerin sieht sich endlich, und für den Vorrang der Jugend in der Gesellschaft viel zu spät, in der Lage, ihre schöpferische Potenz ungestört zu nutzen. Sie hat wie jede andere Frau dem Wettlauf um das Prestige, der den Mann schon zwanzig Jahre seines Lebens gefordert hat, zugesehen, interessiert, kaum ganz beteiligt. Ihr Wunsch zur Selbstverwirklichung erscheint ihr anachronistisch. Ihre Gefühlserfahrung nimmt dem Anspruch jedoch die Schärfe. Sie hat ja den geschlechtsspezifischen Individuationsprozeß schon geleistet. Ihr obliegt es, die frauliche Erfahrung mit der zu vollziehenden künstlerischen Arbeit in Übereinstimmung zu bringen. Die Krisenhaftigkeit solchen Hinüberwachsens ist verständlich. Zu fremd ist der Vorgang noch der Gesellschaft. Zu fremd ist die Selbständigkeit und das Anderssein der Frau nach den jahrhundertealten Gepflogenheiten. Zu fremd ist sie selbst auch den Geläufigkeiten der vom Manne geprägten Wettkampfsituation.

In dieser Krise erfährt die Frau ihr Leben als gespalten, als schmerzhaft zerrissen. Oft genug gelingt es ihr nicht, die Gespaltenheit in Doppelheit zu verwandeln, und sie flüchtet in Neurosen oder sehnt sich in die Zeit vor der Emanzipation zurück und verhält sich entsprechend.

Das Bild der Großmutter, die die Enkel aufzieht, während die Mutter ihrem Beruf nachgeht, gehört in unseren großen Städten zum Alltag, in den sozialistischen Ländern – in Europa sind es vorwiegend die später industrialisierten Länder – ist es ganz selbstverständlich. Auch das zeigt, daß die Gesellschaft sich noch nicht auf die Emanzipation der Frau eingerichtet hat, daß sie ihre »Sklavenarbeit« noch nicht entbehren kann. Mit Klagen darauf zu antworten, ist gewiß nicht unberechtigt.

Die Aufgabe der gesellschaftlichen Integrierung der fraulichen Doppelexistenz

Wichtiger ist es, das doppelte Leben der Frau anzuerkennen und in den gesellschaftlichen Zusammenhang hineinzunehmen. Das ist noch nirgends ganz bewußt geschehen. Die »frauliche« Lebensphase der Frau wird noch immer und muß noch immer als verlorene Zeit gewertet werden, wenn die Potenz der Frau die Norm überschreitet. Die berufliche Anknüpfung ist dadurch für viele Frauen erschwert. Ihr selbst wird die Doppelheit noch immer mehr zur Last als zur Erfüllung. Natürlich erlebt die Frau als Künstlerin die Doppelheit ihrer Existenz viel bewußter, auch wenn ihr die Krise der Umstellung erspart ist, da sie ja die künstlerische Arbeit nicht als Gegensatz zu ihrem Leben als Frau erfährt. Dennoch unterliegt sie oft genug der Doppelbelastung des innerhalb der Familie nach außen gekehrten Individuationsprozesses, der der eigenschöpferischen, nach innen gekehrten Leistung entgegensteht – und sie wird nie einen Sklaven als Helfer finden (es sei denn in einer verqueren erotischen Situation), wie der Künstler ganz selbstverständlich Sklavinnen findet, die die Störungen durch die Realität von ihm abhalten. Daneben aber macht ihr die Wettkampfsituation in den hochentwickelten Industriegesellschaften zu schaffen, die den Künsten quersteht und ein Großteil Kraft für das Management verbraucht, die sie in den Jahren ihrer familiären Bindung nicht zur Verfügung hat. So setzt der Trend zur Überbewertung der Jugend, der auch das Urteil über die künstlerische Leistung beeinflußt, die Frau als Künstlerin ins Unrecht. Viele künstlerisch befähigte jungen Frauen verzichten auf den fraulichen Individuationsprozeß, um der vom Manne geschaffenen Wettkampfsituation gewachsen zu sein. Jedoch die Gesellschaft, in der wir leben, will entdeckt sein, weil sie in der radikalsten Veränderung, die wir denken können, begriffen ist: weil sie das Individuum auszulöschen sich anschickt. Die Krisen, die daraus entstehen werden, sind in ihren Folgen zwar kaum schon absehbar; sie fordern aber auch, und vielleicht insbesondere, die Frau heraus, denn eine der Erfahrungen, die sie ins Spiel bringen könnte, ist ihr vorbehalten: Sie hat Gefühlsbindungen zu verteidigen und sie hat die Chance, in dem doppelten Leben, das ihr zugewachsen, wenn auch kaum voll zuerkannt ist, aus diesem Erlebnisvorrat weiterzugeben: Als Künstlerin immer der Erfahrung vom doppelten Leben näher als dem Erleiden der Gespaltenheit, sollte sie der Auseinandersetzung mit den die Veränderung der Gesellschaft begleitenden Krisen nicht ausweichen, sich aber auch nicht verleugnen.

Denn die Frau ist anders, erlebt anders, formuliert anders.

Vielleicht ist das ein Slogan, den wir nachtragen müssen.

Verehrte Leser ...

... wir wollen einmal ehrlich sein, ist's Ihnen immer ganz geheuer, wenn Sie Emanzipation sagen? Sie wissen natürlich genau, was Sie wollen, was erreicht werden muß, was Sie Ihren Töchtern wünschen. Wenn Sie aber Söhne haben, verehrte Leserin? oder wenn Sie, verehrter Leser, einen Beruf haben, der nicht in den Achtstundentag paßt, wenn Sie darüber hinaus gesellschaftliche Pflichten auf sich genommen haben, oder auch, wenn Sie von den acht Stunden plus Anfahrt erschöpft sind, wünschen Sie sich da nicht doch wieder die Frau, die Ihr Leben und Ihre Wäsche in Ordnung hält? Und wem kommt es nicht als eine fadenscheinige Ausrede vor, daß der Sohn zum Abtrocknen und Knöpfe-Annähen angehalten wird? Verlangt Emanzipation nicht eine Partnerschaft, die weit über die Pflichtenaufteilung hinausgeht und mit Toleranz kaum genau benannt ist, weil Toleranz zu schnell in Gleichgültigkeit umkippt? Setzt sie nicht Lernprozesse voraus, für die wir kaum schon vorbereitet sind, oder nein, die wir, Getriebene der hochindustrialisierten Gesellschaft, vergessen haben, weil die Familien längst keine Arbeitspartnerschaften mehr sind, weil wir nicht mehr eingeübt sind, aufeinander zu reagieren? Ich halte es für dringend an der Zeit, das Paar neu zu durchdenken.

Wer sind die Partner?

Ich erinnere mich an eine rührend sanfte Plastik im Barockpark von Ledeburg (Seeland): Adam und Eva, beide kaum zwanzigjährig, nach dem Sündenfall. Adam sieht wie ratlos auf den angebissenen Apfel. Eva beugt sich beschwichtigend, ja fast begütigend über ihn. Es muß dieser Augenblick nach der Erkenntnis sein, schon die Stimme im Ohr, die auf das harte Leben jenseits des Paradieses verweist. Und das Paradies war Kindheit, war Spiel, war Selbstgewißheit ohne Reflexion. Nie habe ich die unterschiedliche Antwort von Mann und Frau auf die Entdeckung des anderen überzeugender dargestellt gesehen: die Kraft in der Haltung dieser schmalen Frau, die schon die Härte im Nehmen, die künftige Geduld ausdrückt, auf die der Mann, jäher reagierend und darum hilfloser, wenn ihm etwas zerstört wird, angewiesen ist.

Ich erinnere mich aber auch an ein altes Paar, beide in den hohen Achtzigern, beide gepflegt, übersteif. Der Mann zieht sich nach Tisch zurück an seinen Schreibtisch (was wird er noch arbeiten?), die Frau hält trotz eines Knochenbruchs und Schmerzen die Rolle der Gastgeberin durch: Konversation, Häuslichkeit – dem Mann ist die Welt jenseits des Tisches aufgegeben.

Ich erinnere mich (wer erinnert sich nicht!) an die vielen Rollen, die die Frau, provoziert durch den jeweiligen Partner, spielen kann. Die Rollenauswahl der Männer ist geringer. Das erweist jede Biographie.

Spielt der Mann also nur sich ...

... oder identifiziert er sich doch mit der einen Rolle, die er gefunden hat? Und ist die Fähigkeit der Frau, viele Rollen zu spielen, noch ein Nachklang der Zeit vor der Emanzipation, also eine Fähigkeit zur Anpassung, wie sie sich in Getto-Situationen entwickelt? Beantworten läßt sich das heute noch nicht. Und Rückblicke auf matriarchalische Kulturen, durch die der Gegenbeweis erbracht werden könnte, benötigen zu viele Wenn und Aber. Ob nun Turandot oder Salome oder Klytemnästra die Grenzbereiche unserer maskulinen Kultur bezeichnen, mag für den Kulturhistoriker nicht uninteressant sein, für uns Frauen sind sie allenfalls Rollen, die die Frau im Zweikampf der Geschlechter probiert hat.

Denn was ist das Paar?

Kaum die lächelnde Einigkeit auf Hochzeitsfotos. Und auch nicht das Vater- und Mutterglück unterm Weihnachtsbaum. Jene Eva, die ihrem Adam gut zuredet, jene alte Dame, die ihrem Mann noch die Rolle seines Lebens läßt, obwohl sie die kleingewordene Ehewelt in Ordnung hält, sagen mehr. Die Frau scheint durch die Aufgabe, das Leben weiter zu tragen, zäher, aber auch toleranter, weniger an ihr Ich, mehr an die Zukunft gebunden.

Aber hat nicht der Mann diese Zukunft seit eh entworfen? Und ist nicht die technisierte Welt, in der wir leben, fast ausschließlich sein Werk? Und ist es denn schon absehbar, was und ob die Frau etwas zu dieser technisierten Welt beitragen wird? Ob sie nicht nur darin leben, sich darin zurechtfinden will? Das heißt ja nicht, daß die Frau unvermögend zur Technik ist, sondern verdeutlicht doch nur die Aufgabenspaltung. Denn wenn nicht alles täuscht, läßt die hochtechnisierte Welt den Mann nicht mehr frei, wird der Rollenzwang für ihn mehr und mehr zur einzig möglichen Selbstdarstellung, bindet der Rollenzwang seine Fantasie, verengt und forciert seine Intelligenz und beschädigt seine Persönlichkeit zugunsten der Karriere, gleich ob im kapitalistischen oder sozialistischen System; während die Frau, die sich Geburt und Aufzucht der Kinder leistet, noch einmal die Spiel-Räume betritt, noch einmal die Ungebundenheit der Intelligenz probiert und sich, wenn auch nur für wenige Jahre, auszuschließen übt. Die Erfahrungen dieser Jahre aber verändern ihr Verhältnis zur Karriere, was nicht Verzicht auf Teilnahme an der technisierten Welt heißt. Doch die Distanz des Zuwartens gibt ihr Überlegenheit (wenn sie sie nicht verharmlost) und sie kann, wenn sie sich diese Überlegenheit bewußt macht, auf den Mann zurückwirken.

Das klingt sehr überlegen, wenn auch in den 200 Jahren, in denen die Technik Europa ganz, die Welt aber weitgehend umgeprägt hat, kaum schon viel von dieser Überlegenheit der Frau zu spüren war; wenn sie, zu sehr beschäftigt mit ihrer sozialen und ihrer intellektuellen Emanzipation, kaum schon als Gegenkraft wirksam geworden ist. Jedoch hat dieses letzte, das eine Jahrzehnt der biologischen Revolution, der Frau eine solche Unabhängigkeit geschenkt, daß sie in die Lage gekommen ist, aus eigener Kraft und Fähigkeit Einfluß zu nehmen, eben weil sie sich nicht mehr nur anpassen, sondern selbst darstellen muß. Weil der Zweikampf der Geschlechter in eine neue Phase getreten ist, in der die Frau den seltsamen Vorsprung entlassener Sklaven hat –: die unverbrauchte Intelligenz, den unroutinierten Lebenswillen.

Weil die Chance, die Partnerschaft, das Paar neu zu erproben, gegeben ist, für sie, für ihn, für jeden von uns.

Ich meine ... (I)

Ich meine, daß Emanzipation ein Begriff ist, der heute oft genug mit Aggression aufgeladen und dadurch fehlbewertet wird. Beim Nachdenken über den Begriff erkennen wir die Ursachen der Fehlbewertung. Der Begriff, der mit der Philosophie der Aufklärung in Gebrauch kommt, meint die Überwindung sozialer und moralischer Geducktheit, meint die Freiheit zu sich selbst und wird 1789 in Frankreich deutlich zur politischen Forderung. In Preußen auf die Emanzipation der Judenschaft angewendet (Gesetz von 1811), versackt der Begriff in der Reaktionszeit nach den Befreiungskriegen und taucht im späteren 19. Jahrhundert wieder im europäischen Zusammenhang auf: als Forderung des vierten Standes nach Anerkennung und politischen Rechten und fast gleichzeitig als Forderung der Frauen aus dem bürgerlichen Lager nach Bildung und Ausbildung. Ein doppelt besetzter Begriff also, wenn auch sowohl die Not des vierten Standes als das Bildungsbedürfnis der Frauen aus dem Bürgertum durch die Entstehung der Industriegesellschaft ausgelöst worden sind, die die wirtschaftliche Einheit des ländlichen Haushalts und des Handwerkerhaushalts in den Städten aufgehoben hat, wo Mann und Frau einander zugearbeitet haben.

Die Doppelbesetzung des Begriffs Emanzipation macht uns heute noch zu schaffen. Wenn auch der Kampf um die Emanzipation der Lohnabhängigen seit hundert Jahren geführt wird und wie der Kampf um die Emanzipation der Frau einige Erfolge gezeitigt hat, so ist weder die eine noch die andere Emanzipationsforderung vollends erfüllt und ist besonders die Arbeiterin doppelt geprellt, die weder den Anspruch auf soziale Anerkennung noch den auf Bildung für sich verwirklicht sieht.

Wer heute Emanzipation sagt, muß sich darüber im klaren sein, daß die politische Emanzipation der Frau von ihrem Anspruch auf Bildung und Ausbildung nicht zu trennen ist. Bildung und Ausbildung sind nicht allein Wertsteigerung auf dem Arbeitsmarkt, sie bedeuten Individuationsgewinn, der sich in der Einstellung zum Leben, in der Gestaltung des Lebens niederschlagen muß. Je deutlicher das gesehen wird, desto deutlicher wird auch die Veränderung des Lebens. Denn wenn die Frauen die Freiheit gewinnen, sich als Frauen zu behaupten, anstatt sich ins Rollenschema der von den Männern geprägten Industriegesellschaft einzupassen, werden die Qualitäten ihres Geschlechts wieder wirksamer werden.

Wir wissen natürlich, daß die Brücke, die eine Frau baut, sich von der eines Mannes nicht unterscheidet; daß aber eine Frau, die Häuser entwirft, bewußter vom Wohnraum, vom Leben im Hause her plant, ist zumindest denkbar; daß eine Frau, die ein Ministerium leitet, ein anderes Arbeitsklima um sich schaffen wird als ein Mann, ist zu erwarten; daß eine Omnibusfahrerin, eine U-Bahnführerin andere Fahreigenschaften haben als ihre Kollegen, ist schwer zu beweisen, da sind nur die Unfallstatistiken im gesamten Straßenverkehr heranzuziehen, die den Frauen ein vorsichtiges, rücksichtsvolleres Fahren bestätigen. Aber wer einer Omnibusfahrerin zugesehen hat, wieviel Spaß sie am Chauffieren hat, der weiß, daß zur Selbstvergewisserung der Frauen die Freude gehört mitzuspielen, ungehindert vom Vorurteil sich als fähig zu beweisen.

Natürlich führen Frauen Kriege, wenn sie eine Machtposition zu verteidigen, wenn sie Verantwortung haben. Natürlich sind Frauen auch grausam, und nicht nur, wenn sie uniformiert sind. Die Elendsstatistik in aller Welt straft das Bild von der sanften

Hausfrau und gütigen Mutter Lügen, das uns immer wieder als allein erstrebenswert vorgehalten wird, denn Frauen sind vom Gestaltungsdrang und Vernichtungszwang ebenso besessen wie die Männer, haben das gleiche Fantasiepotential, wenn sie auch bis zum beginnenden Industriezeitalter fast ausschließlich über die Erziehung der Kinder und die Organisation der Haushalte in die Öffentlichkeit gewirkt haben.

Die Verkleinerung der Haushalte, der Familien hat die Frauen im ersten Jahrhundert des Industriezeitalters entmündigt, hat Fähigkeiten, die bis dahin selbstverständlich gefordert waren, brachliegen lassen. Und es ist geschichtlich logisch, daß der Begriff Emanzipation, doppelt besetzt, seither in Gebrauch ist.

Ich meine, wir sollten Emanzipation so ernst und so leicht nehmen, wie wir Freiheit ernst und leicht nehmen müssen: als Aufgabe und als Spielraum. Das heißt nicht, die Forderung nach sozialer Emanzipation unterschätzen – im Gegenteil, es erleichtert uns, sie mit der Forderung nach Individuation, nach Selbstverwirklichung zusammen zu stellen.

Ich meine ... (II)

Ich meine –
– daß ... uns die Vielzahl der Frauenberufe, die angeboten werden, nicht darüber hinwegtäuschen darf, daß die große Mehrzahl der Frauen als Ungelernte arbeiten und im Akkord unter höchster nervlicher Anspannung 30–35 Prozent weniger Lohn als die Arbeiter erhalten (wie eine Untersuchung über die Stellung der Frau in der Sozialversicherung von Renate Meyer-Harter, Berlin 1974, nachweist);
– daß ... diese Frauen in jeder Konjunkturkrise auf die Straße gesetzt werden und die Industrie sich nicht einmal scheut, befristete Arbeit zu annoncieren;
– daß ... die Mehrzahl der arbeitenden Frauen nichts weiter darstellt als die industrielle Reservearmee.

Die gleiche Untersuchung weist nach, daß die durchschnittliche Rentenhöhe der Frauen, die in der Rentenversicherung der Arbeiter (ArRV) 40–45 Jahre lang Beiträge zahlten, bei 365,70 DM liegt; diejenigen Frauen, die 45–50 Jahre lang mitversichert waren, konnten dagegen eine durchschnittliche Rente von 436,40 DM erwarten. Zahlen, die deutlich machen, daß die Frau, die allein steht, die allein ihre Kinder aufzieht, eigentlich nicht vorkommen darf! Daß auf dem Arbeitsmarkt Emanzipation nicht gefragt ist!

Die Statistik weist nach, daß die Frauen mit Fachausbildung (Lehre, andere Berufsausbildungen) von Wirtschaftskrisen weniger betroffen werden, meist längere Kündigungsfristen haben. Wie weit sie von den Phasen wirtschaftlichen Abschwunges denn doch auch betroffen werden – und ob sie eher als ihre männlichen Kollegen betroffen werden –, ist nicht einwandfrei aus Statistiken abzulesen. Die Erfahrung, »Wegwerfware« zu sein, trifft ja alle, Männer und Frauen. Die Frauen aber sind zumindest in der Industrie, weil in der Mehrzahl ungelernt, schneller abzustoßen, »wegzuwerfen«.

Daraus zu schließen, daß die Ausbildung der Frauen zu forcieren ist, liegt nahe (auch wenn das gewiß keine Sicherheit für Dauerbeschäftigung schafft, weil große Krisen der Industriegesellschaft ganze Wirtschaftszweige lahmlegen können).

Dennoch hat das junge Mädchen, hat die Frau mit einer Fachausbildung das Mehr an Selbstbewußtsein, das sie dem großen Verschleiß im Arbeitsprozeß entgegensetzen kann; hat sie durch ihre Qualifikation die Möglichkeit weiterzulernen, nicht nur umzulernen wie die angelernte Akkordarbeiterin, kommt sie in die Lage, unabhängig vom Mann zu leben oder auch seine Einkünfte für die Familie zu ersetzen, wenn er in einem von der Krise besonders betroffenen Industriezweig arbeitet.

Die derzeitige Jugendarbeitslosigkeit nötigt also, die Ausbildungsprogramme auch der Mädchen neu zu durchdenken, mehr noch, sie zu realisieren.

Ich glaube nicht, daß es genügt, die vielfältigen Ausbildungsangebote auch für die Mädchen zur Kenntnis zu nehmen und mittels Berufsberatung die Willigen und Interessierten einzuweisen, während die Mehrzahl der Hauptschulabgängerinnen, einschließlich der »abgebrochenen« Hauptschulabgängerinnen, in die ungelernten Arbeitsverhältnisse drängen oder als Arbeitslose wichtige Entwicklungsjahre verschenken. Ich halte dafür, daß auch in der Hauptschule in den beiden letzten Klassen berufsspezifizierende Kurse zur Pflicht gemacht werden sollten und Hauptschüler und -schülerinnen, die in noch früheren Schulklassen scheitern, in ihren letzten beiden Pflichtschuljahren jedenfalls Berufspraktika und berufsspezifizierende Kurse durchlaufen müßten. Ich halte dafür, daß die Realschulen in gleicher Weise auf die Vielzahl der Berufe vorzubereiten haben, um nicht nur den Schülern, sondern auch den Schülerinnen ein Mehr an Berufen aufzuschließen.

Immer wichtiger wird für jedes Ausbildungsangebot die gleichzeitige Anweisung zur innerfamiliären Arbeitsteiligkeit, zum Abbau der »Ernährerrolle« des Mannes zugunsten einer gemeinsamen ökonomischen und Lebensplanung. Daß dazu besonders die Intelligenz und das Selbstbewußtsein der jungen Frauen und Mädchen gefördert und entwickelt werden muß, wie sie berufliche Qualifikation stabilisiert, steht außer Zweifel.

Die Jugendarbeitslosigkeit macht also auf vergessene Möglichkeiten des schulischen Angebots aufmerksam, fordert zu ihrer Nutzung heraus, wenn auch die berufsvorbereitende Betreuung der arbeitslosen Schulabgänger und Schulabgängerinnen vordringlich ist. Es wird darauf ankommen, dieses »Loch« in der Entwicklung nicht wieder nur nach den Gesetzen von Angebot und Nachfrage zu stopfen, sondern schon auf neue familiäre und berufliche Arbeitsteiligkeit hinzuplanen, also vor allem die jungen Mädchen aus der Passivität des Job-Denkens herauszuführen.

Ich meine, daß aus der Not fehlender Arbeitsplätze eine Chance werden muß; daß das aber eine Aufgabe ist, die nicht allein von den Schulen, den Arbeitsämtern zu leisten ist, die ebenso die Gewerkschaften angeht wie die Arbeitgeberorganisationen, weil sich niemand darüber hinwegmogeln kann, daß die Wegrationalisierung von Arbeitsplätzen unaufhaltsam ist, die zu erwartende ständige Arbeitslosigkeit aber als gewonnene Freizeit für alle umgedeutet werden, also durch Arbeitsteiligkeit aufgewertet werden muß, weil sie ohne berufliche und familiäre Partnerschaft zum Vakuum würde und daß die Frau, aus der industriellen Reservearmee entlassen, in der künftigen Industriegesellschaft sich selbst und ihre entwickelten Fähigkeiten einbringen kann, wenn wir heute begreifen, daß mit der Mehrzahl der arbeitenden Frauen, die als industrielle Reservearmee verschlissen werden, Schindluder getrieben wird.

Zur Emanzipation in Ost- und Westeuropa und in der Dritten Welt

Eine Rede, gehalten am 5. Oktober 1975 in Köln
auf dem Kongreß für die Rechte der Frau
in der Bundesrepublik Deutschland

Ich will keine Festrede halten, weil zum Feiern nicht Zeit ist, wenn die Arbeit noch nicht getan, nicht zu Ende getan ist. Die Arbeit, das ist auch nicht der Kongreß im UNO-Jahr der Frau, der ein Anfang ist für den Austausch der Frauen in aller Welt.

Auf der Heimreise wird jede Delegation die Sorgen der anderen Frauen in anderen Staaten und auf anderen Kontinenten mittragen, die Verantwortung für die Arbeit, die getan werden muß, mittragen. Von dieser Arbeit will ich sprechen.

Für uns in Europa ist der Begriff Emanzipation in beiden politischen Lagern geläufig, wenn er auch bei weitem nicht schon realisiert worden ist, nicht schon hat realisiert werden können, weil die Entwicklung von Jahrtausenden nicht in wenigen Generationen »umgekrempelt« werden kann. So differieren unsere Zielvorstellungen noch immer, wenn es um Einzelheiten geht, streiten und diskutieren Gruppen. Und das ist gut so, weil jede Gruppe den Begriff vertiefen hilft, über den weitgehend Übereinstimmung herrscht, weil den europäisch bestimmten Kulturen die patriarchalischen Strukturen bis in ihre Zerfallserscheinungen hinein gemeinsam sind, wenn auch mit unterschiedlicher geschichtlicher Datierung.

Die politische Gleichberechtigung, die soziale Gleichberechtigung, der Bildungsanspruch, dazu die mit der Familienplanung zusammenhängenden Probleme, die der Doppelbelastung der Frau und spezieller die der Sexualität der Frau, sind unsere Probleme, an denen gearbeitet werden muß, für die um gesetzliche Regelungen gerungen werden muß – um Verständnis –, die wir einzubringen versuchen in eine künftige echte – und durchaus vorstellbare – Partnerschaft zwischen Mann und Frau.

Ich will die Probleme nicht verkleinern. Ich weiß, daß sie oft genug nur mit Wörtern zugedeckt werden, daß ökonomische Krisen zuerst die Frau treffen, daß die Statistik, und nicht nur in der Bundesrepublik, das Bildungs- und Sozialgefälle zwischen Mann und Frau beweist, daß die politische Wirksamkeit der Frau in beiden politischen Lagern bescheiden ist, daß die Frauen hier wie dort überarbeitet sind, Doppelfunktionen erfüllen, auch wenn von Staat zu Staat die Versorgung der Kinder, der Klein- und Kleinstkinder differiert, immer aber abhängig ist von der gesellschaftlichen Situation.

Wenn etwa in Ungarn die Mütter drei Jahre lang so etwas wie ein bescheidenes Müttergehalt bekommen, so, weil das einen noch weitgehend agrarisch geprägten Staat weniger kostet als die Schaffung von vielen kleinen Kindergärten; wenn in der DDR ein Jahr pausieren nach der Geburt empfohlen wird, und ohne Arbeitsplatzverlust möglich ist, gleichzeitig jedoch empfohlen wird, dieses Jahr zur beruflichen Qualifizierung zu nutzen, so hört sich das im Vergleich zur Bundesrepublik human an – ist es auch –, verschweigt aber den Streß, dem die Frauen durch die immer noch schwierige Versorgungslage ständig ausgesetzt sind.

Kurz – nirgendwo gibt es schon die ideale Lösung, die Balance zwischen beruflicher Selbstverwirklichung und Mutterschaft für die Frau. Überall hat sie mehr oder minder zwei Berufe zu erfüllen, zwei Leben zu vereinen.

Über die Selbstverwirklichung im industriellen Arbeitsprozeß, am Fließband, in der Fertigung oder wo immer auf der untersten Ebene der Produktion zu sprechen, sollten wir uns allerdings überhaupt verbieten. Das ist ein Problem, das auch der Sozialismus nicht lösen kann, nicht nur für die Frau nicht, auch für den Mann nicht. Daß die Frauen weniger Chancen haben, von der untersten Ebene aufzusteigen, bleibt anzumerken, wenn auch in den politischen Systemen diese Tatsache leider sehr unterschiedlich zu ändern versucht wird.

Daß das Konsequenzen für den Emanzipationsprozeß hat, ist selbstverständlich, Konsequenzen, die sich bis in den Intimbereich hin auswirken – oder sollte man sagen: von dort zurückwirken? Die Schmälerung der Mutterschaft (ihrer Bewertung) als Antwort auf den immer von rechts geförderten Mutterschaftsmythos ist eine Antwort auf solche Intimverstörungen. Bis hier die Balance gefunden wird (die von den meisten Frauen ja doch zu leben versucht wird), braucht es Zeit – und gesetzliche Hilfe.

Wie aber sieht Emanzipation in den Ländern, die wir heute gern die Dritte Welt nennen, aus? Wie dort, wo der Begriff Emanzipation überhaupt keine Vokabel ist, etwa im Bereich des Islam? Wie in den Staaten, die einmal unter der Kolonialherrschaft eine europäische Oberschicht entwickelt haben, die die eingeborene Bevölkerung und ihre Kultur unterdrückt, zuweilen auch ein wenig integriert hat? Wie in Kulturen, die die Geschlechterspannung anders ausgetragen haben und austragen?

Ist unser europäischer und der aus der europäischen Kultur entwickelte Anspruch auf Emanzipation der Frau überall anwendbar und gültig?

Ich glaube: nein. Nicht, weil es Regierungen gibt, die den Kinderreichtum fördern, weil es soziale Strukturen gibt, wo Kinderreichtum der einzige Reichtum ist, weil nämlich die Vielzahl der Kinder so etwas wie eine Altersversorgung ersetzt. Nein auch, weil die Alphabetisierung, die wir aus unserer europäischen Weltvorstellung für dringend halten (die ja beide Geschlechter betrifft), keinesfalls eingewachsene Traditionen sofort in die Konzeption einer durchindustrialisierten Welt einbringt, keinesfalls Traditionsspannungen beseitigt, sondern in der Phase des Übergangs durchaus Einbußen zeitigt, Wurzeln zur Tradition durchschneidet, meist beide Geschlechter vorerst in ihrem geübten Selbstverständnis stört, beunruhigt. Weil die Einbindung in die Welt-Gesellschaft Krisen für die so unterschiedlichen Gesellschaften mit sich bringt, von denen die der Emanzipation der Frau nur eine und – wenn wir ehrlich auf die Welt sehen – vorerst die geringste ist.

Aber heißt das resignieren?

Nein.

Nein, im Gegenteil. Gerade in den Ländern, Völkern und Gesellschaften, die die Emanzipation in der heutigen, nein der morgigen Welt zu leisten haben, fällt Männern *und* Frauen die Aufgabe zu, diese Emanzipation gemeinsam zu leisten.

Natürlich, wir wissen, daß der Islam die Frauen durch Geburten auslaugt, aber ihnen die Erzieherinnenaufgabe auferlegt. Wir wissen, daß in Schwarzafrika die Frauen der traditionellen Oberschicht, die mit der kolonialen Oberschicht nicht identisch war, aber sich in Übereinkunft mit der Kolonialmacht hat entwickeln können, alle Möglichkeiten zur außerordentlichen Wirksamkeit haben; daß anderswo in alten Kolonialgebieten aber noch immer rassische Divergenzen vorhanden sind. Wir wissen vom Einfluß der christlich-katholischen Kirche, von protestantischer Gesellschaftsauffassung, aber auch von nicht missionierten Völkerschaften mit agrarischen und nomadischen Gesellschaftsstrukturen, die eine naturgegebene Geschlechterbalance haben, für die erst mit dem beginnenden Industriezeitalter die Not aufkommt.

Emanzipation der Frau ist also eine Formulierung, die man verschieden schreiben muß. Das werden wir zu lernen haben. Werden erfahren, daß für die Mehrzahl der Frauen auf der Erde noch die Vielzahl der Geburten wichtig ist, also die Kinder, ihre Krankheiten, Ausbildungsmöglichkeiten usw. Werden erfahren müssen, daß die Frau nicht überall ungern Frau ist – wie wir doch bei uns in Europa ein bißchen so tun, so tun müssen nach mancherlei Disqualifizierung. Werden vor allem erfahren – in Mexiko war das schon überdeutlich –, *was* die Frauen zu leisten haben und leisten können, um die Welt wohnlicher zu machen. Frauen sind in den unterschiedlichsten Kulturen die Erzieherinnen. Frauen prägen das Weltbild der Heranwachsenden und – in noch einigermaßen ungestörten Kulturen – das Weltbild der Familien, der Gesellschaften.

Das zu lernen, das wieder zu lernen, scheint das Wichtigste der großen Frauenkonferenz – für mich. Das natürliche Gleichgewicht wiederherzustellen, das in Frühkulturen vorhanden war, es einzubringen in die Spätkultur, die das Industriezeitalter bald in jeden Erdenwinkel bringen wird, als die Aufgabe, die wir sehen müssen. Und – schon die Diskussionen von Mexiko erweisen das – den Unfug, Feindbilder aufzubauen.

Sicher, wer Realist ist, glaubt nicht an die Friedenstaube und ihre Botschaft, aber er streichelt sie. Der Frieden – das ist nun durchaus nichts Emanzipatorisches, keine spezifisch weibliche Utopie. Die Geschichte lehrt uns anderes. Aber sie lehrt uns auch, daß es die Frauen sind, denen der Nicht-Frieden (der nicht immer Krieg sein muß), das Leid, das bitterste Leid zufügt, weil sie ja die Künftigen gebären. Weil er in Frage stellt, was sie in der entscheidenden Zeit ihres Lebens – und das ist für die Mehrzahl der Frauen noch immer die Phase der Schwangerschaften – auch in den Niederungen des Elends empfinden: daß Zukunft ist, Zukunft sein muß. Und also alles, was die Zukunft zerstört, wie einmal die Bomben in Hiroshima und Nagasaki, wie heute die Bevölkerungsexplosion in den Elendszonen der Erde, gegen den Frieden, die Friedensutopie gerichtet ist.

Das heißt nicht unsere europäischen Probleme vereinfachen, abflachen. Aber das internationale Gespräch lehrt uns, offener zu sein, zu werden, die akuten Nöte auch anderswo zu sehen, die Frauen zu begreifen, die sie angehen. Und vielleicht – uns stärker dafür zu machen, daß Menschen nicht so leichtfertig mit Menschenleben umgehen.

Ich glaube nicht an Slogans – ich habe auch gelernt, Ideologien auf ihre Realisierung hin abzuklopfen. Ich habe gelernt, nicht alles europäische oder amerikanische Emanzipationsgezänk für wichtig zu nehmen (auch wenn mich, und das ist mein Privatvergnügen, die intellektuelle Leidenschaft der Auseinandersetzung fesselt, weil sie die Schwierigkeiten, die wir mit uns selber haben, verdeutlicht). Aber ich bin davon überzeugt, daß die Frauen in allen Kulturen und Gesellschaften bestärkt werden müssen, sich für die Weltgemeinschaft einzusetzen; bestärkt werden müssen, sich in Industrialisierungsprozessen, die in Gang kommen, nicht abdrängen zu lassen in Verantwortungslosigkeit.

Ich mag's nicht, wenn es so einfach heißt, wir Frauen in aller Welt müssen zusammenhalten. Irgendwie stimmt das nicht, denn natürlich halten Frauen zuerst immer mit den Familien zusammen – auch in der Realität des Sozialismus. Ich möchte statt dessen sagen: Wir Frauen aller Rassen müssen den Willen zur gemeinsamen Zukunft aller Rassen, Völker, Staaten aufbringen, müssen unsere Kinder lehren, Weltbürger zu werden, mit unseren Männern zusammen Nein sagen zum Haß.

Das klingt groß und schließt doch Konflikte, Geschlechterfeindschaft, Völker- und Rassenfeindschaft nicht aus, sondern umgreift sie.

Das Oktobertreffen in Berlin wird die Frauen nicht mit verbalen Lösungen entlassen, sondern mit der Erfahrung, etwas gemeinsam leisten zu müssen. Bei aller Skepsis gegenüber Mammuttreffen ist das schon etwas.

Vielleicht ein Anfang: Die Initiativen zur Emanzipation der Frau in der ganzen Welt werden im Zusammenhang sichtbar werden, auf die Zukunft zu und von der Zukunft her.

Unser Treffen heute aber, das vor allem der nicht vollendeten Emanzipation der Frauen in der Bundesrepublik gilt, sich mit nächstliegendem – das heißt uns naheliegenden Nöten – beschäftigen wird, macht den Anspruch deutlich: in der von Karrierekämpfen beunruhigten politischen Szene der Bundesrepublik an das im Grundgesetz gelegte Fundament der Bundesrepublik zu erinnern, an die Sprache, die damals vor einer Generation die der Humanität war, für die die Frauen in diesem vielgelästerten »Jahr der Frau« allenthalben eintreten, einzutreten versuchen gegen die Verspannungen der Macht.

Nachüberlegungen zum
Internationalen Jahr der Frau

1. Parteien, Gewerkschaften, Frauenorganisationen haben sich in der Bundesrepublik bisher zwar verbal für die sozialen und politischen Rechte der Frauen eingesetzt, so daß, wiederum verbal, die Frauen nicht zu den diskriminierten Bevölkerungsgruppen in der Bundesrepublik gehören, bisher auch nicht als Gruppe disqualifiziert worden sind und doch zu den Unterprivilegierten gehören. Und wenn bisher nicht versucht worden ist, die ohnehin heterogene Frauenbewegung zu zersplittern, die sich für diese Unterprivilegierten einsetzt, so läßt doch die wieder auflebende Kontroverse um die Fristenlösung einiges erwarten, macht sie die zweierlei Wirklichkeit, in der die Frauen leben müssen, überdeutlich. Denn die Kontroverse um den Arbeitsanspruch der Frauen steht ja noch aus, ja, wird in Phasen ökonomischer Krisen erst wieder relevant. So wenig Gleichberechtigung haben die Frauen wirklich erreicht! Der grundgesetzlich gesicherte Mutterschutz ist nicht weitergedacht, nicht weiterentwikkelt worden. Die Frau in der Industriegesellschaft wird zum Krisenthema Nummer 1 werden, weil die Parteien und Gewerkschaften allzu lässig damit umgegangen sind; weil sich die Frauenorganisationen in der Emanzipationsdebatte festgebissen und die Kampfparolen der jüngsten Frauenbewegung als Kriegserklärung mißverstanden haben.

So sind die Frauen sozial benachteiligt, in ihrem Selbstverständnis gestört und der Doppelbelastung von mütterlichen und Berufsaufgaben ausgesetzt.

Dennoch sind die Parteien, Gewerkschaften, Frauenorganisationen einschließlich der Organisationen der jungen Frauenbewegung nicht auszulassen, wenn es um die Verwirklichung der politischen und sozialen Rechte der Frauen geht, sondern es bedarf ihrer Integration, zu der genügend Frauen befähigt sind, wenn sie nur begreifen, daß sie, trotz einiger Privilegien, die sie für sich selbst erreicht haben, noch immer Vorkämpferinnen sein müssen.

Dazu sind Zielvorstellungen nötig, die einander im Augennoch allzusehr widersprechen. Denn:

2. Das Internationale Jahr der Frau macht ja darauf aufmerksam, daß die Lage der Frauen in der Welt aus kulturellen, sozialen und politischen Vorgegebenheiten nicht gleich ist, daß aber alle Frauen in der Welt die Auseinandersetzung mit der Bevölkerungsexplosion angeht und darum die Veränderung des Lebens der Frauen zu leisten ist, ohne daß sie in ihrer biologischen und emotionalen Besonderheit Einbuße erleiden dürfen ... Für uns in der Bundesrepublik, im engen politischen und kulturellen eurasischen Spannungsfeld heißt das, die diversen Emanzipationsversuche in den sozialistischen wie auch den kapitalistischen Gesellschaften miteinander ohne Konkurrenzneid und Vorurteile vergleichen, um voneinander auch aus den Fehlern zu lernen.

3. In der Bundesrepublik Deutschland gilt also für die Frauen, intensiver in die Parteiarbeit, die Gewerkschaftsarbeit einzugreifen, kritisch, selbstbewußt, gestützt auf ihre große Arbeitsleistung, auf ihre soziologisch und ökonomisch meßbare Leistung, aber auch – und das ist wichtig genug – auf ihre Mutterarbeit, das Austragen, Gebären und Erziehen der Kinder. Die Bedeutung, die die Frauen für die Balance zwischen den Generationen haben, die Bedeutung, die sie für das soziale Verständnis, die kulturelle Weiterentwicklung haben, wird bei weitem unterschätzt, wird von der ökonomisch meßbaren Leistung überschattet. Der Horror vor der reaktionären, nazistischen Mutterverherrlichung hat die Rehabilitation der Mütter in der modernen Industriegesellschaft allzulange verhindert, die Familie ins Zwielicht gebracht. Um Gesetze zu schaffen und durchzusetzen, die Mutterschaft und Emanzipation sichern, bedarf es des Mutes der Frauen, aber auch der Einsicht der Öffentlichkeit, nicht nur in Parteien, Gewerkschaften und Frauenorganisationen, daß die Frau nichts Minderes, daß sie die eine Hälfte der Menschheit ist. Warum – verdammt noch mal – weiß das kaum ein Gewerkschaftsboß, kaum ein Parteisekretär? Warum vergessen es aber auch die passionierten Vorkämpferinnen für die Emanzipation?

Die Frauen haben längst begriffen, daß sie die Familien nicht verlassen können, um sich selbst zu finden und ihre Fähigkeiten in die Gesellschaft einzubringen, daß sie beides, Familie und Arbeit zueinanderstimmen müssen. Wann lassen sie sich, als Frauen, in den politischen Parteien und den Gewerkschaften mehr an den Katzentisch setzen? Wann endlich stützt sie die Gesetzgebung in ihrer Doppelfunktion – durch ein Müttergehalt, ein Mütterjahr, das, wie der Dienst in der Bundeswehr etwa, für die sozialen Sicherungen nicht verloren ist, das die mütterliche Potenz in der Gesellschaft schützt, nicht aber degradiert?

Frauen sind dazu berufen, Utopien bewohnbar zu machen

Erstaunlich ist die Vielzahl der Autorinnen von Rang, die in den drei Jahrzehnten seit Kriegsende die deutschsprachige Literatur mitgeprägt haben und prägen. Erstaunlich auch, daß sich keine von ihnen den Ismen eingepaßt hat, die doch als Grobraster taugen, um literarische Entwicklungen zu ordnen. Daß sie alle auf den Inseln ihres Ichs leben, schreiben und sich doch keine im Narzißmus verliert, keine der Zeit fremd ist, keine sich in die Idylle, in die Geborgenheit des Nichtteilnehmens an der Zeiterfahrung verkriecht.

Leistet die Frau in der Literatur also etwas, das mit dem Widerstand gegen den Menschenverschleiß nur ungenau benannt ist? Vertraut sie sich der Sprache an, die für ihre männlichen Zeitgenossen immer wieder einmal in Frage steht, weil ihr so spät in der Geschichte erst erlaubt war, mit der Sprache zu arbeiten, von den sozial Privilegierten einmal abgesehen (die auch die große klösterliche Dichtung schon getragen haben)? Eines ist jedenfalls ganz sicher: Die Frau fügt sich längst nicht mehr in die Vorstellung ein, die noch die Jenenser und Heidelberger Romantiker verteidigt haben, die ihnen die subtilste Subjektivität zutrauten, aber die Ratio des Strukturierens absprachen.

Die Frauen beherrschen heute alle literarischen Formen bis hinein in die technischen Medien. Beim Versuch, nach Themen zu ordnen, was Frauen in die Literatur eingebracht haben, zeigt sich, daß nicht nur die Auseinandersetzung mit Nazizeit, Krieg und Nachkrieg ohne Bitterkeit geführt wird. Das Verlangen nach Überwindung, die Sichtung der moralischen und ethischen

Werte, die dem Menschen bleiben, ihm wieder zu sich zu helfen, die von ihm neu zu entdecken sind, durchzieht auch die Auseinandersetzung mit der Nachkriegsgegenwart. Es fällt den Frauen leichter zu ermutigen als zu verspotten, auch nein zu sagen statt jein, denken wir an Ingeborg Bachmanns Anklage der selbstverständlichen Alltagsbrutalität, doch auch an Ilse Langners frühe Kritik des Atomzeitalters.

Es fällt den Frauen aber auch leichter, ja zu sagen, sich dem Leben hinzugeben, es abzuhorchen, zu ertasten, behutsam zu lieben; Ingeborg Bachmanns hymnische Lyrik steht dafür, Ilse Aichingers angstgetriebene Behutsamkeit, Christine Lavants mystische Versponnenheit, die Herbheit der Wirklichkeitsfindung Christine Bustas, Erika Burkhardts emphatisch verhaltene Erotik, Hilde Domins sanfter, bitterer Trotz, Sarah Kirschs kühl flammende Lebenszugewandtheit. Das Verlangen nach Überwindung, die Sichtung der moralischen und ethischen Werte, die dem Menschen bleiben, ihm wieder zu sich zu helfen, die von ihm neu zu entdecken sind, durchzieht die Literatur der Frauen.

Es fällt den Frauen leichter zu ermutigen als zu verspotten. Und die Spötterinnen unter den Frauen, wie Renate Rasp, wie zuweilen im späteren Werk Christa Reinig, wie Irmtraud Morgner, fordern nicht so sehr das laute Lachen. Ihr Spott haftet wie Nesseln, brennt auf der Haut und ist weniger vordergründig politisch als der ihrer männlichen Kollegen. Auch die Ironie der Frau ist anders, eher bejahend, hat etwas vom Lächeln und von der Traurigkeit einer Frau, die an einen Stammtisch gerät.

Was auffällt, ist die erstaunlich seltene Auseinandersetzung mit der unmittelbaren Gegenwart im Roman, im Drama bundesdeutscher, österreichischer und Schweizer Autorinnen und die Isoliertheit der Frauen, die es versuchen, Gerlind Reinshagen in ihren Dramen, Ursula Ziebarth in ihrem einzigen Roman, meine Romanarbeit.

Seit etwa zehn Jahren, seit eine neue Generation schreibt und veröffentlicht, findet auch in der Literatur der Frauen in der Bundesrepublik die Hinwendung zur sozial-politischen Problematik statt. Erika Runge hat in den »Bottroper Protokollen«

zum erstenmal nach 1945 naturalistische Elemente in die Literatur eingebracht – anders als achtzig Jahre vorher Gerhart Hauptmann, originalgetreu: als Dokumentation vom Band weg. Die gesprochene Sprache, vom Bandgerät festgehalten, bringt gesprochene Sprache in die Literatur ein, wie sie so in keinem Seminar erfaßt worden war, bereichert die Literatursprache. Das führt einmal zur Wiederentdeckung des Dialekts als Literatursprache, zum anderen zur Entdeckung der Arbeitswelt für die Literatur und wirkt sicher auf die sich entfaltende Frauenbewegung ein, die sich ja vom Soziologendeutsch der Studentenbewegung ablösen, ihre ungebrochene, von der Reflexion noch nicht verengte Sprache hat finden müssen.

Inzwischen ist Frauen- und Junge-Frauen-Literatur beinahe schon wieder Mode, die, versucht man zu resümieren, die Verweigerung der Frauen zum Thema hat, weit weniger tragisch als die Verweigerung der Nora, weniger politisch als Lysistrata. Geschützt durch die Pille, in der sexuellen Erfahrung darum dem Mann gleichberechtigter als jede Frauengeneration vorher, weil nun endlich auch ohne Angst, die Verfügung über ihr künftiges Leben einzubüßen, erscheint die Literatur dieser jungen Frauen seltsam ratlos zwischen Beruf, Beziehung zum Mann und politischem Engagement, zwischen Selbstgenuß und lesbischer Liebe, zwischen Freiheitsverlangen und Lebenstrauer. Sie schreiben sich ihre persönlichen Erfahrungen von der Seele und legen damit Wahrnehmungen frei, die zur Selbstvergewisserung der Frau beitragen helfen. Dabei fällt die Prüdheit auf, aber auch die Dürftigkeit ihrer bigeschlechtlichen sexuellen Erfahrungen, die in nichts mehr an die bis zum Masochismus gesteigerte Lusterfahrung erinnert, die Gabriele Wohmann in die Gegenwartsliteratur eingebracht hat, oder an die übernervöse Sensibilität, die die Frauengestalten Ingeborg Bachmanns auszeichnet; die damit auch Frauenerfahrungen ausläßt, die sich in den herben Gedichten Christine Bustas niedergeschlagen haben oder in der Souveränität, mit der der Mann in seinen Konflikten bei so verschiedenen Autorinnen wie Marieluise Fleißer und Marieluise Kaschnitz erlebt und verstanden wird. Ein Verlust in der Wahrnehmung des anderen, der auf seine männliche Rolle fixiert gesehen wird, für den Mitempfinden verlorengeht. Selbstvergewisserung

und Verarmung also? Lieblosigkeit und Irritation als Zwischen-
station der Emanzipation? Oder, enger gefaßt: der biologischen
Revolution?

Was da ausgespart bleibt, muß einmal zur Sprache kommen:
das erschreckende Fehlen des Kindes in der Literatur der Frauen
(und die Pathetisierung der Mütterlichkeit bei Karin Struck, die
den Verlust überwinden will). Was da ausgespart bleibt: daß der
Mann auch Mensch, möglicherweise sogar Partner, nicht nur Se-
xualmaschine, nicht nur karrierebeflissen, sondern auch von der
Deformation des Menschen in der Industriegesellschaft betroffen ist. Was da auffällt: Trotz statt Liebe, Widerstand statt Um-
armung aus leidenschaftlichem Engagement für den uralten
Traum von der gerechten Gesellschaft.

Und ich meine, das ist der wichtigste Antrieb der Frauenbewegung, und das ist auch der wichtigste Antrieb für das Abirren
junger Frauen in die politische Radikalität. Die Analyse ihrer
Motive und ihres Scheiterns gehört nicht hierher. Es könnte uns
aber weiterhelfen, ihre Entwicklung zu verstehen und ihnen damit vielleicht zu helfen, ihre Radikalität als politischen und
menschlichen Irrweg zu begreifen, der von der gerechten Gesellschaft wegführt statt auf sie zu, wenn wir erkennen, daß auf die
Frauen, die spät und jäh (dank der Pille) über ihr Leben zu verfügen fähig geworden sind, die jahrhundertealten Erfahrungen
komprimiert einstürzen, daß sie hilflos vor soviel Realität ihre
Kräfte überschätzen. Sicher, die belletristischen Autorinnen
weichen vor der politischen Realität aus, ohne deswegen auf die
Stellungnahme für die Erniedrigten zu verzichten. Daß es aber
so nahe von ihnen Frauen gibt, die zum Märtyrertum entschlossen sind – und nicht für die Sache der Frauen, sondern für eine
gerechte Gesellschaftsordnung, so wie sie sich ihnen darstellt –,
zeigt die Krise auf, in die die Frauen geraten sind. Seit Jahrhun-
dertbeginn etwa – jedoch unterschiedlich von Land zu Land –
zur überlieferten Bildung einschließlich Studium zugelassen, seit
eineinhalb Jahrzehnten biologisch unabhängig, ist die Frau in
einen Konflikt geraten wie nie zuvor in der überlieferten Geschichte. Genötigt, ihr Ich zu entdecken, begreift sie, daß die
cartesianische Fiktion »cogito ergo sum« für sie nicht zutrifft,
verweigert sich aber (noch) dieser Erkenntnis, sucht noch – und

das ist sympathisch und symptomatisch zugleich – das Ich im Wir: Wir denken. Wir fühlen. Wir wissen.

Vielleicht hat die literarische Öffentlichkeit, vielleicht hat die Kritik versäumt, die Krise, in die die Frauen geraten sind, ganz ernst zu nehmen. Noch immer sind die Universitäten zögernd in der Auseinandersetzung mit der Literatur von Frauen. Vielleicht hat die Literaturkritik gerade gegenüber Frauen Emotionen und Sachlichkeit nicht ausbalanciert. Festzustellen bleibt die emotionale Radikalität in den Büchern der ganz jungen Autorinnen, als wollten sie widerlegen, daß Frauen berufen sind (oder waren?), Utopien bewohnbar zu machen, menschliche Unzulänglichkeiten zu berücksichtigen.

Fragen. Chancen vielleicht.

Deutsche Ängste

Zum Thema Berufsverbote, zensurale Praxis und Terrorismus

Deutsche Ängste

Eine Rede, gehalten am 13. April 1976 in Stockholm
bei einer Protestkundgebung
gegen Radikalenerlaß und § 88 a StGB

Als ich noch in die Schule ging, wollten sie meinen Vater abholen. Er hatte zu einem Hitlersieg nicht geflaggt. Es war der Sommer des Frankreichfeldzuges, flaggen war an der Tagesordnung. Aber mein Vater war im Ersten Weltkrieg in Frankreich gewesen, Muschkote, so sagte er. Und er hielt nichts von Hitler und nichts von seinen Siegen in Frankreich. Warum er schließlich nicht mitgehen mußte, weiß ich nicht. Es gab kein Gesetz, daß einer flaggen mußte und die Denunziation war wahrscheinlich nicht stichhaltig genug gewesen. Ein paar Jahre später wurde mein Vater von der russischen Militärpolizei verhaftet. Mai 1945. Er war zu Fuß quer durch das zerstörte Berlin zu seiner, das heißt zu der Fabrik gegangen, in der er gearbeitet hatte, war über den schmalen Steg balanciert, der die Spree zwischen den Industrievorstädten Nieder- und Oberschöneweise anstelle der gesprengten Brücke überspannte, hatte die geborstene im Wasser der Spree liegen sehen und den Flußmöwen vielleicht zugewinkt, ich weiß nicht, er mochte Flußmöwen sehr. Er hatte sich kümmern wollen, was aus seinem Reißbrett geworden war, was aus dem Großtransformator, der in Arbeit war und hatte in den fensterlosen Hallen und Büros nichts mehr gefunden außer Trümmern. Er wurde vorm Fabrikgelände verhaftet, auch wenn er sich als Konstrukteur ausweisen konnte, der dort gearbeitet hatte. Oder vielleicht deshalb. Ingenieure und Konstrukteure wurden damals in die UdSSR geholt, um das Land wieder aufzubauen. Mein Vater kam frei, weil er TB-verdächtig war und trug dann ein paar Monate später – laut Attest nicht krank, die Amis waren da sehr ängstlich – für sie Kohlen aus, so korrekt und kopfscheu, daß er nicht eine Kohle nach Hause brachte, die in den ersten Nachkriegswintern mit Gold und Familienschmuck aufgewogen wurden. Ein paar Jahre später konnte er wieder in »seiner Fabrik« arbeiten, die nun volkseigen war, ein Grenzgänger, der mit schlechter Währung bezahlt wurde, aber wie zehntausende täglich zwischen dem Westen und Osten Berlins hin und her pendelte. Und der nur einmal, am 17. Juni 1953, nicht zu seiner Fabrik gelangte.

Warum ich das erzähle, wenn ich von den »deutschen Ängsten« spreche? Die Geschichte eines eher durchschnittlichen Mannes, der zum Helden nicht taugte, aber auch nicht zum Drückeberger, der, auf sein Leben gerechnet, ein Drittel seiner Arbeitsjahre arbeitslos war, weil einer, der seine Intelligenz zu verkaufen hat, genauso abhängig ist wie einer, der die Arbeit seiner Hände verkauft. Eine unscheinbare Geschichte, die daran erinnert, daß die Menschen in Deutschland in diesem Jahrhundert immer wieder erniedrigt worden sind, schuldig geworden sind, Verdammte sind, Niemande sind. Sind sie deshalb mit ihrem Versagen 1933–45 nicht recht fertiggeworden, auch wenn sie nicht *die* Verbrecher waren, die heute, senil geworden, in den noch laufenden Prozessen mit so viel Geduld behandelt werden, gleich ob sie nun dreitausend oder zehntausend Leben auf dem Gewissen haben? Denn es scheint doch so, daß das Gewissen nicht mehr gälte, die geduckte Haltung zur Gewohnheit geworden ist. Ist sie es wirklich? Der gestirnte Himmel über mir, das Gewissen in mir – wer liest noch Kant?

Und damit bin ich beim Thema.

Bin ich ein Nestbeschmutzer, wenn ich sage, daß die Deutschen in der Bundesrepublik die 12 Hitlerjahre nicht als die moralische Katastrophe ihrer Nation akzeptiert haben? Über die Deutschen in der DDR kann ich nicht urteilen, ich weiß nur, daß die 12 Jahre da auch nicht mehr wichtig sind, daß die SED sich den vielen kleinen Nazi-Mitläufern sehr zeitig geöffnet hat, um keinen Groll aufkommen zu lassen. Bin ich ein Nestbeschmutzer, wenn ich sage, daß die Deutschen sich mit der Demokratie so schwertun, weil sie die Toleranz nicht geübt haben (in ihrer Geschichte selten Gelegenheit hatten, sie zu üben), ohne die Demokratie nun einmal nicht möglich ist? Daß sie aus altgewohnter Staatsverherrlichung Angst haben, jemand könnte ihrer Demokratie einen Kratzer beibringen, als wäre die das Auto vor der Tür.

Die junge Generation, die vor 9 Jahren gegen die geduckte Haltung der Eltern aufzubegehren begann, von wenigen integeren Lehrern vorbereitet, brachte ein anderes Verständnis von Demokratie ein; sie hatte gelernt, das Grundgesetz zu lesen, die historischen, die ökonomischen, die politischen Zusammenhänge in der gegenwärtigen Welt, aber auch die, in denen Hitlerdeutschland hatte gedeihen können, auch die, die die Nachkriegsjahrzehnte bestimmt hatten, zu erkennen. Gewiß, ihr Urteil war nicht fertig, aber ihre Urteilskraft war ungebrochen, ungebeugt; sie war ungeduldig wie jede junge Generation. Und doch sind nur wenige auf den Weg des Terrorismus geraten, als die zum Statussymbol gewordene bundesdeutsche Demokratie sie hat abprallen lassen.

Es ist hier nicht der Ort, geschichtliche Parallelen aufzuzeigen, an das Überkippen von Revolten und Revolutionen in den Terror zu erinnern, das unabhängig vom Erfolg der Revolten und Revolutionen zu sein scheint. Im Gegenteil: Es muß festgestellt werden, daß der Terrorismus dieser Jahre nicht national lokalisiert werden kann, sich die historischen Parallelen also beinahe verbieten, und auch der Terrorismus in der Bundesrepublik nicht mehr unmittelbar nationalgeschichtlich zu definieren ist wie die Studentenrevolte noch. Daß er also ein neues Phänomen ist, das in der weltweiten Informationsverdichtung eine, in der Polarisierung der globalen Mächte eine andere Ursache hat; daß ihm aber noch immer vorrangig traditionell, nämlich durch die Gesetze und den Polizeiapparat der einzelnen Staaten begegnet wird; also unterschiedlich von Staat zu Staat, von Nation zu Nation.

Und hier geraten wir an die deutschen Ängste.

Die Stabilisierung der Bundesrepublik war ja in den 50er Jahren unter dem Vorzeichen des Antikommunismus erfolgt. Das Dollarkapital, das wesentlich zum raschen Wiederaufbau der Bundesrepublik beitrug, verlangte seinen ideologischen Preis. Der Artikel 15 des Grundgesetzes geriet in Vergessenheit, während die DDR zur gleichen Zeit mit Reparationsleistungen gesamtwirtschaftlich überfordert war und Rückschläge durch die rapide Sozialisierung erlitt, die mit einer scharfen ideologischen Dogmatisierung Hand in Hand ging und die Perversionen des Stalinismus auf den sozialistischen deutschen Staat übertrug. Der bundesdeutsche Antikommunismus traf also auf offene Ohren und verhinderte die bewußte Überwindung der Nazi-Ideologie. Sicher gehört der Begriff Kollektivschuld, auf dessen Ungenauigkeit schon der erste Bundespräsident Theodor Heuss hingewiesen hatte, zu den Fehlargumentationen der die Deutschen umerziehenden Besatzungsmächte und wurde dann auch sehr schnell vom McCarthyismus zugedeckt, so daß sich die kleinbürgerliche Nazi-Ideologie nur um ein paar Grade abzuschwächen brauchte, um sich als emotionaler Antikommunismus in der täglichen Realität der zwei deutschen Staaten wieder zu verfestigen. Wer die politische Lethargie des Ohne-mich in den 50er Jahren beobachtet hat, wer die Gleichgültigkeit gegenüber der Gewerkschaftsarbeit miterlebt hat, ist nicht überrascht von der allergischen Reaktion dieser Kriegsgeneration auf die Studentenrevolte. Er ist auch von der Angst vor der Verfassungsfeindlichkeit nicht überrascht, die sich im Ministerpräsidentenerlaß zu den sogenannten Berufsverboten niedergeschlagen hat und die neuerlich auch im 14. Strafrechtsänderungsgesetz nachzulesen ist, das am 16. Januar '76 das Bonner Parlament passiert hat.

Ich kann die Texte der entscheidenden Paragraphen als bekannt voraussetzen. Hier wird der Versuch gemacht, Straftatbestände vorzuverlegen, die Intellektuellen zu disqualifizieren wie schon einmal in diesem Jahrhundert in Deutschland. Hier wird die Ermessensfreiheit des Richters eingeschränkt und wird er in die Rolle des Zensors genötigt, die ihm das Grundgesetz nicht zugebilligt hat. Ähnlich wie in der Praxis der Berufsverbote wird darüber hinaus auf das Funktionieren der Denunziation vertraut, also eine negative Soziabilität gefördert.

Die Abhebung des Kunstbegriffs, die Sonderstellung der Wissenschaft, wie sie in Absatz 3 des § 88 ausformuliert worden ist, verlangt die richterliche Entscheidung über das, was Kunst, was Wissenschaft ist – ist also keinesfalls eine Konzession an das Grundgesetz, als die sie sich scheinheilig gibt, sondern bringt den Entwicklungsprozeß in der Kunst und Literatur zum Stokken, der in den letzten anderthalb Jahrzehnten die Kunst- und Literaturszenerie ähnlich verändert hat wie schon einmal in den frühen zwanziger Jahren: die Öffnung der Künste und der Literatur ins soziale und politische Engagement; der Ausbruch der Künste aus der traditionellen Rezipientenschicht; die Diskussion, das Mittun als Teil der Kunstvermittlung und der Auseinandersetzung mit Kunst, wie sie sich etwa im Straßentheater, in der Pflastermalerei, in der Nutzung von Protokollen und Originalaufnahmen, in der Nutzung von Umgangssprache und Alltagsproblem darstellen. Die Abhebung des Kunstbegriffs macht jeden kleinen Kunstfunktionär (und davon gibt es im längst nicht mehr mäzenatischen, sondern verwalteten Kunstbetrieb in der Bundesrepublik tausende) zum Duckmäuser oder Denunzianten, sein Kunstverständnis zum Maßstab des zu Fördernden und den Ruf nach der Polizei zu einem fast automatischen Reflex. Sie schafft ein provinzielles Kunst- und Literaturklima, über das nur wenige Ausnahmepersönlichkeiten in der Kunst- und Literaturpflege hinausragen, und sie setzt das richterliche Kunstverständnis als maßgeblich ein, was nichts gegen den Kunstverstand einiger Richter, aber alles gegen den des Berufsstandes sagt. Die im Verband deutscher Schriftsteller organisierten Schriftsteller in der Bundesrepublik haben sich deshalb deutlich gegen das 14. Strafrechtsänderungsgesetz erklärt. Ebenso haben die Schriftsteller im PEN und im VS immer wieder gegen die Berufsverbotspraxis, die nicht einmal gesetzlich festgemacht ist, protestiert, weil beides Untertanenverhalten provoziert, die Unfähigkeit zur demokratischen Toleranz stabilisiert, anstatt sie abzubauen. Weil beides dazu beiträgt, die Substanz des Grundgesetzes zu mindern und den einzelnen zur Selbstzensur, zur Unwahrhaftigkeit nötigt.

Sicher, wir kennen die Zensurmaßnahmen, wie sie in anderen Staaten praktiziert werden, und haben lange genug unsere vom Grundgesetz beschriebene Freiheit genutzt, um sie zu kritisieren. Warum eigentlich die Entrüstung in der Bundesrepublik, daß nunmehr die Kritik uns trifft, weil diese im Grundgesetz beschriebene Freiheit gemindert worden ist? Rechtfertigt der Terror, der sich in der Bundesrepublik im Verhältnis zur Welt in Grenzen hält, eine solche Minderung? Oder schlägt hier die obrigkeitliche Verachtung des Bürgers, der obrigkeitliche Zweifel an seiner Mündigkeit durch, eine obrigkeitliche Verachtung des Bürgers, die auf deutschem Boden Tradition hat?

Es wäre falsch, vom Wiederaufleben des Faschismus zu sprechen, wenn auch faschistoides Verhalten in einer Unzahl von Fällen der Berufsverbotspraxis dokumentiert worden ist, und schon vor dem Inkrafttreten des 14. Strafrechtsänderungsgesetzes in der Berufspraxis der Schriftsteller, Künstler und Journalisten nachzuweisen ist. Die politische Beinahe-Patt-Situation in der Bundesrepublik setzt die Anpassungsmechanismen in Gang, die der aufmerksame Zeitungsleser ebenso feststellen kann wie der Rezipient der Programme der technischen Medien. »Rot« ist längst nicht mehr nur beim Springerkonzern ein Schimpfwort, der Name von Marx wird nicht mehr unbefangen ausgesprochen, die Disqualifizierung von kritischer Kunst und Literatur stellt eine andere Form von Zensur dar, die auf den Markt unmittelbar einwirkt. Das Mißtrauen gehört wieder zum deutschen Alltag, anonyme Briefe kursieren, der Rufmord wird zum Mittel der Abqualifizierung politisch Andersdenkender, der kritischen Schriftsteller und Künstler, der mutigen Bürger. Die Strafbarkeit der Noch-nicht-Tat, die das 14. Strafrechtsänderungsgesetz einführen wird, ermutigt die moralische Inferiorität der Mehrheit, die die Demokratie noch für den Wagen vor der Tür hält, nicht aber für den Auftrag an jedermann, Verantwortung für jedermann zu übernehmen.

Die deutschen Ängste sind wieder gegenwärtig, der Ruf nach der Polizei sitzt wieder locker, die Verdächtigung, links zu sein, gewinnt wieder negativen Stellenwert, das Gehechel hinter der Hand kann wieder eines Menschen Zukunft vernichten. Gerade weil nicht zugegeben wird, daß ein Zensurgesetz geschaffen wird (14. Strafrechtsänderungsgesetz), gerade weil die Berufsverbote nicht erst gesetzlich verankert worden sind, sind der anonyme Denunziant, der kleine Beamte aufgerufen, der deutsche Kleinbürger, der sich von Verhaltens- und Denkweisen der Nazi-Zeit noch nicht freigemacht hat, auch wenn er vielleicht kein Nazi war, wenn er später geboren ist.

Von deutschen Ängsten sprechen heißt aber auch von denen sprechen, die den Mut haben, ihnen standzuhalten und die andere zum Standhalten ermutigen, die, wenn schon angefeindet, klar genug sehen, daß die deutschen Ängste überwindbar sind, wenn die Deutschen nur nicht immer wieder die falschen Erzieher hätten.

Nachdenken über Verstörungen

Nach Verabschiedung der 14. Strafrechtsreform

Die Fälle sind noch abzuzählen, in denen die Zusatzparagraphen zum Strafrecht, die die 14. Strafrechtsreform geschaffen hat*, angewandt worden sind, oft sind sie noch in der Verhandlung. Dennoch besteht kein Anlaß zur Verharmlosung der neu geschaffenen Paragraphen und ihrer Folgen. Ihre Wirkung zu messen ist viel schwieriger, als die Fälle erkennen lassen, die den Einbruch in die Grundrechte der Bundesrepublik verdeutlichen. Denn wenn auch dort, wo Ausladungen von Schriftstellern, Boykottierungen von Ausstellungen Furore machen, die Kritik noch hörbar, noch nachlesbar wird, demokratisches Verhalten also noch zu funktionieren scheint, so bleibt diese Kritik doch oft genug ohne Konsequenzen, wird demokratischer Meinungsaustausch zum Schattenboxen degradiert.

Was aber spielt sich ohne Kulissen und Öffentlichkeit ab? Welche Einladungen werden gar nicht erst genehmigt? Über wen wird in verschlossenen Amtszimmern befunden? Welche Bücher werden nicht in die öffentlichen Büchereien übernommen? Über wen wird hinter der Hand gemunkelt, sei es in Jurys, in denen die wichtigen Preise vergeben werden, sei es in Zuwahl-

* Betrifft die §§ 86b, 88a, 126a und 140 StGB

gremien für Akademien, literarischen Clubs oder bei Stipendienvergaben? Wem werden Sendungen gar nicht erst anvertraut? Wo werden Texte und Textstellen unter Vorgabe ästhetischer Kriterien gestrichen oder gar nicht erst publiziert? Und welches sind denn die Kriterien, die vorgeschoben werden? Links, linksverdächtig, verfassungsfeindlich, kryptokommunistisch, der Verbindung zum Terrorismus verdächtig. Die Vokabeln geistern ungeprüft in den Gehirnen, der Verfassungsschutz ist ja aufmerksam auf die kritische Intelligenz, und seine Erkenntnisse lassen sich noch von dem biedermännischsten Kulturfunktionär oder Kulturbeamten abrufen.

Die Fälle, die in den letzten Monaten durch die Presse gegangen sind – sei es die Absetzung von Camus vom Theaterspielplan, seien es Claus Peymanns Schwierigkeiten, sei es die Absetzung eines Böll-Interviews oder des Wallraff-Films, sei es die Ausladung Luise Rinsers oder die Absetzung von Peter O. Chotjewitz' Lesung in Berlin, die durch eine breite Gegenaktion doch am anderen Ort durchgeführt werden konnte und einmal mehr die vorgeschobenen, falschen Argumente entlarven half (um nur einige wenige zu nennen!) – haben schildbürgerhafte Züge der deutschen Kulturverwalter sichtbar gemacht. Und wir müßten eigentlich dafür dankbar sein, weil Schildbürger doch nach Schilda zurückverwiesen werden können.

Aber läßt sich Schilda noch lokalisieren?

Die Auseinandersetzungen um die sogenannten Sympathisanten, zu denen viele bekannte deutsche Schriftsteller erklärt wurden, gewannen zeitweilig Züge einer Hexenjagd; der Rufmord war mit einem Mal wieder gang und gäbe. Die neudeutschen Schildbürger wollten partout nicht in Schilda bleiben, sondern ihr Kulturverständnis möglichst mit dem Stempel »Ausgewogenheit« versehen zum Allgemeingut machen.

Dieses Kulturverständnis kommt uns bekannt vor.

Die Bücherverbrennung 1933, der Exodus der deutschen Schriftsteller und Künstler oder ihre Flucht ins Schweigen ist ein Stück beschämender deutscher Kulturgeschichte. »Das gesunde Volksempfinden«, ein damals erfundener Slogan, gehört nach Schilda und hat doch einmal, großmannssüchtig, nicht nur Existenzen vernichtet, sondern das Ansehen der Deutschen in der

Welt zutiefst beschädigt. Doch sicher, wir haben nicht 1933 ff. Dieselben Schildbürger, die sich heute als heimliche Zensoren aufspielen und als öffentliche Biedermänner in die Brust schlagen, feiern die einst von ihresgleichen verpönten, verhöhnten Schriftsteller und Künstler, die ja nun zum kulturellen Kapital gehören, ob sie nun George Grosz oder Bert Brecht oder Tucholsky heißen. Schon bei Heinrich Mann, bei Carl von Ossietzky, bei Ernst Toller, bei Erich Mühsam wird's schwieriger. Genaue Kriterien sind nicht auszumachen, tragische Schicksale zählen nicht; die deutschen Schildbürger lieben ihre Kritiker nicht, es sei denn, ihr Erfolg in der westlichen Welt – und bitte nur dort! – ist so groß, daß sie sich dem nicht entziehen können.

Doch Ironie beiseite! (Ist es eigentlich noch Ironie?) Der Antikommunismus ist der Bundesrepublik als Patengeschenk (Stichwort MacCarthyismus) beigegeben worden und bestimmt denn auch die Kulturarbeit seit den fünfziger Jahren, bestärkt durch den Funktionärskommunismus in der DDR, der die Ausreise von Schriftstellern, Künstlern und Intellektuellen in die Bundesrepublik seit Mitte der fünfziger Jahre veranlaßt und jedenfalls das kreativ-kritische Potential in der DDR geschwächt hat, in der Bundesrepublik aber der kritischen Distanz zum Funktionärskommunismus zugute gekommen ist.

Das heißt: Der politische Alltag hat die späte Auseinandersetzung mit dem Marxismus an den Universitäten der Bundesrepublik geradezu gefördert; und so erklärt sich denn auch, warum die wissenschaftliche Auseinandersetzung mit dem dialektischen Materialismus nicht gegriffen hat, auch innerhalb der SPD nicht, die, nach dem Zweiten Weltkrieg als Volkspartei angetreten, der Auseinandersetzung mit ihren Vätern ausgewichen war.

»Links« zu sein ist also fast ohne Unterbrechung seit 1933 ein Makel und eignet sich perfekt zur Verteufelung der Schriftsteller und Künstler, für die Marx kein falscher Prophet ist, sondern ein Diagnostiker der Industriegesellschaft, der ihre innergesellschaftlichen Erfahrungen bestärkt.

Nun ist ja die 14. Strafrechtsreform mit dem Hinweis auf den Terrorismus publikumswirksam gemacht worden, ohne auf vorher abgeschlossene rechtliche Auseinandersetzungen, wie zum Beispiel die zwischen Delius und dem Siemenskonzern, die ironische Festschrift »Unsere Siemenswelt« betreffend, auch nur hinzuweisen. Die anti-gesellschaftskritische Tradition in der Bundesrepublik wurde also bei der Verabschiedung des Zensurgesetzes öffentlich verschwiegen. Der Fraktionsdruck bei Verabschiedung des Gesetzes im Bundestag ließ erkennen, auf wie unsicherem Fundament die Demokratie in der Bundesrepublik steht. Und das trotz der nachweislich besten Verfassung in der deutschen Geschichte!

Hier weiterzufragen hieße die Geschichte der Bundesrepublik aufrollen; hieße nachzuweisen, wie rasch die Ansätze zu einem gemäßigten Sozialismus vergessen wurden; hieße daran zu erinnern, wie unvollkommen die Nazi-Ideologie ausgerottet wurde, wie im Gegenteil die Erfahrungen des Kriegsendes und des Nachkriegs zu ihrer Mystifizierung beitrugen; hieße an die Entpolitisierung der Deutschen in den fünfziger Jahren erinnern – Ursachen gab es genug: die Not, der Bevölkerungsdruck durch die notwendige Integration der Flüchtlinge in ein in seinen ökonomischen Strukturen versehrtes Land; die Angst vor dem dritten Weltkrieg, die seit dem Abwurf der ersten Atombomben akut blieb; die Spannung zwischen den beiden deutschen Nachkriegsstaaten und ihre Pufferfunktion zwischen den beiden Großmächten. Festzustellen bleibt die totale politische Abstinenz der deutschen Bevölkerung in jenem Jahrzehnt. Stellt man daneben, daß heute die Generation regiert, die in der Nazizeit und in den Jahren des Nachkriegs sozialisiert wurde, so läßt sich die »Staatsräson« begreifen, ohne die die Demokratie einschränkenden Gesetze wohl kaum den Bundestag und Bundesrat passiert hätten. Und es erstaunt nicht, daß der Generationskonflikt, der sich in den späten sechziger Jahren abzeichnete, die nur auferlegte, nicht gewachsene Demokratie tief erschüttert hat. Die Sozialisation dieser, der vor zehn Jahren jungen Generation, hatte in einem politischen Vakuum stattgefunden, fast im Niemandsland der Geschichtslosigkeit, während doch geschichtliche Ereignisse wie die Auseinandersetzung der beiden Großmächte USA und UdSSR an die Wände dieses Vakuums prallten, die Lüge also eine Früherfahrung dieser Generation war.

Wie schmerzhaft denn auch der Zusammenstoß dieser und der Kriegsgeneration war, läßt sich heute an einzelnen Dokumenten nachlesen, wird später auch einmal den Wahnwitz des Umkippens der Jugendopposition in den Terrorismus erklären lassen, den Irrweg einiger weniger, der die Tragödie einer Generation verzerrt.

Im Augenblick macht sich niemand die Mühe, die Anfänge dieses Irrweges zu erkennen, weil er sich ja schon fast des Sympathisantentums verdächtig macht, wenn er an die offiziellen Beschimpfungen des Vietnamkongresses in Berlin im Februar 1968 erinnert, an die Wirklichkeit der zwei Wahrheiten, mit denen diese Generation konfrontiert wurde. Nur die Auswüchse der Opposition sind noch im Gespräch, die vielen fehlgeschlagenen, weil realitätsfernen Versuche, die Demokratie zu demokratisieren, das heißt, sie sich anzueignen.

Und so ist es leicht genug, die Jugendopposition von 1967 bis '71 zu diskreditieren, erneut zur Staatsräson zu rufen, alle Ansätze einer Auseinandersetzung mit der Marxschen Gesellschaftsanalyse zu verteufeln, das Weiterdenken seiner kritischen Analyse abzuwerten und das uralte Schimpfwort »Kommunist«, das aus der Metternich-Ära stammt, noch immer als Schimpfwort (das politische Beobachtung einschließt) zu benutzen.

Sicher, im geteilten Land zwischen den Großmächten, zwischen den Ideologien, fällt das allzu leicht, ist es Tagespolitik – und schafft doch die Utopie-Leere, in der wir leben. Ohne Zukunftsentwurf – weil fixiert – worauf eigentlich?

Erschütternd zu sagen: Wir wissen es nicht.

Aber eben – wir sollen, wir dürfen es nicht wissen, weil wir dann zweifelsohne auf die Untauglichkeit des Begriffs Mehrwert als Meßwert der Zukunft stoßen müssen (und also die sozialistischen Denkmodelle zu überprüfen hätten), »links« ansetzen müßten.

Wem da die Rechts-Links-Konfrontation nicht überholt erscheint, der muß schon einen Computer statt des Menschenverstandes in seinem Kopf haben!

Wohl deshalb sind die Schriftsteller, die Künstler, die sich ja als Außenseiter gegen die Zwänge, die die humane Substanz bedrohen, noch zu wehren vermögen oder einfach den Mut haben, sich zu wehren, links (eingefärbt mit Stempelfarbe), weil sie noch immer an eine Gesellschaftsordnung der Gleichen, Gleichberechtigten glauben müssen, ohne die ihre Arbeit funktionslos wäre, hoffnungslos auch.

Es ist also kaum verwunderlich, daß gerade sie angegriffen werden, gerade ihre Freiheit zu reden überprüft wird, gerade sie, weil sie ja die Sprache jedermanns zu reden vermögen und die Öffentlichkeit von Predigern und Beichtvätern haben, unliebsam geworden sind. Schriftsteller sind keine Politiker, die ihre Sätze abwägen, ob sie fraktionsgerecht sind. Schriftsteller wagen zu sagen, was öffentlich nicht gesagt wird.

Günter Eich sprach vom »Sand-im-Getriebe«-Sein. Ein frühindustrielles Bild, das noch immer trifft, die Notwendigkeit des Störens artikuliert. Kein Stören um des Störens willen; aber das Getriebe, auch das einer Gesellschaftsordnung, läuft fast blind, bindet die Menschen in seine Abläufe, entpersonifiziert sie weitgehend, schränkt ihre persönliche Entscheidungsfreiheit, ihre Humanitas ein.

Das Grundgesetz gewährte die Freiheit, »Sand im Getriebe« zu sein, und die Schriftsteller nahmen sie in Anspruch. Aber nur Böll erregte in den fünfziger Jahren innerhalb des Katholizismus Ärgernis. Koeppens scharfe Kritik an der Routine-Demokratie und Wirtschaftswundergesellschaft wurde als Kunstwerk, also ästhetisch gewertet. Enzensbergers Kleinbürgerkritik erging es nicht anders. Erst der Generationskonflikt hat die Schriftsteller den Unbequemen zugeordnet. Erst seit ihrem Protest gegen die Notstandsgesetzgebung 1968 zählen sie politisch. Und wenn heute – und sicher nicht erst seit der Verabschiedung der 14. Strafrechtsreform – die Attacken gegen sie, so grotesk-schildbürgerhaft sie aussehen, gefährlich sadistische Züge haben, ist die Sorge um die Freiheit des Wortes akut, weil es ja nicht um die Freiheit des Wortes von Schriftstellern geht, sondern um die Möglichkeit, NEIN zu sagen, NEIN zu vermitteln gegenüber der Selbstherrlichkeit des Staates, NEIN zu sagen zur Staatsräson, die keine Kritik, keinen Zweifel mehr zuläßt.

Längst wissen wir, daß das »gesunde Volksempfinden« machbar ist, manipuliert wird, daß der Mißbrauch der Freiheit des Wortes also ganz üblich ist. Und nicht nur in der Bundesrepublik, nicht nur in Europa! Es gibt wenige Flecken auf dieser Erde, wo die Schreibenden, Sprechenden, die Filmemacher und

Dramatiker noch ungehindert die Auswüchse der gesellschaftlichen Entwicklungen benennen dürfen, ohne nicht zu Outcasts zu werden. Überall kämpfen die Schreibenden, Redenden für die Freiheit des Wortes, die in den meisten Verfassungen auch garantiert wird (denn die Freiheit des Wortes ist kein persönliches Prestige!).

Immer wieder werden wir denn auch gefragt, warum wir – ausgerechnet in der Bundesrepublik, dem Asylland für so viele Verfolgte – uns nicht zufriedengeben mit dem, was ist (was geworden ist), warum wir uns wehren, wenn Männer und Frauen ihren Beruf nicht ausüben dürfen, wenn Meinungsunterschiede zur Kriminalisierung taugen, sich die Angriffe auf einzelne richten, weil sie den Sozialismus für möglich halten.

Die Antwort kann nur heißen: Weil wir Menschen denken müssen, um zu überleben. Weil wir uns den Zwängen des Produzierens um des Produzierens willen entziehen müssen. Weil wir der Eigengesetzlichkeit der weltweiten Industriegesellschaft die Zerstörung der Humanitas entgegenhalten müssen, die sich im Entwurf der Demokratie manifestiert hat. Weil wir die Demokratie vor ihrer Aushöhlung schützen wollen.

Die eklatanten Zensurmaßnahmen, die Hetzkampagnen, denen Schriftsteller ausgesetzt sind, haben in der Bundesrepublik noch nicht unmittelbar mit Faschismus zu tun (auch wenn mehr und mehr neonazistische Aktivitäten in der Bundesrepublik zu registrieren sind, die in der Rechtssprechung und vom Staatsschutz verharmlost werden).

Aber die Einbrüche in die Rechtsordnung und die Diskriminierung der Kritik noch im Vorfeld der Gesetzgebung gehen uns an. Deshalb sind die noch zu zählenden, schon vor Gericht abgehandelten Fälle, in denen die 14. Strafrechtsreform wirksam geworden ist, so wichtig wie die Absetzung von Sendungen, Filmen, Theaterstücken, die Ausladung und Diffamierung von Schriftstellern, die Sympathisantenhetz gegen die, die sich für die unteilbare Menschenwürde eingesetzt haben, also auch für die Menschenwürde in den Haftanstalten.

Die Bundesrepublik ist als Demokratiemodell entworfen worden. Zu einem der reichsten Staaten der Erde geworden, zeigt sie bedenkliche Verschleißerscheinungen der Demokratie, die zu sehen, zu benennen sich nicht gegen die Demokratie wendet, im Gegenteil!

Darum also NEIN zur 14. Strafrechtsreform! NEIN zur Hexenjagd auf Schriftsteller, NEIN zur Zensur unter der Oberfläche der Institutionen, NEIN zur Abwiegelung der Kritik. Aber JA zu den Artikeln 1, 2, 3, 4, 5 des Grundgesetzes, JA zur Demokratie, die sich an der Gerechtigkeit für alle messen läßt (getreu dem Namen: Volksherrschaft).

Warum leben wir in einer Routine-Demokratie?

Eine Rede, gehalten am 7. Mai 1977 auf einer
Großveranstaltung des Hamburger Vorbereitungskomitees
für das Russell-Tribunal

Als nun auch Reiner Kunze vor wenigen Wochen aus der DDR hat ausreisen müssen, fragte meine Tochter: Und wohin können wir ausreisen, wenn es soweit ist? Keine rhetorische Frage, denn sie weiß, was für anonyme Grußbotschaften ins Haus kommen. Sie kennt die verschiedenen Varianten der Verleumdung, denen ich zuweilen ausgesetzt bin, weil ich Partei nehme für die, die in der Bundesrepublik und West-Berlin als Linke abqualifiziert werden. Denn es ist immer noch suspekt, links zu sein, ja es ist sogar schon suspekt, sich für »Linke« einzusetzen, wenn ihnen Unrecht geschieht. Und wer gar die Kritik von »links« als *Kritik* bewertet, gilt als hoffnungsloser Spinner.

Das alles scheint noch kein Anlaß zur Klage – und wenn man die Trends bei den Wahlen in den verschiedenen europäischen Staaten beobachtet, durchaus ein mitteleuropäisches Phänomen. Nur wird gerade im europäischen Vergleich deutlich, daß anderswo der politische Gegensatz nicht in fanatischen Haß umschlägt, sehen wir von der südeuropäischen Szene mit ihrem steilen Sozialgefälle einmal ab. Aber auch in den südlichen, sozial gefährdetsten Zonen Europas gibt es die Perfektion des Hasses nicht, die in der Bundesrepublik funktioniert, die scheinheilige Hüter-der-Ordnung-Haltung, die die Berufsverbote ebenso sanktioniert wie die Bürgerkriegsübung von Brokdorf, wie vor zehn Jahren den Todesschuß auf Benno Ohnesorg.

Warum ist das so? Und wie weit müssen wir in der Geschichte zurück, um diese Haltung zu belegen?

Genügt es, an den Vormärz, an das perfekte Informantennetz, das Metternich zugearbeitet hat, zu erinnern? Ist nicht schon ein halbes Jahrhundert früher die Verfolgung der deutschen Jakobiner anzuzeigen? Ist die Geschichte der Abqualifizierung der vielen Aufstände der sozial Benachteiligten nicht bis ins frühe Mittelalter hinein, lange vor den Bauernkriegen, nachweisbar? In der geschichtlichen Überlieferung, die nach der Alphabetisierung, also etwa zeitgleich mit dem Beginn des Industriezeitalters in Mitteleuropa, für die Mehrheit der Bevölkerung dingfest gemacht wurde, kommen sie nicht vor. Und man muß schon in den Chroniken suchen, um zu begreifen, daß die Aufstände sozial benachteiligter Bevölkerungsgruppen die gleiche Kontinuität haben wie die Machtkämpfe der Feudalaristokratie. Doch ist die einseitige geschichtliche Überlieferung kaum spezifisch deutsch und erklärt den Provinzialismus des Nationalgefühls nicht, der den deutschen »Untertan«, den Heinrich Mann anklagt, den Nazi-Deutschland in der Perversion ad absurdum geführt hat, charakterisiert. Der einmalige euphorische Augenblick in unserer Geschichte vor der Gründung der beiden deutschen Staaten 1949 machte die Überwindung dieses Untertanengeistes denkbar. Die Zerstörung aller Werte legte die Verantwortung jedes einzelnen bloß. Der 8. Mai 1945, an dem Nazi-Deutschland kapitulierte, hätte ein Datum sein können, das eine Wende signalisiert. Ein geschichtliches Vakuum, in dem die demokratische Tradition jäh gegenwärtig war.

Wer heute noch fragt, warum sich das so rasch geändert hat, warum die demokratische Tradition so rasch wieder zu einer unter anderen wurde, übersieht das politische Konfliktfeld Mitteleuropa, das 1945 abgegrenzt worden war, die politische Abhängigkeit der beiden 1949 entstandenen deutschen Staaten.

Die Entwicklung in der Bundesrepublik mit dem rasch adaptierten McCarthyismus und der Fast-Null-Reaktion auf das Verbot der KPD darf nur kritisieren, wer zugleich die stalinistische Praxis in den ersten Jahren der DDR beachtet, darf nur der kritisieren, der die Bedeutung des ökonomischen Gefälles zwischen den beiden deutschen Staaten nicht bagatellisiert. Das hier wie dort zerschlagene industrielle Potential wurde in der Bundesrepublik dank des Marshall-Planes sehr rasch wieder aufgebaut und modernisiert, während die Industrie in der DDR sich in Reparationsleistungen fast erschöpfte, ohne Aufbauhilfen zu erhalten. Das ökonomische Gefälle wurde zur Hauptursache der DDR-Flucht in den fünfziger Jahren und stabilisierte ein bundesdeutsches Selbstbewußtsein, dessen Irrationalität uns heute noch erschreckt. Die systematische Pflege der Amerikabewunderung ließ ein kritisches Amerika-Bild kaum entstehen, der Schrecken über den Atombombenabwurf über Hiroshima und Nagasaki, der die Ostermarschierer auf die Straße trieb, blieb in der deutschen Bevölkerung fast ohne Echo. Was näher lag, die Schwierigkeiten in der DDR, bestimmte die Haltung der Bevölkerung, bestätigte den Anti-Kommunismus, den die Nazis zum Glaubensbekenntnis stilisiert hatten, nachdem er die Weimarer Republik durchfiebert hatte.

Die in den Zuchthäusern der DDR, die Flüchtlingsströme aus der DDR und schließlich der Mauerbau verdrängten im Bewußtsein der Bevölkerung in der Bundesrepublik die Auseinandersetzung mit den Verbrechen Nazi-Deutschlands.

Das Wirtschaftswunder-Selbstbewußtsein, das auf der gewiß bewundernswerten Arbeitsleistung der deutschen Bevölkerung in den fünfziger und frühen sechziger Jahren basierte, hatte den Demokratisierungsprozeß in Formalitäten auflaufen lassen, wie sie schon im Betriebsverfassungsgesetz von 1952 erkennbar geworden waren. Es band die Gewerkschaftsarbeit anders als im übrigen West-Europa an die Interessen der Unternehmer. Die Gewerkschaftsarbeit blieb in den fünfziger Jahren unpopulär ebenso wie die Arbeit der politischen Parteien, sicher entschuldbar und entschuldigt durch den Überdruß an der Scheinpolitisierung des Alltagslebens in Nazi-Deutschland. Doch so hatte die Parteiendemokratie Zeit, sich zu etablieren. Georg Kiesingers Ausspruch »Wir sind wieder wer« deckte haargenau den neuen provinziellen Nationalismus ab. Daß in einem solchen Klima der Selbstzufriedenheit die Notstandsgesetzgebung zum erstenmal unter den Intellektuellen einen breiten Widerstand fand, aber das Parlament doch unbeschadet passieren konnte, bleibt anzumerken.

Denn die Politisierung, die mit dem Mündigwerden der Nachkriegsgeneration einsetzte, wird schon damit als eine Politisierung »von oben«, von den Intellektuellen aus, erkennbar, die sich im Scheitern der Studentenbewegung an der Arbeiterschaft bestätigte. Wer im Trauerzug für Benno Ohnesorg mitgegangen ist, erinnert sich der bösen Zurufe von Bauarbeitern, und wer der Spiegelung der Rezession von 1967 in der Öffentlichkeit nachgeht, findet erstaunlich matte Reaktionen. Die Osteraufstände nach dem Mordanschlag auf Rudi Dutschke blieben Aufstände der Studenten. Die Demonstrationen gegen den Vietnamkrieg blieben Demonstrationen der Intellektuellen. Die Proteste gegen den Ministerpräsidentenerlaß von 1972 blieben vorerst den Schriftstellern vorbehalten, bis sich Betroffene, vornehmlich junge Lehrer, zu Wort meldeten. Die Proteste gegen das vierzehnte Strafrechtsänderungsgesetz blieben Proteste der Intellektuellen und der Künstler. Die Wählerschaft reagierte und reagiert mit der Hinwendung zu den Rechtsparteien.

Warum also die ständige Verschärfung der Kontrollmechanismen, die allergische Reaktion auf Proteste, die Anwendung der Zensurparagraphen gegen linke Buchhandlungen und Verleger, die geplante Einführung der chemischen Keule für die Polizei, die politische Einschüchterung durch die raffinierte Anwendung des Ministerpräsidentenerlasses, international längst als Berufsverbotspraxis benannt und verurteilt, die Einübung in den Bürgerkrieg gegen Bürgerinitiativen, die Verschleierung der Entsorgungsschwierigkeiten für die geplanten Kernkraftwerke, die Verschleierung der nuklearen Zusammenarbeit z. B. mit Südafrika? Warum die Verharmlosung der Drogenszene, die ungenaue Information über den Strafvollzug?

Die Fragen lassen sich vermehren, ohne durch den Hinweis auf die Anarchistenszene beantwortet zu werden, die ja nicht die Bundesrepublik allein betrifft und durchaus nicht verharmlost wird, wenn man daran erinnert, daß die ersten Schüsse von Polizisten abgegeben wurden. Das erste Opfer einer zur Kritik erwachenden Generation war ein Student, der sich informieren wollte, Teilnehmer einer Demonstration.

Nein, die Allergie gegen Kritik muß andere Ursachen haben. Das Verstummen der demokratischen Auseinandersetzungen in den fünfziger Jahren muß andere Ursachen haben als nur die Anstrengung des Wiederaufbaus. Die tägliche Beobachtung der DDR, die noch frische Erfahrung vom Vormarsch der russischen Truppen, die noch frische Erfahrung von Flucht und Ausweisung aus den Ostprovinzen ließ die Millionen Opfer des Hitlerregimes vergessen, ersetzte den emotionalen Nationalismus durch einen neuen Anti-Kommunismus, der den Anti-Kommunismus der Nazi-Jahre mit Erfahrungen aufgeladen fortleben ließ. Daß die nationale Identität – falls sie in Deutschland je bestanden hat – durch den Nationalsozialismus ad absurdum geführt worden war und die deutsche Bevölkerung in ein moralisches Vakuum hineingerissen hatte, blieb verdrängt. Selbstmitleid statt Selbstbesinnung ließen die demokratische Struktur nicht einwachsen. Das Verhältnis zum Staat blieb, durch die Persönlichkeit Adenauers stabilisiert, das des Untertanen, nicht des mittätigen, mitdenkenden Bürgers. Das Wirtschaftswunder-Selbstbewußtsein verstopfte das moralische Vakuum. Daß neben vielen einzelnen erst die nachgewachsene Generation die Kraft hatte, die Verlogenheit dieser Routine-Demokratie aufzudecken – nicht umsonst nannte sich die Bewegung der Jungen »außerparlamentarische Opposition« –, ist nun mehr als zehn Jahre her, zehn Jahre, in denen die Parteien in Regierung und Opposition nicht vermocht haben, die Kritik der Anti-Routine-Demokraten aufzuarbeiten. Daher die Allergie. Daher die ängstliche Reaktion auf Kritik, daher die Abstriche am Grundgesetz, daher der Polizeischutz für die Routine-Demokratie, daher die gestörte Öffentlichkeit, das Splitten der Bürgerinitiativen, daher die schieläugige Aufmerksamkeit auf die Tragödien in der Menschenrechtsbewegung in den sozialistischen Staaten.

Eine unheilbar kranke Routine-Demokratie?

Ich denke, wir sind hier, weil wir nicht an die Unheilbarkeit der Demokratie glauben und darum die Routine-Demokraten anfragen, ihre allergischen Maßnahmen anzweifeln, weil wir beklagen, wie die demokratischen Routiniers demokratische Grundrechte allzu leichtfertig außer acht lassen; weil wir verhindern wollen, daß sich der latente Faschismus biedermännisch als

Anti-Kommunismus tarnt, während er sich in der Demokratie einnistet; weil wir betroffen sind von der Schwerfälligkeit der Wählerschaft, die die Einbuße an demokratischen Grundrechten hinnimmt, sich in die Privatsphäre zurück und aus der Verantwortung drängen läßt, die Demokratie den Routiniers überläßt. Weil wir nicht aufgeben, auf die zu setzen, für die Verantwortung nicht nur ein Wort, jedenfalls keine Routine ist. Weil wir nicht emigrieren wollen, selbst wenn der Verfassungsschutz über uns wacht, solange wir noch den Mißbrauch, die Beschneidung demokratischer Grundrechte aufzeigen und vielleicht stoppen können.

Es ist sehr leicht,
NEIN zum Terrorismus zu sagen

Eine Rede, gehalten am 7. Mai 1978 in Florenz
auf einer Veranstaltung anläßlich des
Zweiten Kongresses Europäischer Schriftstellerorganisationen

Es ist sehr leicht, NEIN zum Terrorismus zu sagen. Ihn durch seine Wirkung zu demaskieren. Ihn aus Gewissensgründen abzulehnen. Dennoch ist es nötig, die von Land zu Land unterschiedliche Motivation des Terrors zu definieren, der in Irland andere Ursachen hat als in Italien, in der Bundesrepublik andere als seinerzeit im Baskenland, in Brasilien andere als in Südafrika oder im Vorderen Orient, um die Schwierigkeiten zu benennen, die die Bekämpfung des Terrors uns auferlegt. Schon bei der bloßen Aufzählung wird deutlich, daß die Grenzen zwischen Terrorismus und Befreiungskämpfen fließend sind.

Die hohe Empfindlichkeit der Industriegesellschaft steigert die Wirkung des Terrors, gibt relativ kleinen Gruppen die Möglichkeit, Bürgerkrieg zu entfachen. In jedem betroffenen Land ist die Zielsetzung dieser Terrorgruppen anders. Fast immer nehmen die Terrorgruppen ideelle Zielsetzungen für sich in Anspruch, und wo die einen sich als Guerrilleros verstehen, werden die anderen zu hoffnungslosen Zerstörern humaner Tradition. Denn Freiheit ist kein absoluter Begriff. Freiheit einer unterdrückten Minderheit, Mehrheit, Rasse, Klasse, eines unterdrückten Volkes ist der Freiheit, die das Chaos freisetzt, nicht identisch. Daher rührt die immer wieder schwankende Einschätzung des Terrorismus (auch) in Mitteleuropa (oder hier in Italien). Gerade diese Unsicherheit der Einschätzung kommt dem Terrorismus zugute, denn: Ersetzt nicht die Gruppendisziplin die korrumpierte Identität in den ratlos sich selbst reproduzierenden Industriegesellschaften? Und schafft nicht die Binnen-Integrität in den Gruppen der Terroristen eine Ersatzmoral?

Fragen, die zu stellen notwendig ist, *wenn wir den Terrorismus überwinden wollen und müssen.* Fragen, die an die Instabilität und darum Anfälligkeit der Industriegesellschaften rühren – und uns herausfordern, die politische Stabilisierung zu leisten. Und mehr: die moralische Stabilisierung zu finden. Das heißt: genau zu benennen, was Industriegesellschaften zu leisten haben, sowohl intern – also bezogen auf nationale, auf binnenstaatliche Ungerechtigkeiten wie soziale Differenzen, Rassen-Klassendifferenzen –, als auch extern – also etwa Vorherrschaft, Einflußnahme zugunsten der anti-emanzipatorischen Kräfte, Kolonialismus, Nach-Kolonialismus mit all seinen disparaten Erscheinungsformen!?

Wir alle wissen, daß die Situation der Welt – horribile dictu – fast auswegslos erscheint. Die Auszehrung der Dritte-Welt-Staaten ist beinahe unaufhaltsam. Das Potential atomarer Waffen, das derzeit gelagert wird, könnte die Welt unbewohnbar machen. Der Erfindungsgeist, die Intelligenz ist in jedem politischen Lager dienstbar geworden, also zerstörerisch. Denn Zerstörung zu produzieren bringt Zinsen; Heilung zu denken, zu produzieren zahlt sich nicht aus. Die Arbeitslosigkeit in den Industriestaaten wird mit Rüstungsproduktion bekämpft. Der Irrsinn des ausschließlich technischen Fortschritts schlägt durch.

Die europäischen Terroristen wollen diesen Irrsinnsmechanismus stören. Aber sie irren, wenn sie glauben, ihn dadurch aufzuhalten. *Sie beschleunigen ihn, weil sie die politischen*

Kräfte mobilisieren, die ihn zu beschleunigen in der Lage sind.
Sie irren, weil sie glauben, die selbstlaufende Entwicklung zu
stoppen, wenn sie Repräsentanten der Entwicklung oder solche,
die sie dafür halten, kidnappen.

Sie irren, wenn sie die dritte Kraft jeder Demokratie, die
Rechtsprechung, durch Femegerichte ersetzen.

Die Regierungen der vom Terrorismus verseuchten Staaten
wehren sich. Wehren sich gegen den Terrorismus. Und das ist
notwendig, geschieht, wenn auch nicht immer mit Augenmaß,
zum Schutz der Bürger. (Und wir, die Bürger, haben aufzupas-
sen, daß wir nun nicht, unsererseits, in unseren Bürgerrechten
eingeschränkt werden.) Denn der Terrorismus wird damit nicht
überwunden, auch kaum kontrollierbarer. Der Terrorismus
kann nur überwunden werden, *wenn* es gelingt, seine anti-
emanzipatorische Konsequenz in der Öffentlichkeit verständlich zu machen, die – jedenfalls in Europa mit seinen starken
Arbeiterbewegungen – unzweifelhaft ist. *Wenn* es gelingt, die
Krisen, in die die Terroristen wie in Eiterbeulen hineinstechen,
überwindbar zu machen. *Wenn* es gelingt, den Amoklauf der
europäischen Industriegesellschaft aufzuhalten. *Wenn* es gelingt, den Selbstlauf der rationalen, technologischen Entwicklung zu stoppen. *Wenn* es gelingt, Verantwortung, also eine moralische Kategorie, wieder in die Politik einzubringen. *Wenn* es
gelingt, nicht nur NEIN zu sagen, *wenn* es gelingt, deutlich zu
machen, daß wir alle Glieder der »Völkerfamilie« sind, ein Begriff, der aus den Vormärzbewegungen in Europa zwischen 1840
und 48 stammt.

Terrorismus ist kein Ausweg. Terrorismus zerstört in Europa
die großen emanzipatorischen Bewegungen der Geschichte. Die
Antwort auf den Terrorismus kann nur das Ja zur Verantwortung sein, die nicht an den Grenzen unserer Staaten endet. Aber
wir wissen alle, daß wir dazu den Mut haben müssen, viele Lügen, viel falschen Glanz aufzugeben. Daß wir dazu den Mut haben müssen zu sagen: Wir in Europa und wir in Amerika haben
Fehler unserer Geschichte zu überwinden.

Terrorismus kann nur durch die Utopie überwunden werden,
für die wir einzutreten haben.

Einzelhaft. Tagebucheintragung

*38 Autoren des PEN-Zentrums der Bundesrepublik Deutschland
erklärten sich im Herbst 1973 durch Unterschrift bereit, bei den
Häftlingen, die politischer Straftaten angeklagt sind, Besuche in
den Justizvollzugsanstalten der BRD zu machen. Nachrichten
über besondere Schwierigkeiten vor allem derer, die im Zusammenhang mit der Baader-Meinhof-Gruppe gesehen werden, waren nach außen gedrungen. Die Autoren wollten überprüfen, ob
die Inhaftierten in der meist ungewöhnlich langen Untersuchungshaft entsprechend § 104 Abs. 1 des Grundgesetzes »weder
seelisch noch körperlich mißhandelt werden«. – Als erste erhielt
Ingeborg Drewitz die Erlaubnis, Heinrich Jansen in Alt-Moabit
zu besuchen. Der Genannte ist wegen Mordversuch zu 10 Jahren
verurteilt; er soll 2 Schüsse auf Polizisten abgegeben haben, deren
Absichtlichkeit nicht voll erwiesen ist.*

*Unmittelbar nach ihrem Besuch schrieb die Autorin diesen Be-
richt auf:*

Freitag, 15. März 1974. Frühlingswetter. In den Blumenläden
Tulpen und Osterglocken. Ich kaufe einen Strauß für Heinrich
Jansen, nachdem ich einmal um den riesigen Block von Justizbe-
hörden herumgegangen bin, den ich als Moabiter Kind als »Ende
der Welt« in Erinnerung, ja in Kinderträumen erlebt habe. Begegnete dabei zweimal dem Polizisten mit Horchgerät und
Wachhund, der den Komplex in umgekehrter Richtung und
langsamer umkreist.

Ich bin für zehn Uhr angemeldet. Vor dem Eingang Alt Moabit 12 A einige Männer und Frauen, jeder wird einzeln eingelassen. Ausweiskontrolle, Leibesvisitation, wie man es von den
Flughäfen kennt, nur gründlicher. Mein Sprechschein liegt noch
nicht vor. Ich muß mir das Aktenzeichen von H. J. geben lassen
und durch die Schleuse zurück um den Block herum ins Krimi-
nalgericht in der Turmstraße. Erneute Kontrolle und Leibesvisitation (Absperrungen wegen eines großen Prozesses). Ich erfahre, daß mein Sprechschein bereits nach Moabit durchgegeben
worden ist. Zurück. Noch mal Einlaßkontrolle. Ich bekomme
die Besuchernummer 15.

Der Warteraum ist dunkel, weil die vergitterten Fenster unmittelbar auf eine Hauswand hinausgehen. Junge Mädchen, alte Eltern, eine Nutte, ständige Besucher, mit dem Beamten auf vertrautem Fuß oder bedrückt, schweigsam. Die Abgefertigten kommen mit Wäsche oder Wollzeug, stopfen es in die Einkaufstaschen, beim nächsten Besuch bringen sie es gewaschen zurück. Ich muß lange warten, weil Heinrich Jansen beim Zahnarzt ist. Das sagen mir die Beamten, die durch den Warteraum kommen, sie sind alle besonders höflich zu mir. Die im Warteraum starren mich an, sind für Blickkontakte dankbar.

Endlich der Aufruf. Ein junger Mann in Zivil, der mich begleiten soll, holt mich, ich passiere den Kontrolltisch. Aufschließen. Zuschließen. Vorbei an den gewöhnlichen Warteräumen. Aufschließen. Zuschließen. Ich bin im Innern des Traktes. Stahlgespinste. Das Übliche. Der Warteraum gleich linker Hand. Heinrich Jansen erwartet mich schon, neben ihm der uniformierte Beamte, mein Begleiter nimmt ihm gegenüber Platz. Seltsam, in diesem schmuddeligen, schlecht erleuchteten Raum wirkt Heinrich Jansen hell. Steht auf, schüttelt mir die Hand. Offenes, intelligentes Gesicht. Ich will die Blumen auswickeln. Der uniformierte Gefängnisbeamte sagt, daß Blumen nicht mitgebracht werden dürfen. Der Begleiter ohne Uniform sagt, daß er das auch nicht gewußt habe. Kurze Introduktion. Die Zahngeschichte, dann Fragen und Antworten, ununterbrochen in den 20 Minuten. Der Uniformierte macht Notizen oder Kringel, das kann ich nicht genau erkennen. Genau nach zwanzig Minuten sagt er: »Die Sprechzeit ist abgelaufen.« Ohne Zeichen von Aufmerksamkeit. Ein Uhrwerkmensch. Flankiert von zweien werde ich aus dem Inneren des Trakts geführt. Aufschließen. Zuschließen. Vorbei an den vor den Sprechzimmern wartenden Betreuern der normalen Untersuchungshäftlinge. Aufschließen. Zuschließen. Am Kontrolltisch die Blechmarke 15 abgeben.

Heinrich Jansen: Blond, halblanges Haar, Bart. Seltsam, während ich unmittelbar nach der Heimkehr die Eindrücke des Besuchs protokolliere, weiß ich nicht einmal genau, ob er einen Bart hat. So haben mich die Augen gefangen, blaue Augen und käsige Haut. Ein schlichter, roter Pullover.

Was habe ich erfahren? Er ist schon 3½ Jahre in Untersuchungshaft und ständig isoliert. Der Prozeß ist gelaufen und nun auf dem Instanzenweg. Wenn das Urteil rechtskräftig wird, steht die Verlegung nach Tegel bevor. Auf dem Moabiter Gelände gibt es keinen stillen Trakt, aber Heinrich Jansen ist immer wieder verlegt worden, weil er durchs Zellenfenster Blickkontakte gesucht hat. Dreieinhalb Jahre allein mit den Wänden leben, auf dem Hofgang, er darf nicht zum Gottesdienst, nicht ins Kino oder zu anderen Gemeinschaftsveranstaltungen. Des Nachts wird alle zwei Stunden Licht eingeschaltet. »Das macht auf die Länge der Zeit furchtbar schlapp.« Denn tagsüber muß das Bett hochgeklappt sein.

Er hat Kreislaufbeschwerden. Der Versuch, den Hofgang zum Muskeltraining zu benutzen, Liegestütz zu üben, löste Alarm aus. Als sich vor Monaten Schwellungen an den Armen zeigten, beantragte er die Untersuchung durch einen außenstehenden Arzt, weil er dem Gefängnisarzt nicht traute, der ihn einmal beim Hungerstreik für Tage in eine Zelle ohne Wasser einschließen ließ, beim nächsten Hungerstreik aber sagte, daß Wasser zu trinken beim Hungerstreik von besonderer Wichtigkeit wäre und sich an die vorige Maßnahme nicht erinnern wollte. Der Antrag auf Untersuchung durch den anderen Arzt ist bis heute nicht berücksichtigt worden. »Aber«, Jansen lächelt, »die Schwellungen sind ja zurückgegangen. Vielleicht habe ich Glück.«

Er bestellt sich Bücher über den Buchhandel. Politische Bücher werden aber aussortiert. »Sicher, Marx und Engels, ja sogar Lenin darf ich lesen. Aber was heute geschrieben wird, was heute weitergedacht wird, das bekomme ich nicht.« Ja, Zeitungen zwar, aber manchmal werden auch der *Spiegel* oder der *Stern* beschlagnahmt. Die Weitergabe dieser Schriften ist nicht möglich. Im Gefängnis kursieren *Praline*, Groschenhefte, Science-Fiction und Comics. Das Radio im Trakt wird oft laut gestellt. Bei den vielen Werbesendungen fast ein Zynismus. Jansen kann in der Zelle Radio hören, aber das erträgt niemand den ganzen Tag lang.

Das Nachlassen der Konzentrationsfähigkeit, die Störung des Zeitgefühls ängstigen ihn sehr; denn daß er intelligent ist, sieht man seinem Gesicht an, weiß man spätestens seit seiner großen

Rede im Gerichtssaal. Er fragt nach der Arbeit des Komitees gegen die Folter, hat im *Tagesspiegel* vom Hungerstreik von Ulrike Meinhof und Gudrun Ensslin gelesen, fragt, ob die Nachricht zutreffe. Als ich bejahe: Dann wolle er auch wieder in den Hungerstreik treten. Er fragt auch nach der Besuchsaktion der Schriftsteller aus dem PEN-Club. Die sei so wichtig für sie alle, um die Gleichbehandlung mit den anderen Häftlingen zu erreichen, die Teilnahme an Gemeinschaftsveranstaltungen, die Aufhebung der Schlafstörungen. »Die Isolationshaft macht einen fertig.« Als der Beamte das Gesprächsende ansagt, prüft er seinen kleinen Zettel mit den Notizen, ob auch alles gesagt sei.

Ich muß meinen Blumenstrauß wieder mitnehmen. Die im Warteraum grinsen, als sie mich damit sehen. In der Anmeldung lasse ich mir die Postscheckkontonummer und die Buchnummer geben, weil Eigengeld dem Häftling ermöglicht, Bücher zu bestellen und sich einige Wünsche zu erfüllen. Die Post wird durchgesehen, kommt aber jetzt – anders als zu Anfang der Haft – ohne Zeitverzug.

Zum Neonazismus

Zur Verjährung von Nazi-Verbrechen

Die nazistische Vergangenheit kann und darf nicht durch Buchstabentreue zum Strafgesetz, das sich eben durch die Nazizeit als unzeitgemäß, genauer: als dem staatlich organisierten Verbrechen nicht gewachsen, erwiesen hat, aus der politischen Realität ausgeklammert und den Historikern überantwortet werden zu einem Zeitpunkt, an dem überall in der Welt noch Tendenzen lebendig sind, die den moralischen Zusammenbruch bewirkt hatten.

Die Gesetzgeber der Staaten, denen die Verurteilung der Naziverbrechen obliegt, können sich, ohne das jedenfalls zu reformierende Strafgesetz zu verletzen, auf die internationalen Abmachungen über die Bestrafung von Kriegsverbrechern, Verbrechen gegen den Frieden und Verbrechen gegen die Menschlichkeit berufen, wenn sie die Verjährung der Naziverbrechen für nichtig erklären.

Sie würden sich damit nicht nur die Achtung der betroffenen, sondern auch die der jüngeren Generation erwerben, deren Verlangen nach einer klaren moralischen Haltung mit jedem Tag wächst. Die Verjährung der Naziverbrechen würde ich für ein Verbrechen an der moralischen Gesundung der Welt halten.

(5. 11. 1964)

Nazideutschland – Traum?
– oder schon wieder beinahe wirklich?

Sie sei zusammengezuckt, als sie die Litfaßsäule voller Hitlerbilder gesehen habe. (Hinweise auf Fests Film.)

Ort: München, unmittelbare Nähe Feldherrenhalle. Zeit: 1977. Sie ist Emigrantin, Jüdin, nach dem Reichstagsbrand verhaftet, wieder freigelassen, im Untergrund gelebt und gerade noch so herausgekommen, arm, ohne Adresse. Sie ist eine bedeutende Wissenschaftlerin und Autorin, Witwe eines bekannten expressionistischen Autors, Mitarbeiterin in der bundesdeutschen Presse und in der ARD. Damals in der Emigration hat sie als Friseuse für den Mann und für sich gearbeitet. Sie weiß, was das bedeutet: Hitlerbilder neben der Feldherrenhalle.

Warum? hat sie gefragt.

Wie läßt sich da antworten? Kaum mit Schlagwörtern, kaum auch mit einem kurzen Recours der Geschichte der Bundesrepublik seit ihrer Gründung, weil der ohne die Geschichte der DDR seit ihrer Gründung ungenau bliebe. Kaum mit Einzelheiten wie Verbot der alten KPD, Wiederbewaffnung der Bundesrepublik, Diskussion um Lagerung von Atomköpfen auf dem Gebiet der Bundesrepublik, Diskussion um Entspannungspolitik, Studentenrevolte, Terror und Reaktion. Kaum mit Juniaufstand 53, kaum mit Chruschtschow-Ultimatum für Berlin und Massenflucht aus der DDR bis zum Mauerbau, kaum mit ersten Wiederannäherungen und Erfurter Treffen zur Bekräftigung der deutsch-deutschen Entspannungspolitik, kaum mit Verhaftung und Abwanderung von Systemkritikern aus der DDR. Kaum mit der Beinahe-Patt-Situation zwischen Koalition und Opposition im Bundestag, kaum mit der weitgehenden Verschuldung deutscher Haushalte durch Ratenzahlungen, Baukredite, kaum mit der Arbeitslosigkeit dieser Jahre. Und doch macht die Summe der Symptome, die beliebig zu vermehren sind, deutlich, daß die Geschichte der Bundesrepublik eine Geschichte des Reagierens geblieben ist, daß das moralische Versagen Hitlerdeutschlands, das die Bevölkerung in ihrer Begeisterung ja mitverantwortet und schließlich mit erlitten hat, nicht aufgearbeitet worden ist.

Zwischen dem Nürnberger Prozeß und dem Auschwitzprozeß sind die zigtausend Entnazifizierungsverfahren zu nennen, die die Mitläufer getroffen und entpolitisiert haben, ist das deutsche Wirtschaftswunder auf Dollarbasis zu nennen, das die Entpolitisierung zum Erfolgserlebnis umgepolt hat, ist der McCarthyismus zu nennen, der den Antikommunismus der Nazis in das Wirtschaftswunderwohlbefinden übertragen und bis in die späten sechziger Jahre hinein von den eigenen politischen Problemen in der Bundesrepublik abgelenkt hat. Die Studentenrevolte hat die Selbstzufriedenheit der Mehrheit der bundesdeutschen Bevölkerung nicht aufreißen können. Der bürokratische Staatskapitalismus der DDR hat den neuen Anti-Kommunismus eher verstärkt. Die wachsende Zahl der Arbeitslosen ruft die Urängste des Arbeitnehmers wieder herauf, der durch die Wohlstandsjahre noch weitgehender entpolitisiert worden ist, als er es zwischen 1929 und 1933 war. Die Resignation schlägt um in falsche Erinnerungen. Die Euphorien in Joachim Fests Hitlerfilm werden von der Mehrheit der Kinogänger unkritisch aufgenommen (und nicht nur, weil die schauerlichen Gegenbilder fehlen!). Die Nachgeborenen haben sich das so nie vorgestellt, so schön, so jubelnd, so beflaggt. Denen, die Auschwitz und die Endlösung verleugnen, wird zugearbeitet.

Aber die Emigrantin, die vor den Hitlerbildern auf der Münchener Litfaßsäule zusammengezuckt ist, hat das Radiogebrüll der Maikundgebungen und der Parteitage noch im Ohr, den Einmarsch in Österreich kurz vor ihrer Flucht, die sie und ihren Mann vor dem Tod in der Gaskammer in das Elend der Emigration gerettet hat.

Muß der Faschismus neu interpretiert werden? Muß das Phänomen des Massenrausches nicht endlich definiert werden, um seine gefährliche Immanenz zu begreifen? Ist dieser Halbgott, den Fests Hitlerfilm nun wieder vorführt, dieser Pseudorevolutionär, nicht die Inkarnation der emotional verarmten, unpolitischen Massen der Industriegesellschaft? Ist diese politische Motivation, die die Arbeiterparteien seit den siebziger Jahren des 19. Jahrhunderts hat erstarken lassen, nicht mitreißend genug gewesen, um den bäuerlich-kleinbürgerlichen Besitzinstinkt zu überwinden? Ist die Gegenwelt des Bourgeois erstrebenswerter gewesen als die Selbstbestimmung des Proletariats? Ist der soziale Aufstieg faszinierender gewesen als das Selbstbewußtsein der Klasse? Die Fragen stellen heißt die politische Entwicklung zwischen 1871 und 1914, zwischen 1918 und 1933 abfragen, um zu verstehen, warum die Presse nach dem 30. Januar 1933 fast unmittelbar angepaßt reagiert hat, um zu verstehen, warum der Reichstagsbrand so kurz vor der Märzwahl 1933, die noch einmal die Herrschaft der Nazis hätte abwenden können, nicht den Volksaufstand provoziert hat, sondern die Duckmäuserei; um zu verstehen, warum der Konflikt des Sommers 1934 nicht zum Zusammenbruch der Nazi-Herrschaft geführt hat; um zu verstehen, warum ganz Österreich in einem Taumel war, als die deutschen Truppen und Hitler in Wien einzogen; um zu verstehen, wie die jüdischen Mitbürger aus den Wohnungen geholt wurden ohne Widerspruch der Mitbewohner; um zu verstehen, wie die Frauen auf den Straßen gekniet haben, als Hitler nach dem Frankreichfeldzug auf den blumenbestreuten Straßen vom Anhalter Bahnhof zur Reichskanzlei fuhr, im Kabriolett wie immer, getragen vom naiven Jubel der Massen; um zu verstehen – ja, um noch den Unglauben der Bevölkerung zu verstehen, als das Gerücht von seinem Tod durch das eroberte Berlin geisterte.

Wir haben diese Erfahrungen in der Bundesrepublik nicht aufgearbeitet. In der DDR wurden sie nicht zur Kenntnis genommen, fand die groteske Entnazifizierung, die vornehmlich den mittleren und niederen Chargen der NS-Organisationen galt, nicht statt. Wir haben geglaubt oder gewollt, daß der Faschismus in seinem Erscheinungsbild der Vergangenheit angehören möge. Wir haben erwartet, daß die Einübung in Demokratie die perversen 12 Jahre in der deutschen Geschichte nicht vergessen, aber überwinden helfen würde. Wir haben allzulange der freien Marktwirtschaft vertraut, als sei sie die Essenz der Demokratie. Und als die Günther-Kommission die Sicherung der Meinungsfreiheit aufgrund ihrer Erhebungen in Zweifel gezogen, die marktbeherrschenden Pressekartelle in Frage gestellt hat, sind die Empfehlungen der Kommission sang- und klanglos vergessen worden.

Wir haben uns verbrauchen lassen vom Wiederaufbau, von der Un-Politik des Alltags. Und es zeigt sich jetzt, daß die

Mehrheit der Bevölkerung keinen Anteil an der Demokratie genommen, die Vorteile der freien Marktwirtschaft kritiklos genutzt und Demokratie damit identifiziert hat. Sicher, dank der Gewerkschaftsarbeit ist ein demokratischer Funktionalismus entwickelt worden, haben sich Macht und Gegenmacht in der Arbeitswelt stabilisiert, aber die Gewaltenteilung hat nicht auf den außerbetrieblichen Alltag übergegriffen, weil die wirtschaftliche Entwicklung für gut zwei Jahrzehnte relativ krisenfest zu sein schien und der Arbeitskampf kein Existenzkampf war.

Die Demokratie hat vor den Wohnungstüren haltgemacht. (Symptome wären genug aufzuzählen: Mißhandlung von Frauen und Kindern; die immer noch nicht abgeklungenen Auseinandersetzungen um den § 218, die verbreitete Bildungsabstinenz.)

Die Mehrheit der Bevölkerung will ganz offensichtlich nicht gestört werden und ist durch die Politik der Konsumförderung darin bestärkt worden. Die Freiheit ist zur Freizeitgestaltung verengt worden, die Vierwändegeborgenheit hat die politische Abstinenz stabilisiert. Die Informationsüberflutung hat das Nachdenken über die eigenen Abhängigkeiten eingeschränkt, die Zuschauermentalität ist in Gleichgültigkeit umgeschlagen. Wochenendmobilität ersetzt die gestaltende und mitgestaltende Phantasie.

(Und: Es wäre falsch, das nicht zu sagen, diese Bravheit hat die Regierungen in der Bundesrepublik verwöhnt, so daß sie überängstlich reagieren, sei es gegenüber den Protesten gegen die Notstandsgesetzgebung, sei es gegen die Studentenbewegung, sei es bei der Anwendung des Ministerpräsidentenerlasses, der Berufsverbotepraxis, sei es gegenüber den Atomkraftwerksgegnern, sei es bei der Anwendung der neugeschaffenen Zensurparagraphen.)

Was aber verdeckt das ohne Abstriche kleinbürgerliche Verhaltensmuster in der Bundesrepublik? Was wird da an Ängsten überspielt, die sich demagogisch nutzen lassen, wenn etwa aus der Vertreibung aus den Ostprovinzen politisches Kapital geschlagen wird, wo eine nüchterne Abwägung der Geschichte nationalistische Vorurteile abbauen könnte? Wenn die Mängel und

Fehlentscheidungen im sozialistischen deutschen Staat mit dem Vergrößerungsglas gesehen werden, um von den eigenen Fehlentwicklungen abzulenken? Wenn mit der Bedrohung der Bundesrepublik durch die UdSSR taktiert wird, um das Wachsen des atomaren Potentials auf dem Boden der Bundesrepublik zu legitimieren? Wenn gegen die Ängste, die das Grundmuster der scheinbar so stabilen Industriegesellschaft bilden, nicht der Mut aufgerufen wird, ihre Ursachen aufzudecken, sondern wieder der Machtanspruch gesetzt wird, der so leicht in einen nationalen Rausch umschlagen kann?

Der Nationalismus, wie er heute wieder überall aufbricht, ungeniert in der Vielzahl der SS-Veranstaltungen, verdeckt faschistisch von Rednerpulten; offen faschistisch in einer Vielzahl von Nazigrößen und Nazideutschland verherrlichender Publikationen und – vor drei Jahren – in der Hexenjagd auf die Intellektuellen und Schriftsteller, die mit dem Grundgesetz in der Hand gegen die Perversionen der Unmündigkeit angehen, läßt die Frage nach dem Faschismus als Lebenslüge der kapitalistischen Industriegesellschaft neu stellen. Ihn ausschließlich im Zusammenhang mit der Terrorszene zu sehen, hieße ihn verkennen. Es basiert auf der politischen Impotenz, in die sich die vielen haben hineindrängen lassen, auf der Kleinbürgerlichkeit als Lebenshaltung, dem Sich-Verkriechen vor den existentiellen Ängsten, dem Starkult als Wertsetzung, dem Sich-Aufblähen in kollektiver Tuchfühlung, der Unwissenheit, die für die Demagogie offen ist.

Die Litfaßsäule voller Hitlerbilder unweit der Feldherrenhalle hat 1977 schon die Gefahr signalisiert, in der sich die Demokratie in der Bundesrepublik befindet.

Neonazismus – keine Bagatelle mehr

Neonazismus, Neofaschismus, sind das Begriffe, die man noch kleinschreiben darf? Lange genug ist in der öffentlichen Diskussion der Neonazismus in der Bundesrepublik bagatellisiert worden. Schließlich hat ja der Rechtskonservatismus und Neonazis-

mus nach 1945 viele Gesichter oder doch Partei- und Gruppen-
bezeichnungen gehabt, sei es die »Deutsche Rechtspartei«
(DRP), die »Deutsche Partei« (DP), der »Bund der Heimatver-
triebenen und Entrechteten« (BHE), die »Sozialistische Reichs-
Partei« (SRP), die »Deutsche Reichspartei« (DRP) und die »Na-
tionaldemokratische Partei« (NPD). Die Fünfprozentklausel ist
vielen dieser Gruppierungen zum Hindernis geworden und hat
wohl vor allem die *NPD* getroffen. Es konnte so aussehen, als sei
die deutsche Variante des Faschismus, der Nationalsozialismus,
nach dem Schock von 1945 nicht wieder zu beleben. Die Integration der Flüchtlinge in die Wirtschaft der Bundesrepublik entschärfte die Emotion, ohne die »rechte« Politik noch weniger
auskommt als Politik überhaupt. Die Entpolitisierung der bundesdeutschen Bevölkerung durch das Wirtschaftswunder nahm
der politischen Auseinandersetzung die Schärfe.

Aber der von den Nazis überkommene Anti-Kommunismus,
der durch die Teilung Deutschlands immer neue Nahrung fand,
prägte die bundesdeutsche Demokratie mit. Bis die Nachkriegsgeneration antrat, bis die Auseinandersetzung mit dem Sozialismus eingefordert und von den Jungen geleistet wurde – und die
Öffentlichkeit, irritiert, abweisend, anti-links reagierte und die
NPD Aufschwung nahm. Aber noch wurden Friedhofsschändungen und Schmierereien an Mahnmalen für die Opfer des Faschismus in kleinen Notizen publiziert, und die wachsende
Abonnentenzahl der *Deutschen Nationalzeitung* (Auflage 1976
zusammen mit den Abnehmern der *DVU* 100000 bei steigender
Tendenz) wurde, anders als die *Springer*-Presse und ihre Politik,
kaum diskutiert. Warum eigentlich nicht? Wollte die Öffentlichkeit nicht wahrhaben, was nicht sein sollte? Aber wer/was ist
»die Öffentlichkeit«?

Nicht erst seit Beginn der Studentenbewegung ist die politische Emotion der Bundesrepublikaner gegen »links« gerichtet
und erweist sich, nicht nur dank der Pressehilfe, die Emotion als
die stärkere Kraft als die Ratio. So hat die Anti-Politik des Terrorismus die »Rechts«-Tendenz der Bundesbürger verstärkt, die
nun auf die eine Million Arbeitslose trifft, auf Ängste, die von
den sieben Millionen Arbeitslosen nach dem Schwarzen Freitag
in Erinnerung geblieben sind. Denn die Arbeitslosigkeit ist für

den einzelnen Betroffenen so wenig zu begreifen, zu leben, daß er für politische Emotionalität anfällig wird. Das Fiasko der Leistungsgesellschaft, die an der Leistung orientierte Wertigkeit des einzelnen, wirkt sich aus. Und genau hier faßt der Neofaschismus. Hier stößt der alteuropäische Emanzipationsanspruch des einzelnen (mit dem noch *Karl Marx* argumentieren konnte) auf die schnoddrige Ich-Verletzung, die zum Alltag der modernen Industriegesellschaft gehört, die nur noch Frei-Zeit, nicht mehr Freiheit, bereit hat. Hier bietet der Neofaschismus, der Neonazismus (zusätzlich national aufgeladen) Ersatzreligion, Ersatz-Emotion, Ersatz-Wertigkeit an. Darum ist er so gefährlich.

Wir waren lange Jahre nicht genötigt, den Faschismus anders als wissenschaftlich zu definieren, weil es in der politischen Diskussion genügte, ihn dem Nazismus und seinen Perversionen gleichzusetzen, um ihn für bedeutungslos zu halten. Erst jetzt wird es dringlich, die latente Verführungspotenz des Faschismus, die Faschismusanfälligkeit der Industriegesellschaft (und sicher nicht nur dort!) deutlich zu machen, das Phänomen »Führer« als ein wiederholbares zu begreifen, welches das einmalige Phänomen »Hitler« überlagert.

Seit einigen Jahren ist der bundesdeutsche latente Faschismus unübersehbar geworden; sind das Ruhe- und Ordnungsbedürfnis, das anti-emanzipatorische Abwälzen von Verantwortung auf den Staat, der sehr greifbare Anti-Kommunismus für die wachsende Radikalität, vornehmlich der faschistischen Jugendorganisationen, der beste Nährboden.

Daß die neofaschistischen Veranstaltungen von Monat zu Monat zunehmen, daß bald kein Tag vergeht, an dem in der Bundesrepublik nicht eine Neo-Naziveranstaltung stattfindet, ist beunruhigend genug; denn die Veranstaltungen finden meist ohne Zusammenstoß mit der Polizei statt. *Jörg Berlin, Dierk Joachim, Bernhard Keller* und *Volker Ulrich* weisen in ihrem Aufsatz »Neofaschismus in der Bundesrepublik« nach, daß die Polizisten bei Befragung in solchen Fällen keine Unannehmlichkeiten mit ihren Vorgesetzten haben wollen (*Blätter für deutsche und internationale Politik*, 5/78).

Wieder wird, bis auf Ausnahmen, derzeit noch weniger militant als durch die Nachfahren der Freikorps, die Demokratie als

Ordnungsmacht in Frage gestellt. Wieder wird der Staat, nicht der Bürger gefeiert. Und, das ist beängstigend, der Bürger nimmt das mit noch weniger Opposition hin als damals, vor und nach 1933. Denn längst ist er verwaltet, verplant, datenmäßig erfaßt, beobachtet, als Individuum enteignet. Längst ist der Staat mit seinen Institutionen Herr über ihn, nicht er Herr über den Staat. Längst ist das Grundmodell der Demokratie gefährdet umzukippen, weil der Staat wichtiger geworden ist als der einzelne.

Aber dabei kann der Bürger leben. Hat sich eingerichtet. Hält Augen, Ohren, Mund und Nase zu, orientiert sich an der täglichen Freizeit, läßt sich von Nachrichten und Kommentaren genauso berieseln wie von Sportsendungen. Ist oder glaubt sich zufrieden (wenn nur »die Kohlen« stimmen).

Jedoch, wer die unmittelbar ausbrechende Aggressivität in unserer Gesellschaft beobachtet, sei es auf Autobahnen, sei es in Versammlungen, sei es in der kommunalen Alltagspolitik, in Schulen, auf der Straße, der weiß, daß die Zufriedenheit täuscht. Die Angst, daß »die Kohlen nicht mehr stimmen«, die Leistung als Selbstbestätigung nicht mehr taugt, stößt mit dem Verlangen nach einer neuen Vergewisserung der Identität zusammen. Die Parteien, die Gewerkschaften lösen es kaum mehr ein, weil sie zu ausschließlich für Wahlkämpfe und Tarifpolitik instrumentalisiert werden. Das Verlangen stößt also ins Leere, reicht wegen der unverkennbaren Verkleinbürgerlichung der Arbeiterschaft nicht aus, sich präzis zu artikulieren, politisch zu werden. (Hier muß die *IG Druck und Papier* als Initiatorin einer neuen Politik der Arbeitenden im *DGB* rühmend genannt werden!) Dennoch reicht die Anfälligkeit für den Faschismus und für einen neuen Nationalismus weit über die »rechten« Parteien hinaus.

Und deshalb ist der Neonazismus, der Neofaschismus in der Bundesrepublik gefährlich. Weil das Potential unzufriedener, sozial geschädigter Bürger zusammentrifft mit dem Potential antikommunistischer Bürger, auch mit denen, die durch den Terrorismus nach rechts abgedriftet sind.

Noch schützen uns Gesetze vor dem Neonazismus, werden Veranstaltungen der Neonazis in großen Städten in seltener Einhelligkeit der Regierungs- und Oppositionsparteien verboten.

Aber die *NPD*-Urteile des Mannheimer Verwaltungsgerichts, die die NPD vom Geruch der Verfassungsfeindlichkeit befreit haben, sind wohl kaum für naiv zu halten. Gefährlicher ist die Vielzahl der neonazistischen Organisationen. Im Bericht über neonazistische Aktivitäten nennt das *PDI*-Sonderheft 1977/2 insgesamt 44 Organisationen, die, auf ihre Inhalte und Ziele befragt, das ganze Spektrum des Rechtsextremismus vor 1933 von der Freikorpsbewegung bis zu *Mathilde Ludendorff*s Weltanschauungsgefasel, von der *Bürgerinitiative für Todesstrafe* bis zur *HIAG* (mit 40 000 Mitgliedern), von der *Nationalsozialistischen Deutschen Arbeiterpartei – Auslandsorganisation* (geleitet von dem Amerikaner *Gay Rex Lauck*, und seit 1974 zunehmend aktiv in der Bundesrepublik) bis zur *Aktion Oder/Neiße*, vom Antisemitismus bis zur Verherrlichung des Krieges abdecken. Bekannt sind auch die Verantwortlichen der Organisationen und ihre Karrieren in den faschistischen Vereinigungen, die die Kontinuität des Faschismus in der Bundesrepublik seit ihrer Gründung belegen. (Hier muß an die Mängel der Entnazifizierung erinnert werden, die nicht nur in den Besatzungszonen unterschiedlich streng gehandhabt wurde, sondern auch die Millionen Mitläufer moralisch krümmte, die politische Doppelzüngigkeit integrierte, aber die großen Nazis nicht faßte.)

Doch erst jetzt taucht das Hakenkreuz immer häufer nicht mehr nur an Hauswänden und auf Kriegsspielzeug auf, sondern ist als Tätowierung beliebt, als Gürtel- und Uhrenanhänger – und durchaus nicht mehr nur bei Außenseitern, auch bei Junggewerkschaftern, bei Schülern, bei Studenten (Anwachsen der *Burschenschaften*), vornehmlich aber in der *Bundeswehr*, die ja lange schon nicht gegen den Neonazismus abgeschottet war. Schlägertrupps mit Fahrradketten treten ungehindert auf, die »Wehrsportgruppe Hoffmann« flankiert nazistische Großveranstaltungen. Und wer heute mit Schulabgängern ohne Hauptschulabschluß und mit wenig Hoffnung auf eine Lehrstelle zu tun hat, weiß, auf welches Potential der Neofaschismus zurückgreifen kann, ohne daß den mit Schlagringen operierenden, meist nur in die Hoffnungslosigkeit entlassenen Jungen ein Vorwurf zu machen ist. Gerade hier werden die Versäumnisse der demokratischen Bildungspolitik sichtbar. Gerade hier zeigt sich, daß die bundesdeutsche Demokratie die Unterschichtenproblematik der Industriegesellschaft gründlich übersehen hat (und auf Mahnungen nicht ansprechbar war).

Aus den Versäumnissen der Demokraten Kapital zu schlagen sind die neuen Faschisten bereit. Die unmündig belassenen Jungbürger geben dem »Führerprinzip« eine große Chance.

Eines ist allerdings anzumerken (und es wird denn auch gern zur Verharmlosung der neonazistischen Aktivitäten herangezogen): Unter den Führungskräften der 44 neofaschistischen Organisationen zeichnet sich noch keine Führerpersönlichkeit ab. Doch das ist kein Grund zur Bagatellisierung der neofaschistischen Aktivitäten, gerade weil aus den Organisationen der Jüngeren (und sie stellen heute das radikale »rechte« Potential!) solche Persönlichkeiten hervorgehen können, weil es ja leichter ist, sich als Faschist zu bewähren als sich als Demokrat (also unter Berücksichtigung der Argumente des politischen Gegners) durchzusetzen. Und weil der Kreis derer, die mit den neofaschistischen Organisationen zumindest sympathisieren, in den Führungsgremien der großen Industriekonzerne, in der *Bundeswehr*, in der *CSU* und in der am Besitzstand orientierten Öffentlichkeit wächst, weil zugleich auch nationale Emotionen wachsen, ist nicht nur höchste Aufmerksamkeit gegenüber den neofaschistischen Aktivitäten geboten. Mehr. Ist die offene Auseinandersetzung, die Aufklärungsarbeit bis hinein in die Ortsvereine der *SPD*, der Gewerkschaften vordringlich, muß das emotional aufgeladene und darum so gefährliche Ideengut der neofaschistischen Organisationen in die Ausbildungsprogramme der Pädagogen aufgenommen werden, um es durch die kritische Analyse zu entlarven. Muß die Öffentlichkeit in die Lage gesetzt werden, die perversen Entwicklungen zu durchschauen. Mehr noch haben wir daran zu arbeiten, der allzu mechanistisch funktionierenden Demokratie in der Bundesrepublik ihre Inhalte wiederzugeben, die durch die permanente Minderung der Grundrechte seit 1949 verarmt sind.

Jeder der heute Erwachsenen erinnert sich noch an die starke Emotion, die die Entspannungspolitik der *Brandt*-Regierung getragen hat. Die Ernüchterung, die darauf gefolgt ist, hat ja keinesfalls die Erfolge dieser Politik zunichte gemacht, aber sie hat die Entspannungspolitik als Antriebskraft für die bundesdeutsche Politik geschwächt. Die Hoffnung der frühen siebziger Jahre, mittels einer sachlichen Entspannungspolitik mehr zu leisten: nämlich die Entschärfung der europäischen Konflikte, auch zugunsten der sozialistischen Opposition in den sozialistischen Staaten, die Stabilisierung des Friedens, ist verblaßt und durch keine andere Hoffnung auf eine die Ratio übergreifende Aufgabe der bundesdeutschen Demokratie ersetzt worden. Die Erfahrung dieser Jahre hat gezeigt, daß den Bürgern auch gegen emotionalen Widerstand Aufgaben und Ziele gesetzt werden können. Die Politik des Mißtrauens gegenüber dem Bürger, die sich seit 1972 immer deutlicher abzeichnet, schwächt die Demokratie, kommt der Faschismusanfälligkeit zugute. Die Politiker in der Bundesrepublik müssen begreifen, daß für die nachwachsende Generation Aufgaben, Ziele gefunden werden müssen, vor denen die altneuen Nazi-Parolen versagen; die Reserve an Idealismus, die jede junge Generation zu investieren bereit ist, nicht länger zu unterschätzen oder wie zum Beispiel die AKW-Bewegung zu diskreditieren.

Den Neonazismus, Neofaschismus heute angesichts der geburtenstarken Jahrgänge der Nachkriegsgeneration zu bagatellisieren ist Leichtsinn. Die Faschismusanfälligkeit der Industriegesellschaften ist längst erwiesen, die spezielle Anfälligkeit für den Nationalsozialismus in der Bundesrepublik hat sich aufgrund des Verdrängens und der Farce der Entnazifizierung sowie der noch immer nicht akzeptierten Teilung Deutschlands nicht erledigt. Im Gegenteil: Es hat sich erst jetzt zu erweisen, ob der Mut zur Demokratie jedermanns Mut sein kann.

Die Vergangenheit liegt nicht hinter uns

Mai 1945 – Berlin. KZ-Insassen kommen noch in dem gestreiften Zeug, kahlgeschoren, mit dürftigem Schuhwerk oder mit Fußlappen in die Stadt zurück. Berlin. Die Leute in den langen Schlangen an den Wasserpumpen sehen weg, schweigen. Die da, von denen sie nichts gewußt haben wollen, sind noch elender als

sie. Kaum schon Mitleid, kaum schon Erschrecken. Und doch –
ist es also wahr?

Günter Weisenborn beschreibt in »Memorial« die Öffnung
des Zuchthauses Luckau und später die Rückkehr nach Berlin.
Wie er Joy sucht, sie findet. Ruinen. Elend. Glück. Sich lieben
und neu anfangen, damit sich nicht wiederholt, was in Hitlerdeutschland alltäglich (und heimlich) war: Die Brutalität der
Menschenvernichtung.

In Plötzensee die Fleischerhaken. Die langen Namenslisten
derer, die dort gehängt wurden.

Erinnerungsstätten, KZs. Noch immer der Schauder, die
Scham, wenn einer, eine Gruppe dort ankommt. Reisende, nicht
mehr Opfer.

Wäre es richtig zu sagen: Die Vergangenheit ist im Gedenken
erstarrt? Wir können das millionenfache Leid, den millionenfa-
chen Tod nicht mehr abrufen in uns?

Ist es richtig zu fragen: Und was ist den Deutschen während
der letzten Kriegswochen in den Ostprovinzen, in der Tschechoslowakei zugestoßen? Wie hat der Bombenkrieg zuge-
schlagen?

Das eine Leid ist durch das andere Leid nicht auszutilgen, der
geplante Völkermord nicht durch die Wut des Aufruhrs gegen
die Nazi-Herrschaft in den letzten Phasen des Krieges zu annul-
lieren. Da taugt keine Kausalität, und ist doch Kausalität abzu-
fragen: Denn wer hat den Krieg über Europa gebracht? Wer hat
die »Endlösung« beschlossen?

Die Erwartung in den ersten Nachkriegsjahren war so groß
wie die Not. War Hoffnung: Auf ein Europa ohne Waffen. Auf
einen möglichen Sozialismus, auf demokratische Struktur. Auf
die Freiheit, die nicht ideologisch verengt war, sondern von der
Aufklärung her in die emanzipatorischen Bewegungen im 19.
und frühen 20. Jahrhundert eingebracht. Auf das Miteinander
der Völker und der Ideen – trotz Hiroshima und Nagasaki,
trotz Koreakrieg, trotz der Spannungen zwischen den Besatzungszonen, der Blockade Berlins und dem Zerfall Deutschlands in zwei Währungssysteme. Und schließlich, 1949, in zwei
Staaten.

Aber schon setzte sich der McCarthyismus in der Bundesrepublik durch, wurde, wer in die USA einreisen wollte, befragt, ob und wie er mit Menschen, Organisationen in der DDR verbunden war, setzte die Flüchtlingswelle aus der DDR ein, um bis 1961 nicht mehr abzureißen. Schon war der von Goebbels in den letzten Kriegswochen gepredigte und angekündigte gemeinsame Kampf der US-Soldaten und der deutschen Soldaten gegen den »Bolschewismus« wieder vorstellbar. War »Kommunist« wieder ein Schimpfwort (noch vor dem Verbot der KPD), wurden kommunistische Betriebsräte abgewählt oder ihre Wahl verhindert, denn das neue Betriebsverfassungsgesetz stabilisierte den Betriebsfrieden, sicherte das Wirtschaftswunder. Kiesingers Ausspruch »Wir sind wieder wer« ein Jahrzehnt später zog nur die Bilanz, die sich in Übergewicht und Wohlstand niederschlug.

Der 20. Juli wurde alljährlich gefeiert, Kranzniederlegung, Reden. Aber auch der 17. Juni wurde nun schon alljährlich gefeiert, Kranzniederlegung, Reden. Der 9. September, der Antifa-Tag, 1945 zum erstenmal gefeiert als ein Tag aller Widerständler gegen das Dritte Reich, war lange vergessen. Der Volkstrauertag behielt sein Pathos – und mit Recht, wenn man an das sinnlose Ausbluten einer ganzen Generation zwischen 1939 und 1945 dachte und dabei die Erschossenen, Gehängten, Ausgehungerten, ins Gas Getriebenen nicht vergaß. Nicht erinnert oder gefeiert wurde der Tag des Reichstagsbrandes und der Kommunistenhatz. Nicht gefeiert wurde der zersplitterte linke Widerstand im Dritten Reich. Sicher, Straßennamen, Gedenktafeln in Nebenstraßen erinnern hier und da an die Vereinzelung, aber befördern das Vergessen.

Der Antikommunismus in der Bundesrepublik speiste sich aus den verklemmten Entwicklungen des Sozialismus im Osten Europas, der Sozialismus, nicht Sozialdemokratismus, wurde ihm gleichgesetzt. Die Schulbücher schwiegen. Denn die Entnazifizierung hatte zum Unterkriechen, nicht aber zur Ausrottung nazistischen Ideengutes geführt. Die 12 Millionen Flüchtlinge wurden von den nationalen, wenn nicht post-nationalsozialistischen Politikern als Fundus reaktionärer Politik benutzt. Noch war kein neuer Nationalsozialismus sichtbar. Seine politische Formierung schien zu mißlingen.

Heute ist sie benennbar, greifbar, sichtbar, arrogant, gewalt-tätig, dreist, auch wenn sich der überaus aktive Neonazismus nicht schon in Wahlergebnissen niederschlägt. Ist er deswegen weniger beunruhigend?

Die Verharmlosungsstrategie ist »in«. Und gewiß: Nicht jeder PG, nicht jedes HJ-, BDM-, Jungvolk-, Jungmädelschaftsmit-glied, nicht jedes Mitglied der über 120 NS-Organisationen da-mals kann als potentieller Nazi abqualifiziert werden, weil das die Realität eines faschistischen Staates verkennen hieße. Aber daß der neue Rechtsradikalismus ungeprüft und fast unverändert die alten Slogans übernimmt, daß er den nazistischen Genozid leugnet, ist erschreckend. Erschreckend, weil er auf ein Potential junger Menschen verweisen kann, die ungeprüft übernehmen, was ihnen vorgelogen wird. Erschreckend auch, weil die Ab-wehr gegen diesen Neonazismus noch immer unvergleichbar be-hutsamer ist als die Abwehr gegen die neuen und unterschiedli-chen kommunistischen Organisationen.

Das hat natürlich in der Bundesrepublik auch schon eine lange Geschichte der vergeblichen Empörungen: gegen die Rehabili-tierung der 131er; gegen die Tätigkeit von Richtern, die sich in der Nazi-Zeit hervorgetan haben; gegen das Verbot der alten KPD, der Amtsenthebung ihrer Funktionäre, gegen Inhaftie-rungen und Berufsverbote in den fünfziger Jahren; gegen die Wiederbewaffnung, die atomare Bewaffnung und Lagerung ato-marer Sprengköpfe; gegen die Notstandsgesetzgebung. Wer die Summe des Widerstands gegen den Mißbrauch demokratischer Grundrechte seit 1949 zieht, könnte meinen, daß die deutsche Bevölkerung in der Bundesrepublik die Demokratie angenom-men habe. Er verkennt den Umfang dieses Widerstands in einem Umfeld aus Gleichgültigkeit und historischem Desinteresse, das sich in der Motivation der fast 50 Prozent Wähler der konservati-ven Parteien in der Bundesrepublik widerspiegelt, die sich anti-links verstehen, aber den Rechtsradikalismus »laufen lassen«. (Die ständig wachsende Abonnentenzahl der National-Zeitung ist nur ein Beispiel.)

Daß der Rechtsradikalismus darum gefährlich ist, muß deut-lich werden. Denn unsere Wirtschaft steht rechts, funktioniert in weiten Bereichen nur noch durch Rüstungsproduktion – auch für die Dritte Welt –, produziert also Vernichtung, die politisch gesteuert wird.

Und da leben noch die Frauen und Männer des Widerstands, alt geworden, müssen ihren Rentenanspruch immer wieder anmelden, anders als jeder Rentner, werden, sobald sie in Organisationen wie zum Beispiel dem VVN zusammengeschlossen sind, des Kommunismus verdächtigt (denn der taugt eben in der Bundesrepublik zur Verdächtigung!), sind Außenseiter geblieben. Und die anderen, die Juden, die dem Genozid im Versteck oder in der Emigration entkommen sind und wieder (oder noch) in unserem Land leben, werden, trotz der Feiertagsreden, kaum über den fortwirkenden Haß, der sich ohne Unterbrechung in Friedhofsschändungen und Schmierereien geäußert hat und von Jahr zu Jahr öffentlicher und brutaler wird, hinwegsehen können. Die Vergangenheitsbewältigung ist nicht gelungen.

Sicher, wir haben keinen neuen Hitler zu fürchten. Aber die politische Unmündigkeit, die den Faschismus hat aufblühen lassen, ist nicht überwunden und bietet sich den Meistern der Manipulation, den Spielern mit der »Laßt-mich-ungeschoren-Haltung« großer Bevölkerungsteile noch immer an.

Die aus den KZ-Lagern kamen, 1945, elend, in kleinen Gruppen, glaubten, sie hätten überlebt. Haben sie überlebt? Haben sie nicht, verhöhnt oder verschwiegen, weiter verloren? Ist ihr Traum, den sie aus der Weimarer Republik zu retten glaubten, hofften, nicht zum Abfall geworfen worden? Sind die Macher ohne weitausgreifende Zukunftsperspektive wirklich die Herren der Welt? Taugen Ideen nicht mehr, um der ökonomischen Zuchtrute der Menschheit und der ökologischen Erosion der Erdoberfläche Einhalt zu gebieten? Herrschen die Manager, die Technokraten, die Macher, die nur in Dezennien, in Wahlperioden denken und handeln?

Die blassen Gesichter der altgewordenen Insassen der KZs, ihre pünktlich zu liefernden Lebensnachweise für die Rente, ihr Vergessenwerden – nein, das zählt wohl nicht mehr. Und es sind noch *zu wenige*, die sich dessen schämen, *zu wenige*, die sich mit der Kraft ihres Lebens gegen den Zynismus des Vergessens auflehnen.

Die Welt, die uns angeht

Wider die Unausrottbarkeit der Folter

Eine Rede, gehalten am 26. Oktober 1977 in Konstanz
anläßlich der Aktions-»Woche des politischen Gefangenen«
von amnesty international

In meinem Lexikon steht: In Deutschland kam die Folter erst im
Spätmittelalter mit dem Inquisitionsprozeß auf. Die *Wahrheit*
sollte durch das Geständnis des Angeklagten ermittelt werden.
Wurde das Geständnis nicht freiwillig gemacht, so war dem
Richter bei schweren Verdachtsgründen die *peinliche* Frage ge-
stattet. Die Praxis unterschied 3 Grade, mit dem 3. Grad als
grausamstem. Wichtigste Folterwerkzeuge: Daumenschrauben,
Beinschrauben zum Zusammenpressen der Daumen und Wa-
den, die Folterleiter zum Zerren der Glieder, Spanischer Bock,
Schwitzkasten u. a. Durch die Aufklärung (Strafrechtsreform)
wurde die Folter abgeschafft, zuerst in Preußen 1740. Im 20.
Jahrhundert wurden jedoch wieder Foltermethoden angewandt.
In der Bundesrepublik ist *Folter zur Beeinträchtigung der freien
Willensentschließung des Verdächtigen* verboten (§ 136a Straf-
prozeßordnung).

Ein nüchterner Bericht. Man muß ihn neben der Charta der
Menschenrechte lesen, neben dem Grundgesetz Artikel 3, 4, 5,
auch Artikel 33 Abs. 1, 2 und 3, wo es heißt: »Niemandem darf
aus seiner Zugehörigkeit oder Nichtzugehörigkeit zu einem Be-
kenntnisse oder einer Weltanschauung ein Nachteil erwachsen.«

Jeder von uns hat die alten Folterwerkzeuge in den Heimat-
museen gesehen, hat den physischen Schmerz gefühlt, wenn er
sich nur vorgestellt hat, wie sie angewendet wurden, um *»die*

Wahrheit« zu ermitteln, seit Pilatus, der der Schule der Skeptiker zugezählt werden muß, ein fragwürdiger Begriff. Denn *wer* bestimmt, was Wahrheit ist? Im Falle des Gerichts der Richtende, der Verhörende, nicht der Verhörte, der eine andere Wahrheit hat, eine Wahrheit, die der Richter als Hüter des geltenden Gesetzes in Frage stellt.

Sie als Mitarbeiter von amnesty international wissen, daß das ein Grundschema ist, das noch immer gilt. Sie wissen auch, wieviel differenzierter die Folterwerkzeuge geworden sind. Ja, zur Folter gehört längst kein »Werkzeug« mehr.

Ich erinnere mich an eine Szene in einem Theaterstück, dessen Inhalt und Autor ich vergessen habe. Ich sah es Anfang der fünfziger Jahre. Da wurde die Lichtfolter dargestellt. Die Ermüdung durch Schlafstörung, Schlafverhinderung durch Lichtein- und -ausschalten, die Ermüdung durch grelles Dauerlicht in der Zelle. Wir wissen inzwischen, daß das in der Bundesrepublik praktiziert worden ist. Unter dem Vorwand, den Inhaftierten in U-Haft oder Vollzugshaft vor dem Selbstmord zu bewahren. In dem Theaterstück damals ging es darum, den Häftling zum Geständnis seiner obrigkeitswidrigen Weltanschauung zu nötigen. Worum geht es in unserem Vollzug?

Doch wenden wir uns noch einmal den Zuständen in der Welt unserer Tage zu! Summieren wir die Folterarten, die allein von Mitarbeitern von amnesty international beobachtet werden. Unser Lexikonartikel müßte dreimal so lang sein. Die Foltermethoden haben sich verfeinert: Sie ersparen mir die quälende Aufzählung. Nur der Hinweis auf die psychische Folter sei gestattet, der auf die Zerstörung der Persönlichkeit durch Haftbedingungen und der auf die Zerstörung der Persönlichkeit durch Pharmaca.

Die Verteidigung der Wahrheit durch die Gerichte ist wie zu Zeiten der Inquisition die Verteidigung der Macht derer, die Macht ausüben. Nur ist das Alibi *Wahrheit* durch größere Informationsdichte, durch die fortgeschrittenere Aufklärung der Menschheit heute durchsichtiger, und wissen die, die den Kampf gegen die bestehende *Wahrheit*, die durch Gesetze gestützte *Wahrheit* aufnehmen, daß sie einen Kampf gegen die Mächtigen, nicht gegen irgendwelches Teufelszeug führen. Sie wissen auch um die regionalen, durch Gesetze gestützten *Wahrheiten*, wie zum Beispiel: Schwarze sind unfähig, sich selbst zu regieren, oder: Das Industrieproletariat ist unfähig, an der Regierung mitzuarbeiten, oder: Die Bevölkerungsminderheit x, die Religionsgemeinschaft y sind als Minderheit, als Andersdenkende von der Teilnahme an der Macht auszuschließen.

So ist es kaum erstaunlich, daß die Intellektuellen, die Studenten, die Schriftsteller, die Anwälte, einige Professoren überall in der Welt zu den Wortführern derer geworden sind, die die durchsichtige *Wahrheit* der Mächtigen angreifen, kritisieren, die die von den Mächtigen Unterdrückten motivieren, deren *Wahrheit* in Frage zu stellen. Und es ist ebensowenig erstaunlich, daß der in der europäischen Aufklärung formulierte, in der Charta der Menschenrechte wieder artikulierte Anspruch vom gleichen Recht für alle das Aufbegehren gegen die *Wahrheit* der Mächtigen überall in der Welt bestimmt.

Es wäre ungenau, den Mißbrauch dieses Anspruchs dort, wo er sich als verwirklicht behauptet, im Staatssozialismus einerseits, in der bürgerlich-kapitalistischen Demokratie andererseits, nicht zu benennen und damit auch den Mißbrauch intellektueller Redlichkeit durch die einen, die anderen außer acht zu lassen, das In-Dienst-genommen-Werden von Intellektuellen, wie es immer wieder in den Aufstandsbewegungen dieser Jahrzehnte festzustellen ist, so daß ein Skeptiker wie Pilatus auch heute fragen müßte: Was ist Wahrheit? Gibt es nicht nur unterschiedliche Annäherungen an die von den Ohnmächtigen und für die Ohnmächtigen erfahrene Wahrheit vom gleichen Recht für alle? Aber mit dieser Skepsis würde Pilatus (wie er's damals als Statthalter der Besatzungsmacht ja getan hat) den Machthabenden zuarbeiten, die Realität der Unterdrückung, gleichviel wer unterdrückt, außer acht lassen, *die Realität der Utopie: Gleiches Recht für alle* übersehen (wie er sie damals übersehen hat als der, der zu richten, zu urteilen und zu verurteilen hatte, als der Statthalter des Römischen Reiches).

Warum ich das so ausführlich auseinandergewickelt habe? Um darzustellen, wieviel diffiziler heute die Konflikte zwischen der Wahrheit der Mächtigen und der Wahrheit der Ohnmächtigen geworden sind, obwohl es sich noch immer um die Konflikte zwischen Unterdrückern und Unterdrückten handelt. Denn:

Wer heute die Verfassungen der meisten Staaten der Welt liest, müßte auf einen beinahe idealen Zustand der Welt schließen. Wer die Börsenberichte studiert, weiß es anders, erkennt die in die Verfassungen eingenistete Macht des Kapitals welcher Prägung auch immer.

Das heißt, daß der Einsatz der Intellektuellen für die Ohnmächtigen heute sehr viel aufwendiger sein muß als noch vor 200 Jahren, weil sie den Mißbrauch des gleichen Rechts für alle unter dem Deckmantel der Verfassung durch den Anspruch auf das gleiche Recht für alle demaskieren müssen. Und deshalb ist der Haß auf *die Intellektuellen*, die sich für die Ohnmächtigen einsetzen, so sehr viel schärfer geworden. *Sie nehmen die Sprache der Mächtigen beim Wort.* Sie nehmen das Recht, das die Mächtigen stützen soll (und stützt), beim Wort.

In der Bundesrepublik Deutschland mit der sicher bisher demokratischsten deutschen Verfassung überhaupt beginnt diese Kritik anfangs sehr zögernd, wenn man nur das Echo auf das Verbot der alten KPD studiert, verstärkt sich mit der Diskussion über die Wiederbewaffnung, mit der Kritik an der Lagerung von atomaren Sprengsätzen im Bereich der Bundesrepublik bis zur Kritik an der einseitigen Parteinahme am Vietnamkrieg, die in die breite Kritik am nur noch nominellen gleichen Recht für alle eingemündet ist. Von Anfang an waren Schriftsteller die Wortführer der Kritik, haben Professoren die Denkmodelle entworfen. Die Studenten haben der Kritik die Breite gegeben. Die legendäre Beschimpfung der Schriftsteller als Pintscher erscheint als grotesker Vorläufer der Intellektuellenbeschimpfung. Dabei hat keiner von ihnen gefordert, was nicht in der – bisher besten deutschen – Verfassung niedergelegt ist und hat jede Kritik auf den Mißbrauch des gleichen Rechts für alle gezielt.

Natürlich haben die Beschimpften, öffentlich Disqualifizierten immer wieder den Rechtsweg beschritten und die Prozesse immer wieder verloren, weil die Richter das Grundrecht der freien Meinungsäußerung vorschieben, das den Intellektuellen natürlich zugestehe, sich kritisch zu äußern, ihnen aber keine Abwehr gegenüber der Hexenjagd, der sie ausgesetzt werden, zubilligt. Ein in mehreren Instanzen verlorener Prozeß bedeutet, daß die Beschimpfungen jeden Grades fortgesetzt werden können. Die politische Justiz funktioniert. Wir kennen einige Folgen: Absetzungen von Sendungen, Ausladungen von Schriftstellern, Verweigerungen von Buchhändlern, Werke der öffentlich Beschimpften anzubieten. Das Grundrecht der freien Meinungsäußerung ist zur Spielwiese für die Intellektuellen verniedlicht worden.

Mit Folter hat das noch nichts zu tun. *Und doch ist das Schüren von Pogromstimmung gegen die Intellektuellen eine Vor-Form der Folter.* Wie heißt es doch im Lexikonartikel? »In der Bundesrepublik ist Folter zur Beeinträchtigung der freien Willensentschließung des Verdächtigen verboten.«

Verdächtigt sind die Intellektuellen, die den Mißbrauch der Grundrechte aufgedeckt haben und aufdecken; die Wahrheit der Ohnmächtigen an der Wahrheit der Mächtigen messen.

So zu handeln, so zu schreiben, so öffentlich zu reden ist ihre freie Willensentschließung.

Ist aber das Schüren von Pogromstimmung, die Hexenjagd gegen die Intellektuellen keine Beeinträchtigung der freien Willensentscheidung?

Eine Frage, deren Beantwortung kaum Zweifel läßt, daß es sich um eine Vorform von Folter handelt, auch wenn diese sicher noch nicht vor der Menschenrechtskommission verhandelt werden muß.

Aber warum sind denn die Intellektuellen so kritisch geworden, daß heute in aller Öffentlichkeit die Lüge verbreitet werden kann, sie seien die Väter des politischen Terrors?

Haben sie nicht von der *Spiegel*affäre an deutlich gemacht, daß unter dem Deckmantel der Verfassung die Verfassung gebrochen wird? Haben sie nicht auf die Verschleierung der Nazi-Verbrechen hingewiesen? Haben sie nicht die moralische Schuld, die die Bündnispolitik vor allem im Vietnam-Konflikt eingebracht hat, aufgezeigt? Haben sie nicht auf den Mißbrauch der demokratischen Freiheiten, sowohl der Presse-Freiheit durch Monopole als auch der Verpflichtung nach Artikel 14 des Grundgesetzes, daß Eigentum zugleich dem Wohle der Allgemeinheit dienen solle, hingewiesen? Haben sie sich nicht gegen die Kommunistenhetze gewehrt, die durch die Mängel des kommunistischen deutschen Staates DDR Nahrung fand, und zugleich von Binnenkonflikten der Bundesrepublik ablenkte, aber auch Entspannungspolitik von vornherein abblockte?

Sind sie Väter des Terrors, weil sie die lange unterdrückte (in der Nazi-Zeit verbotene) Auseinandersetzung mit der Marxschen Interpretation der kapitalistischen Gesellschaft im Industriezeitalter gefordert und gelehrt haben? Sind sie Väter des Terrors, weil sie das Weiterdenken an der Marxschen Kritik gefordert und gefördert haben? Sind sie Väter des Terrors, weil sie sich gegen Rechtsmißbräuche geäußert haben, nachdem einige wenige ihrer Schüler vom Denken ins Handeln übergewechselt hatten und straffällig geworden oder straftatenverdächtig geworden waren? Sind sie Väter des Terrors, weil diese politisch motivierten Straftäter oder Straftatverdächtigen Mängel der Untersuchungshaft, der Vollzugshaft aufgedeckt haben, weil sie sich zum Sprecher der Stummen in den Haftanstalten gemacht hatten, der immerhin 40 000 Inhaftierten in der Bundesrepublik?

Keiner der öffentlich verhöhnten Schriftsteller und Professoren hat zur Tat mit der Waffe in der Hand aufgerufen. Von allen gibt es öffentliche Zeugnisse für ihre Ablehnung der Gewalt und nicht, weil sie auf der Spielwiese ihre freie Meinung austoben, sondern weil sie die Verfassung der Bundesrepublik ernstgenommen haben und die Verfassung mit den verfassungsgegebenen Mitteln intakt zu halten versucht haben und versuchen.

Vorformen der Folter. Und wie sieht es in den Justizvollzugsanstalten aus? Natürlich ist nirgendwo Folter verordnet und ist der reformierte Strafvollzug zumindest ein Versuch, die Rache-Justiz aufzuheben, den Inhaftierten Möglichkeiten zur Sozialisierung zu geben. Isolationszellen sind Zellen für Ausnahme-Situationen, in die die Häftlinge geraten (Tobsuchtsanfälle, totale Depression). Dennoch ist durch die Überdehnung der Verfahrenszeiten für viele Häftlinge die Zeit der Untersuchungshaft mit ihrer relativen Isolierung überlang, das Stadium der Folter durch Isolierung erreicht, ist die ärztliche Versorgung Schwerkranker durch Pharmaca oft nicht weit von Foltermerkmalen entfernt und sind in der Inhaftierungspraxis für die politisch motivierten Straftäter oder Straftatverdächtigen Isolation, ständige Schlafunterbrechung durch Lichtein- und -ausschalten, Dauerlicht Foltermerkmale nachweisbar gewesen. Im Nachhinein – von der

Terrorszene dieses Jahres aus – lassen sich diese Maßnahmen scheinheilig rechtfertigen, weil ausgelassen wird, wie sich Maßnahmen und Reaktionen der Inhaftierten wechselseitig gesteigert und auf die Szene draußen gewirkt haben.

Sicher, verglichen mit den brutalen Foltermaßnahmen, die amnesty international in den Ländern der Dritten Welt immer wieder aufdeckt, verglichen mit der psychiatrischen Folter in den Nervenheilanstalten der UdSSR, verglichen mit Wassergüssen, Verstümmelungen, Elektroschocks, Auspeitschungen, Aushungerungen, die fast überall in der Welt täglich gang und gäbe sind, erscheinen die Maßnahmen in den bundesdeutschen Haftanstalten beinahe human, sind zumindest in der Öffentlichkeit so zu »verkaufen«. Daß wir sie dennoch kritisieren müssen, hängt mit dem Anspruch zusammen, der im Grundgesetz formuliert ist, mit der wachsenden Dreistigkeit jener, die nach der Wiedereinführung der Todesstrafe rufen, mit den Haßorgien der Hexenjäger, die uns aufmerksam machen, welche Brutalität unter der Oberfläche der Demokratie lauert.

Es gibt keine andere Abwehr der Folter als die immerwährende Aufklärung, die immer neue Herstellung von Öffentlichkeit für Einzelfälle, die Bloßstellung von Folterregimen. Es gibt keine andere Abwehr als die ständige Aufmerksamkeit der kritischen Intellektuellen in aller Welt, die ja oft genug Opfer sind oder werden (und wie leicht das geschehen kann, hat an dem Beispiel der jüngsten Hexenjagd und ihrer Ursachen in der Bundesrepublik dargestellt werden können). Es gibt keine andere Abwehr der Folter als das Einstehen der kritischen Intellektuellen in aller Welt füreinander und für jeden, der gefoltert wird. Denn Folter dient immer nur dem Herauszwingen der Wahrheit, die den Mächtigen nicht paßt.

Es ist schade, liebes Jahrhundert ...

Es ist schade,
liebes Jahrhundert ...
Wir sind
imstande,
sowohl dem Elend auf der Erde
ein Ende zu bereiten
als auch das Leben
im Universum zu zerstören.
Doch wir führen das
stupide Spiel
der Fabrikation von
Waffen fort,
von denen wir wissen,
daß sie den Selbstmord
der gesamten Menschheit
in sich bergen.

Es ist schade, liebes Jahrhundert ...
Während wir beginnen,
uns zu den Sternen aufzuschwingen,
lassen wir auf Erden den Widersinn,
den Unsinn, ja Wahnsinn zu,
daß über zwei Drittel der Menschheit
gezwungen ist, in Elend, Hunger
und untermenschlichen Verhältnissen zu leben.*

Dieses Gebet des Erzbischofs von Recife und Olinda in der Provinz Pernambuco (Brasilien) als Einführung in einen Bericht über den Internationalen PEN-Kongreß in Rio de Janeiro im Juli 1979, in einer der schönsten Städte der Erde, von den Touristikunternehmen wegen des »Karnevals in Rio« gepriesen, noch nördlich des Wendekreises des Steinbocks vom tropischen Regenwald in den Außenbezirken erreicht, um die steil aus dem Meer aufragenden Morros gegründet, in Sumpfland gebaut, auf

---

* Aus: *Dom Helder Camara:* Meditationen für dies Jahrhundert. Übersetzt von Renate Smit-Krefting. Jugenddienst-Verlag Wuppertal, 1979.

Inseln gedrängt. Dieses Gebet Dom Helder Camaras aus dem Nordosten Brasiliens, der 1952 als Dreiundvierzigjähriger Weihbischof von Rio de Janeiro wurde, der also weiß, was er sagt. »Es ist schade, liebes Jahrhundert ...« ist während des Kongresses zwar nicht gesprochen worden, und ich weiß nicht, ob es für die Kongreßteilnehmer zuweilen hörbar war, wenn sie die Abendstunden nicht gerade in den berühmten Fischrestaurants oder den Nachtlokalen in Copacabana verbrachten oder auf den kongreßbegleitenden Empfängen die Faszination dieser hochmodern gebauten Stadt erlebten, in der der Kolonialstil immer mehr zur musealen Kostbarkeit wird. Aber während der Arbeitssitzungen hätte wohl jeder dieses Gebet verstanden. Denn was da aus den verschiedensten Ländern der Welt an Unterdrückung, Folter, Inhaftierungen, Einschränkung oder gar Aufhebung der Meinungsfreiheit, Verfolgung Andersdenkender, an Mißbrauch der elementarsten Menschenrechte zu erfahren war, weil dieser Mißbrauch die Schriftsteller angeht, sie zur Opposition zwingt und damit den Konflikten mit den jeweiligen Obrigkeiten aussetzt, hätte in die Sätze Camaras einmünden können.

Da war der Bericht des »Writers-in-prison-Komitees«, das in den letzten Jahren immer mehr an Bedeutung, weil an Aufgaben zugenommen hat, eine Unterformation des Internationalen PEN, die sich um die Schriftsteller im Gefängnis in den verschiedenen Ländern und politischen Systemen bemüht, Kontakt mit ihnen, mit den Familien, mit den zuständigen Behörden und, wenn möglich, mit den Schriftstellerorganisationen des jeweiligen Landes aufnimmt, um Hafterleichterung oder Aufhebung der Haft für sie zu erreichen, Ausreisegenehmigung und das Existenzminimum für die Familien ohne Ernährer, die mit den Regierungen Kontakt aufnimmt, Prozeßteilnehmer entsendet, immer in enger Zusammenarbeit mit amnesty international, nicht überall in enger Zusammenarbeit mit den Schriftstellern, die unbehelligt sind. Eine Arbeitsbilanz, die sich sehen lassen kann.

Weil der Kongreß seit langen Jahren wieder einmal in Lateinamerika stattfand, stand – und das war programmatisch – die Situation in den lateinamerikanischen Staaten im Vordergrund, die sich ja im wirtschaftlichen Umbruch der letzten zwei Jahrzehnte erheblich verschärft hat. So wurde auf die Folterpraxis in

Uruguay hingewiesen und die Antwort zitiert, die das holländische PEN-Zentrum auf seine Anfrage nach dem Verfahren gegen den Autor Alfonso Cabrelli erhalten hat: Er sei ein Kommunist; wurde das britische und belgische Angebot, für Hiber Conteris' Ausreise und Aufnahme einzustehen, bis zum Kongreß unbeantwortet gelassen, und wurde darauf hingewiesen, daß es seit 1968 überhaupt keinen Hinweis über den Verbleib von Julio Castro gibt.

Aus Paraguay waren zwar keine Inhaftierungen zu melden, aber eine scharfe Zensur anzuklagen. In Chile sind nach den Schreckenserfahrungen von 1973 jetzt keine Inhaftierungen von Schriftstellern mehr bekannt und haben junge Schriftsteller eine kritische Position bezogen, die während des Kongreßverlaufs die Aufnahme des neuen chilenischen PEN-Zentrums erbrachte (das alte chilenische PEN-Zentrum war nach 1973 aus dem Internationalen PEN ausgeschlossen worden). Die Aufmerksamkeit der Kongreßteilnehmer richtete sich während der Kongreßtage im Juli auf die Nachrichten aus Nicaragua. Die Zeitungen wanderten von Hand zu Hand. Und die Nachricht von der Regierungsbildung durch die Sandinistische Befreiungsfront lief wie eine Botschaft der Ermutigung von Tisch zu Tisch, es war ja zugleich die Nachricht, daß der Diktator Somoza endlich das Land verlassen hatte. Und es war die Nachricht vom Triumph der Schriftsteller, die für die Befreiung Nicaraguas eingetreten waren: Ernesto Cardenal, Sergio Ramirez. Auseinandersetzungen gab es über die drei in Kuba inhaftierten Schriftsteller, die als Widersacher der kubanischen Revolution einsitzen, wie zum Beispiel der schwerkranke, alte Armando Valladerez. Es bedurfte vieler Beredtsamkeit, um das Messen mit zweierlei Maß als des PEN unwürdig zu befinden. Der Komiteebericht ließ auch nicht aus, auf die Schwierigkeiten kritischer Autoren im sozialistischen Kuba hinzuweisen, nannte Angel Cuadra, der seit 1977 inhaftiert ist und die Schwierigkeiten des weltberühmten Heberto Padilla, der nur noch als Übersetzer arbeiten darf. Zum Beweis der Objektivität des »Writers-in-Prison-Komitees« wurden die Namen dreier bei Abfassung des Berichts noch inhaftierter brasilianischer Journalisten genannt, wurde darauf hingewiesen, daß sich die Spuren von drei weiteren Journalisten verlieren und daß zwei Herausgeber und ein Journalist in Verfahren wegen Vergehen gegen die »Nationale Sicherheit« verstrickt sind. (Nach Kenntnis der brasilianischen Szene dürfte es sich um Zensurverfahren handeln.) Die Informationen entsprachen jedenfalls einem der wichtigsten Ziele des Kongresses, die zwar nicht offiziell deklariert, aber in den Einführungsreden angesprochen worden waren – am präzisesten durch Mario Vargas Llosa, der den Kongreß in Rio de Janeiro zum Ende seiner Amtszeit als Internationaler Präsident souverän leitete, bevor er das Amt in der den Kongreß abschließenden Feierstunde an den neugewählten Internationalen Präsidenten, den Schweden Per Waestberg weitergab –: den Abbau der Pressionen in Lateinamerika einzuleiten.

(Inzwischen haben wir Nachrichten über eine Amnestierung für Inhaftierte, die, ohne Gewalttäter zu sein, aus politischen Motiven in Brasilien einsitzen.)

Die beunruhigendsten Nachrichten aus Lateinamerika wurden dem Kongreß aus Argentinien übermittelt.

Hatte schon der Komitee-Bericht von den besonderen Schwierigkeiten, dort etwas zu erreichen, gesprochen (sechs PEN-Zentren bemühen sich um zehn argentinische Schriftsteller, aber es sind weit mehr Schriftsteller und Journalisten bekannt, die entweder im Gefängnis sind oder deren Spuren sich verlieren), so machte die Pressekonferenz in dem spärlich erleuchteten, durch eine Stellwand unterteilten Büroraum der Kongreßleitung, die zwei Sprecherinnen der »Mütter vom Plaza de Mayo« gaben, mit dem ganzen Ausmaß des Elends bekannt. Sie waren aus Argentinien angeflogen, um von der Arbeit und Sorge dieser etwa 2000 Frauen zu sprechen, die sich zusammengetan haben, um das Schicksal der etwa 15 000 vermißten Männer und Söhne seit 1976, der »Desaparecidos«, aufzuklären, ein erschreckender, ein mitreißender Bericht von den Abholungen aus der Wohnung, vom Nicht-mehr-Heimkommen. (Inzwischen hat die argentinische Regierung bekanntgegeben, daß für Vermißte Totenscheine ausgegeben werden sollen, ein Eingeständnis grausamer Morde? Oder ein Versuch, das internationale Interesse an den unmenschlichen Vorgängen irrezuleiten?) Wer die Gesichter, die Hände dieser Frauen während der fast anderthalbstündigen Pressekonferenz beobachtet, wer den eindringlich informierenden Sätzen gelauscht hat, kann kaum noch anderes denken als: »Es ist schade, liebes Jahrhundert ...«

In Vietnam (und nicht nur in Süd-Vietnam) werden 45 Schriftsteller entweder vermißt oder sind im Gefängnis, eine Hintergrundinformation zu der Fluchtkatastrophe. Eine große Zahl von vietnamesischen Schriftstellern ist in die Emigration gegangen. In Süd-Afrika sind acht Schriftsteller und Journalisten im Gefängnis, vierzehn dem Bann unterworfen, von zweien fehlt jede Spur. In der Sowjetunion sind sechzehn Schriftsteller im Gefängnis oder in der Verbannung, wenn auch die Zahl der betroffenen Schriftsteller zurückgegangen ist. In der Tschechoslowakei haben Schriftsteller und Journalisten aus der »Charta 77«-Gruppe Inhaftierungen, Prozesse, Veröffentlichungsverbote auszuhalten. Auf die Diffamierungen, Publikationsschwierigkeiten und Ausweisungen von Schriftstellern der DDR wies ein Antrag des bundesdeutschen PEN-Zentrums hin. Auf die inhaftierten Schriftsteller in Süd-Korea, nicht nur auf Kim Chi Ha, von dem überall in der Welt gesprochen wird, mußte abermals hingewiesen werden. Sehr zurückhaltend sind die Informationen aus Indonesien zu bewerten, das nur einzelne Informationen aus den Lagern und von den Gefängnisinseln bekanntgibt und auf gezielte Anfragen, z. B. die nach Pramoedja Ananta Toer, nur die ungenaue, aber höhnische Antwort gibt, daß er einer der allerletzten sein werde.

Patenschaften für Autoren, Veröffentlichungen ihrer verbotenen Arbeiten werden von den einzelnen PEN-Zentren übernommen. Aber allen, die den Berichten zugehört haben, können sie nur als punktuelle Hilfen in dieser vom internationalen Ausmaß her erschreckenden Entwicklung gelten. Denn was verbirgt sich hinter den Diskriminierungen als Kommunist hier, als Anti-Kommunist dort? Als Aufrührer jedenfalls, ohne Gewaltanwendung jedenfalls, allein mit der Sprache, mit Gedicht, Erzählung, Bericht? Findet hier nicht eine Auseinandersetzung von weit größeren Ausmaßen als im 30jährigen Krieg statt – ein Religions-(macht)kampf? ein Ideologie(macht)kampf? –, bei dem die Schriftsteller, die nicht zu Hofschranzen taugen, immer Partei für die Unterdrückten nehmen, nehmen müssen?

Daß der Internationale PEN, 1921 mit dem pazifistischen Pathos der Intellektuellen nach dem Ersten Weltkrieg gegründet, die Würde bewahrt, die er 1934 erlangt hat, als er das deutsche Zentrum ausschloß, weil seine Sprecher die Auskunft über Reaktionen des PEN nach der Bücherverbrennung (10. Mai 1933) ebenso schuldig blieben wie die Antwort auf die Frage nach der Unterstützung der verbotenen, der exilierten Schriftsteller, bestätigt dieser so oft verlästerten internationalen Organisation ihre große Bedeutung. Daß sie nicht politisch Partei nimmt, sondern für die Sprecher der Unterdrückten eintritt, macht sie stärker als die Schriftstellerorganisationen in vielen Ländern (sozialistischen wie kapitalistischen), die sich Anpassungszwängen nicht immer zu widersetzen vermögen.

Es gab Organisationsfragen in diesem, während des brasilianischen Winters durch die Klima-Anlage zusätzlich unterkühlten Konferenzraum, etwa die wirkungsvollere Arbeit der vielen Exilzentren, die durch die Gründung immer neuer Zentren kaum potentieller wird, es sei denn man fände eine neue Strukturierung der Exilzentren, die sich ja vor allem mit den Sorgen der Exilierten befassen und sich der politischen Nutzbarmachung von welcher Seite auch immer enthalten müssen, um zum Ausdruck zu bringen, daß es nicht zweierlei Menschenrecht geben darf. Bis auf Ausnahmen war das literarische Angebot in den Nachmittagsstunden dürftig, weil da wohl häufig Autoren vorgeschlagen werden, die ihre Qualifikation vor dem internationalen Gremium zu erreichen hoffen. Einer der Mängel der internationalen PEN-Kongresse, die behoben werden müssen, wenn die Zivilcourage, die in den einzelnen Zentren und in den internationalen Gremien bewiesen wird, nicht in Widerspruch zur literarischen Courage, die die Autoren als einzelne beweisen, geraten will. Courage – wie sieht sie aus, wenn man durch die Straßen dieser schönen, dieser grausamen Stadt geht (und nicht zum ersten Mal durch so eine Stadt geht, in der die sozialen Gegensätze aufeinanderprallen, in der sich die Ungelöstheit der gegenwärtigen Menschheitsprobleme ungeschminkt darstellen)? In der der Schriftsteller gefordert ist, Partei zu nehmen?

Eine der schönsten Städte der Erde, gewiß, hingebreitet an der Bucht von Guanabara und am offenen Meer. Wohnstadt für 5½

Millionen, von denen 1 Million jedoch in den Favelas wohnt, eine Wohn-, eine Lebenssituation, die die Touristikunternehmen ebenso zu verharmlosen suchen wie viele Gesprächspartner in der Stadt, obgleich jedermann weiß, daß der »Karneval in Rio«, der Samba und die Samba-Schulen das Elend nur zudekken, das bewältigt werden muß. Im Juli, im Winter sind Winterferien bei sommerlichen Temperaturen, wenn auch die Nächte kühl sind, die jähe Dämmerung und der steile Absturz der Sonne am Nachmittag, dazu die Regen- und Sturmtage, eine für den Mitteleuropäer neue Tropenerfahrung sind. Aber auf den Stränden, die die Stadt am Meer einrahmen, wird Sport getrieben, wird in dem hohen Wellengang gebadet, haben die Händler ihre Stände, schleppen sehr kleine Jungen die großen Kanister mit Mate-Tee oder Taschen voller Gebäck und Früchten, und finden in drei Nächten der Woche zeremonielle Tänze statt, die afrobrasilianischen Ursprungs sein dürften, ähnlich wie der Macumba-Kult, morgens sind Hühnerfedern von der Schlachtung am offenen Feuer im Sand sind Rosen und Zigarren als Sexualsymbole zeichenhaft zueinander gelegt. Tagsüber bis in die Dunkelheit toben die Kinder auf den großen Spielplätzen längs der Küste, für alle zugänglich und von Schwarzen und Weißen und Mischlingen aller Schattierungen genutzt. Die Rassentrennung, die einen in allen nordamerikanischen Städten schmerzhaft berührt, scheint hier aufgehoben. Scheint. Denn der soziale Aufstieg in dieser jahrhundertealten kolonialen Mischlingsgesellschaft ist doch den Weißen vorbehalten, ja, die Einbindung der Industrieproduktion in die US- und europäischen Konzerne kommt fast einer neuen Kolonialisierung gleich, festigt neue, gerade im tropischen Lateinamerika während der Jahrhunderte der Kolonialherrschaft fließend gewordene Rassengrenzen. In den Banken, den Büros der Verwaltung sind die Schwarzen, die Kreolen selten. Seltener noch in den Chefetagen der Industriekonzerne. Aber schwarze Polizisten beobachten die Strände, regeln den Verkehr. Sozialer Aufstieg?

Vielleicht geht es gar nicht darum, weil es ums Überleben geht. Sicher, die Hausmeister in all den Hochhäusern mit den Nobel-Wohnungen sind Schwarze oder Mischlinge, fett geworden vom Stillsitzen und vom Lohn. (Aber wir wissen ja heute, anders als Marx es schon wissen konnte, daß der Trend zur kleinbürgerlichen Selbstbehauptung Rassen- und Klassengrenzen aufweicht und gesellschaftliche Veränderungsprozesse eher blockiert als vorantreibt. Das ist denn vielleicht auch in den Favelas zu erspüren.)

Ein Samstagmorgen. Die kleine Gruppe des PEN wird von einer schwarzen Professorin geführt, die selbst in einer Favela geboren ist und zu den wenigen gehört, die das Schulangebot haben nutzen und den Aufstieg probieren können. Aber sie lebt in der Favela. Sie arbeitet über die Sozialstrukturen in der Favela und über die dort entstehenden Sub- und Mischkulturen. Auf der kurzen Einkaufsstraße ist Markt, vier, fünf Stände mit Zwiebeln und Gemüsen. Auch Fleisch, roh und blutig, hängt aus. Schweine wühlen im Unrat, ein alter Mann tanzt mit seiner Einkaufstasche (einem international üblichen Plastikbeutel) in der Hand auf der Straße, die Frauen drängen sich mit Plastikschüsseln und Eimern an den wenigen Wasserhähnen, um zu waschen, zu spülen. Die Hütten – und es wohnen hier zwischen siebzig- und achtzigtausend Menschen – sind ohne Wasserversorgung. Auf den Höhen weht schon die Wäsche, die Hemden und Arbeitshosen, im Wind. Da sind die Frauen früher aufgestanden, um den Warteschlangen an den Wasserkränen zuvorzukommen. Über der weitausgedehnten Siedlung lastet der Gestank aus den primitiven Aborten, aber tänzeln auch die selbstgebastelten Drachen der Kinder; vor den Hütten hocken kindliche Mütter mit ihren Babys im feuchten Lehm, die Gesichter der fahlen Sonne zugewandt, warten, warten. Lächeln, wenn man sie anspricht, das Kind streichelt. In den Hütten keine Betten, keine Fenster, ein alter Eisschrank, ein Herd, glitzernde Sambaschärpen an den Wänden. Wir treffen den Leiter der Samba-Schule, auch einen Samba-Komponisten. Ihre Hütten sind stabiler, ähnlich wie die Lauben in den Kolonien bei uns, Wohnstätten von schon Privilegierten. Aber die Lieder, die der Sambakomponist vorträgt, zeugen von der Trauer nach dem Karneval, von der niederdrückenden alltäglichen Wirklichkeit, die dem Rausch der Tänze folgt. Welche Kraft der Sprache, der Melodie, des Rhythmus! Wer von den Touristen aus aller Welt begreift denn schon diesen Hintergrund des Karnevals? Wer denkt daran, daß die Abertausende in ihren glitzernden Kostümen auf der Avenida Rio Branco am nächsten Tag und ein neues Jahr lang in den feuchten, zugigen, aus Brettern und Blech zusammengehauenen Hütten leben müssen, Gelegenheitsarbeiter, Bettler, Stadtreinigung und Haushaltshilfen, soziale Unterschicht, Reservearmeen der Industriegesellschaften oder Zuviel-Geborene?

Im Hotel wird von den Reiseleitern vor Diebstählen gewarnt. Dabei ist das schwarze oder Mischlings-Hotelpersonal schon privilegiert, freundlich. (Die immer neue Beschämung für uns Europäer über den Dank, wenn wir Trinkgeld zahlen!)

Aber wie ist denn das, wenn wir erfahren, daß Favelas haben verschwinden müssen (notfalls hat es gebrannt), weil ein Hochhausviertel entstehen soll? Wie ist das, wenn wir die Fischer auf den rundgeschliffenen Felsen an der Cabo dois Irmãos sehen, gefährdet, vom Wellengang und der Küstenströmung weggerissen zu werden, aber die zu Hause in der Favela neben den Luxushotels warten auf den Fang? Wie ist das, wenn wir die fast ausgehungerte Bettlerin an der Avenida Presidente Vargas sehen, das Kind neben sich (verdammt obligates Bild des Elends in aller Welt!) – oder den in schmuddlige Verbände eingewickelten Bettler auf den Stufen der alten Kirche Santa Lucia, und wie er einer ebenfalls alten, fetten Touristin die Stufen herunterhilft? Oder wenn wir die Menschenschlangen an den Autobushaltestellen sehen, rush-hour, das Übliche, aber wir wissen, wo ihre Ziele in den unzähligen Favelas sind ... (Und wir wissen, daß Rio de Janeiro da keine Ausnahme macht, wissen von den ergebnislosen Frühjahrsstreiks in der Autostadt São Bernardo, um die katastrophalen Auswirkungen der Inflation für die Arbeitnehmer abzufangen, wissen von der paramilitärischen Werkpolizei, die die VW-Werke in São Bernardo schützt und davon, daß die Arbeiter bei VW in São Bernardo vom »Lager Holocaust« sprechen, seit der Film in Brasilien ausgestrahlt worden ist.)

Nein, täuschen wir uns nicht, dieses Land Brasilien, eines der an Bodenschätzen reichsten der Erde mit der normalen Super-Armut der Dritten Welt, geht uns nicht nur während der Tage des Kongresses an. Die Auffahrt der schwarzen Limousinen anläßlich der Eröffnung des Kongresses durch den Präsidenten Figuereido ist international üblich. Blumendekoration, Beifall,

Claqueure im Saal, wer regt sich darüber noch auf! Daß der Präsident aber versucht, die jahrzehntealten Praktiken diktatorisch ausgeübter Regierungsgewalt abzubauen, muß angemerkt werden, und besonders, weil die internationalen Industriekonzerne, einschließlich der Atom-Lobby, in Brasilien aktiv sind, also politische Auseinandersetzungen mit der Demokratisierung zunehmen werden, zunehmen müssen, weil ja Demokratie die Mit- und Selbstverantwortung freisetzt, die Herrschaft kontrollierbar macht.

Es ist schade, liebes Jahrhundert ...

Da steht ein Junge vor mir, ich habe ihm etwas in Fett Gebackenes abgekauft, habe aber nur einen etwas größeren Geldschein. Ich sehe den Kampf in seinem Gesicht. Endlich entschließt er sich, mir korrekt herauszugeben und kann erst gar nicht begreifen, daß ich ihm deswegen (wie peinlich pädagogisch sind wir Europäer!) einen Zuschlag gebe, für ihn selber. Dann leuchten seine Augen auf, lächelt er, gibt mir die Hand. (Und natürlich kommen nun alle die kindlichen Händler hinter mir her.) Oder da bist du in der Reihe der einhundertfünfzig Wartenden auf den Omnibus. Rush-hour. Geduld als Erfahrung. Oder da ist einer in einer Fruchtsaftbar mit dem Besitzer ins Gespräch gekommen, schon Abend, Zeit, die Rolläden herunterzulassen, aber sie erzählen sich von der Familie, den Kindern, dem täglichen Umsatz. Wer's so weit gebracht hat, ist gut dran. Oder die Fähre, billiger noch als der Omnibus, der auf der 14 km langen Ponta Presidente Costa e Silva die Bucht von Guayabera überquert, ein Verkehrsmittel, nichts anderes, aber es ist Sonntag, alle sind festlich angezogen, das Weiß der Hemden und die Schleifen in den Zöpfen der Mädchen leuchten. Drüben sonntäglicher Markt und Gottesdienst und Spielplätze im Palmenschatten, alte Männer, Mulatten zumeist, auf den Parkbänken. Aber in den abgetrennten Bezirken hinter den militärischen Anlagen der tropische Überfluß der Gärten, kein Staub, kein Marktgestank, Stille. Wie das wo immer auch in der Welt ist.

Was geht das die Autoren an? Sie haben die Reiseführer, nutzen die wenigen freien Stunden, und die tropischen Abende sind tiefdunkel, wenn auch von den Karbidlampen der Straßenhändler, vom Neonlicht über den Avenidas, von den jagenden Autoherden, vom Flüstern der Paare in den Parks und den leisen Gesprächen in den straßenoffenen Restaurants belebt; besuchen die Museen, das Teatro Municipal, erleben in der Kirche »Nossa Senhora da Gloria do Outeiro« vor dem Hochaltar, der als ein Werk des Mestre Valentim gilt, des einzigen Mulattenkünstlers im 18. Jahrhundert, eine Taufe, eine Hochzeit. Rote Teppiche, hunderte von Menschen, blumenstreuende Kinder und nachher unter dem Baldachin auf dem Vorhof Brautpaar und Brauteltern, um die Glückwünsche der vorüberdefilierenden Gäste entgegenzunehmen.

Und nur wenige hundert Meter entfernt die zum Abriß bestimmten Häuser Alt-Rios, Nuttenquartiere, billige Kneipen, Schwarze, Weiße, Mulatten, Kreolen.

Eine schöne Stadt, sagen die Prospekte der Tourismusunternehmen – und mit Recht. Kaum irgendwo, die brasilianische Hauptstadt Brasilia ausgenommen, haben die großen Baumeister der Moderne, Oscar Niemeyer, Lúcio da Costa, Mauritio Roberte, Sérgio Bernardes, so deutlich die heutige Stadt geprägt, die alte Stadt, wenn auch nur noch in einzelnen Baudenkmälern in das heutige Stadtbild einzubeziehen versucht (man muß nur an den Aquädukt denken, der den gewaltigen Morro aus Glas und Beton, die neue erzbischöfliche Kathedrale, perspektivisch durchschneidet, aber ganz selbstverständlich in die Gestaltung des Platzes einbezogen wird; oder an die alten Kirchen, um die in den Hochhausvierteln der Raum ausgespart bleibt).

Aber der Tourismuserfolg einer Stadt, ihre Schönheit und Großzügigkeit sagen nichts über das soziale Panorama aus. Für Hochhaus-Appartements an den Küstenstraßen werden 1500 bis 3000 US-Dollar monatlich gezahlt, die Eintrittsgebühr in den Yachtclub wird mit 50000 US-Dollar angegeben. Der Edelsteinschleifer in den Fabrikräumen über der Avenida Rio Branco verdient (schon privilegiert) monatlich Cruzeiros im Wert von 500 Dollar. Kein Wunder, daß da die Favelas wie Geschwüre an den Hängen hochwachsen, weil ja die alten, hübschen, wenn auch heruntergekommenen Häuser, in denen das Wohnen noch preiswert ist, der Spitzhacke zum Opfer fallen, um neue Hochhausquartiere zu errichten, denn, so heißt es unter den Cariocas (wie die Einwohner der Stadt genannt werden; das Wort weist ins Indianische zurück), in Rio de Janeiro wird das Geld ausgegeben, das in São Paulo verdient wird. Und in diese Industriestädte des Südens drängen die landlosen Leute aus dem Norden, der Hoffnung auf der Spur, die sich für wenige von ihnen verwirklicht. Der Samba-Komponist hat recht mit seinem Satz: Wir schaffen die Träume und benennen die Traurigkeit, die nachbleibt. Sambaschärpen und Rose und Zigarre, die Trommelrhythmen, die die kultischen Wettkämpfe begleiten, die steinerne Endgültigkeit auf den Kirchhöfen mit den Urnenstockwerken den Berg hinan, die brutale Raserei der Autofahrer, die freundliche Ruhe der schwarzen Omnibusfahrer und -schaffner, die Naschsucht der Kinder und Erwachsenen, die sich vor den Kiosken auf dem Zuckerhut oder unter der pathetischen Christusstatue auf dem Corcovado drängen, die Lichterbänder der Avenidas und plötzlich, der Abendhimmel schon topasfarben, neben der Treppe zum Gloria-Hügel, in eine Vertiefung im Stein geklebt, sechs oder sieben Kerzen, Spuren einer Erinnerung – an wen? an was?

Superreichtum und große Armut, eine Stadt, in der eine bürgerliche Mittelschicht nicht überlebt hat.

Eine Feministin (sie hat während der ersten Jahre der Regierung Geisel außer Landes leben müssen) klagt, daß die Frauen der upper class von ihren gesellschaftlichen Verpflichtungen so in Anspruch genommen sind, daß sie nicht Zeit und Energie frei haben, um den Frauen aus den Favelas Mut zu sich selber zu machen, um sich den ständigen Schwangerschaften zu widersetzen.

Aber Enio Silveira, der Verleger der »Editora Civilizaçao Brasileira«, Verleger der Avantgarde Brasiliens und Verleger Brechts in Brasilien, der wegen seiner literarischen und politischen Verlagsproduktion einige Male im Militärgefängnis eingesessen hat, weil er die Zensurbestimmungen verletzt hatte, spricht nicht ohne Hoffnung von dem Prozeß der Demokratisierung, den Präsident Figuereido einzuleiten versucht. Die Mängel benennen, statt sie zu vertuschen, das muß die Lethargie der Elenden aufbrechen. Er schätzt die Aufhebung einiger Zensurgesetze hoch ein und hat auch Erwartungen in die Konsequenzen der PEN-Tagung.

Ist Lateinamerika wirklich im Aufbruch, wie es die lateiname-rikanische Literatur verspricht? Deutlich ist jedenfalls, wo der Platz der Autoren zu sein hat. Deutlich wie die Haltung des In-ternationalen PEN mit seinem Eintreten für die Meinungs- und Publikationsfreiheit in jedem System.

»Hilf den Menschen guten Willens
– aus allen Ländern, Rassen, Sprachen
und Religionen –, durch befreienden
moralischen Druck das Bewußtsein
der Verantwortlichen zu wecken,
damit sie der Menschheit helfen,
frei zu werden vom Makel der Unter-
menschen, die das Elend erzeugt;
vom Makel der Übermenschen, geboren
aus Überwohlstand und Luxus.

Hilf jenen, die das Glück hatten,
in reichen Ländern geboren zu werden;
verhilf ihnen zur Einsicht, daß
die Privilegien, die sie genießen,
mit Unrecht gegen die armen Länder
erkauft sind. Oft werden sie zu
Komplizen dieses Unrechts, ohne
es zu merken.«

Dieses, ein anderes Gebet Dom Helder Camaras beschreibt die Erwartung, der sich die Schriftsteller überall in der Welt stellen. Daß der PEN in seinem Einsatz für die an dieser Aufgabe Gehin-derten, die Inhaftierten, Gefolterten, durch Zensur oder Ver-bannung mundtot Gemachten über das Pathos der zwanziger Jahre hinweggewachsen ist, und trotz der Konflikt-Markierun-gen in den eigenen Reihen zwischen Kapitalismus und Sozialis-mus, Europa und Dritter Welt, reichem Norden, armem Süden die Brüderlichkeit der Schreibenden probiert, macht ihn wichtig.

Eine Million in den Favelas von Rio de Janeiro – wie viele Millionen in den Slums der großen Städte überall in der Welt?

Mit jedem neuen Menschen, der dort geboren wird, wird eine neue Frage geboren, wird das Recht auf Zweifel und Widerspruch dringlicher.

Die prallen Früchte auf dem Karren des Obsthändlers unter der Karbidlampe, die schmierigen Geldscheine in der Blechkiste, wie wenig hat er am Tag verkauft, wieviele Früchte faulen über Nacht? In den Straßen die mädchenhaften Nutten, ausgeschickt von den Müttern. Auf der großen PEN-Fahne die Coca-Cola-Reklame. Kauft sich etwa die Coca-Cola-Industrie Freiheiten ab? Wir müssen auf der Hut sein. Brasilien, eines der an Bodenschätzen reichsten Länder der Erde, ist so weitgehend auslandsverschuldet, daß die Inflation galoppiert, das Realeinkommen ständig sinkt. Warum ist das so? Und sind darum die Schriftsteller in diesem Jahrhundert zu den Benennern, zu den Fürsprechern und Vorsprechern der Elenden geworden?

Abschiebung

Eine Anmerkung

Abschiebung – was für ein unmenschliches Wort! Abschieben – etwas Willenloses, also wohl ein Ding, einen Gegenstand bewegen, von dem, der schiebt, wegbewegen. Aber eben nicht nur wegschieben, beiseite schieben, sondern entfernen, abrücken, so daß der Bezug des Dinges, des Gegenstands zu dem Schiebenden abbricht. Doch es ist nicht von Gegenständen, von Dingen die Rede – sondern von Menschen. Von Menschen, die in der Bundesrepublik und West-Berlin leben und die man nun nicht mehr dort haben, nicht mehr sehen, mit denen man (also wir) nichts mehr zu tun haben will (wollen).

Viele sind als Gastarbeiter gekommen, wir haben sie vor noch gar nicht langer Zeit auf den Bahnhöfen gesehen, wenn sie aus den Sonderzügen stiegen, hilflos, fremd mit dem verschnürten Pappkarton als Habe und gleich auch selber Habe der Vertragspartner, der Kleinunternehmer, der großen Unternehmen, miserabel untergebracht zuerst, Baracken, eine Wasserleitung für zwanzig, für fünfzig Menschen. Und es hat lange genug gedauert, bis die Unterkünfte verbessert wurden, bis viele ihre Frauen nachkommen ließen und sich Wohnungen nahmen in den Altstadt- und Sanierungsvierteln der Industriestädte. Sie haben gearbeitet, die meisten als Ungelernte, sie haben verdient, gespart, haben das Mißtrauen ihrer deutschen Kollegen ausgehalten, haben ein paar deutsche Sätze und deutsche Sitten gelernt, haben sich gefreut, daß ihre Kinder in den deutschen Schulen nicht nur die fremde deutsche Sprache gelernt haben – und stehen nun wieder auf den Bahnhöfen und den Flughäfen, ein paar verschnürte Koffer um sich, die winzigen in Deutschland geborenen Kinder um sich. Die Verträge sind abgelaufen, oder sie sind vorzeitig ausgezahlt worden. Was wartet zu Hause auf sie? Wer wartet auf sie?

Doch ihnen gilt das Wort »Abschiebung« nicht, obwohl es für sie nicht möglich ist, weiter in der Bundesrepublik zu bleiben ohne Arbeitsvertrag und die daran gekoppelte Aufenthaltsgenehmigung. Sie gehen so freiwillig, wie sie gekommen sind: von der Not getrieben. Aber wer sich nicht treiben lassen will, wer nicht zurück will in die hoffnungslos unterentwickelte Heimat, in die Arbeitslosigkeit dort, wer »schwarz« zu arbeiten versucht, macht sich strafbar und wird bei irgendeiner Razzia gefaßt, in eines der Abschiebelager gebracht.

Denken wir aber auch an die, die am Leben in der Fremde gescheitert sind, sich in der Arbeit nicht bewährt haben, straffällig geworden sind! Es gibt viele Gründe für ihr Scheitern: Da hat ein Betriebsleiter zu viele Gastarbeiter »eingekauft« und hat die Verträge nicht einhalten können, da ist einer mit den Verständigungsschwierigkeiten nicht fertiggeworden, hat durchgedreht ohne Frau, hat in der Unterwelt unserer Städte üble Geschäfte gemacht, mit Drogen gehandelt oder ist in eine Bande hineingeraten – die in den Gefängnissen einsitzenden Ausländer haben das Versagen in der Fremde hinter sich. Sie werden abgeschoben, wenn sie die Haft verbüßt haben. Und was wartet zu Hause auf sie? Wer wartet auf sie? Sie werden in Lagern zusammengepfercht, bis die Sammeltransporte zusammengestellt werden. Stückgut. Ware. Selten genug dringt Nachricht nach draußen. Die ungünstige Lage auf dem Arbeitsmarkt ist die Garantie für das Desinteresse an ihnen. So war es schon einmal nach der Auflösung der Fremdarbeiterlager des Hitlerreiches! Daß die Wand aus Gleichgültigkeit zuwuchs über dem Elend, das von Deutschen veranlaßt worden war. Und es ist keine Entschuldigung, wenn heute allenthalben in den westeuropäischen Industriestaaten ähnlich verfahren wird!

Darum müssen wir aufbegehren, müssen fragen, wie mit denen umgegangen wird, die einmal zu uns ins Land gekommen sind, mit, aber auch ohne Arbeitsvertrag, angelockt von dem Arbeitsangebot, voller Hoffnung, den Slumgürteln der Großstädte am Rande Europas zu entkommen, dem Hunger auf verkarsteten Äckern zu entkommen, Menschen ohne Habe, aber mit der Kraft ihrer Arme.

Sicher müssen wir auch fragen, was ein Staat mit den Menschen tun soll, für die seine Wirtschaft keine Verwendung mehr hat, auch wenn sie einmal hergeholt, unter Vertrag genommen worden sind, als ihre Arbeitskraft gebraucht wurde und sie durch ihre Arbeit Steuergelder eingebracht, Sozialleistungen auch für ihre deutschen Arbeitskollegen mit erarbeitet haben. Es sind die entscheidenden Fragen an die Industriegesellschaft: die Fragen nach der Verantwortung für den einzelnen Menschen, die Fragen, die ihre Inhumanität bloßstellt. Die Fragen, die die Studenten aus den Ländern der Dritten Welt stellen, die sie veranlassen, die politischen und sozialen Verhältnisse in ihren Heimatländern der wenig informierten deutschen Öffentlichkeit bekanntzumachen. Und wenn dies nicht in die jeweilige politische Konzeption paßt, werden sie ebenso abgeschoben wie die Fließbandarbeiter, ohne Rücksicht auf die Strafgesetze in ihrem Heimatland, ohne Rücksicht auf ihr Leben, das sie mit ihrer Aufklärungsarbeit aufs Spiel gesetzt haben.

Was kann die Bundesrepublik für die sozial entwurzelten Ausländer, für die unbequemen Ausländer, die nicht schweigen können, tun, anstatt sie in den Abschiebelagern zusammenzutreiben?

Was können wir tun, um der »Abschiebung« zu begegnen? Ist es denkbar, daß ein System der Patenschaften entwickelt wird? Daß Bürger der Bundesrepublik und West-Berlins sich ideell und finanziell für die Zeit unmittelbar nach der Abschiebung

einsetzen, um denen, die nicht ausreisewillig sind, die Wieder-
eingliederung in ihrem Heimatland zu erleichtern? Um ihnen in
der Ratlosigkeit der Illegalität, in die sie ohne Arbeitspapiere geraten sind, beizustehen?

Eine solche freiwillig übernommene Hilfeleistung könnte von
Fall zu Fall die Unmenschlichkeit lindern; das Versagen der in-
dustriegesellschaftlichen Entwicklung hebt sie nicht auf. Aber
sie könnte und sollte aufmerksam machen auf die Vorgänge hinter einem unmenschlichen Bürokratenwort, das uns eigentlich
längst hätte alarmieren sollen.

Reden und Reflexionen

Die SPD

I.

Seit mehr als hundert Jahren ein erratischer Block, den die Politiker in Deutschland beachten müssen, beachtet haben, Gegen-Macht im Kaiserreich, Balance-Macht in der Weimarer Republik, nach 1945 als Volkspartei angetreten, ist die SPD mit ihren in der Bundesrepublik fast 1 Million Mitgliedern die stärkste Partei, wie sie es schließlich schon im zweiten Deutschen Reich war (2,5 Millionen Mitglieder 1914). Als regierende Partei immer wieder angefochten, immer wieder auch in den eigenen Reihen zerstritten, hat die SPD denn doch auch immer wieder eine erstaunliche Regenerationsfähigkeit bewiesen, eine seltsame Nüchternheit, oft als Mangel an politischem Pathos beklagt, eine Zielstrebigkeit aber in der sozialen Argumentation, in der Verfeinerung der sozialen Apparatur, die der Stabilität zugute gekommen ist.

Daß eine so zu charakterisierende Partei natürlich Ärgernis provoziert, weil die Verfeinerung der sozialen Apparatur eine Funktionärshierarchie hat entstehen lassen, die Schwerfälligkeit in der politischen Auseinandersetzung zur Folge hat, ist selbstverständlich; selbstverständlich auch, daß Vettern-Wirtschaft, Eine-Hand-wäscht-die-andere-Verhalten, Mißtrauen gegen Neuerungen, Mißtrauen gegen die Reflexion des Parteiprogramms und der Parteipraxis nicht ausbleiben – normale Abnutzungserscheinungen jeder Organisation. Die schon von Engels als bestorganisiert anerkannte Sozialdemokratische Partei hat jedenfalls Revisionismusstreit, Spartakusbewegung, Aufmüpfigkeit der Jungsozialisten in jeder Generation nicht nur ausgehalten, sondern überlebt.

Und doch, bedenkt man, welchen Gegnern sie sich zu stellen hatte: den pommerschen Junkern, den Industriebaronen, den Nationalsozialisten, bedenkt man die Erschütterungen, die der Stalinismus der sozialistischen Bewegung gebracht hat und den harten Zweikampf mit der CDU/CSU, dem die SPD seit 1948 ausgesetzt ist, so bleibt trotz allem Vorbehalt gegenüber den Mängeln der Partei etwas wie Bewunderung zurück.

Kurt Schumachers Idee, die SPD nach der Nazi-Zeit zu einer Volkspartei zu entwickeln, sie denen aus dem christlichen Lager ebenso zu öffnen, wie denen, die, politisch ungebunden, nach einem neuen Weg in die Demokratie suchten, war bestechend, und bestechend gefährlich, bestechend, weil sie den von der Nazi-Zeit Irritierten eine politische Heimat bot, bestechend gefährlich, weil sie die sozialistische zugunsten der sozialen Zielsetzung abstumpfte. Gewiß, wer sich an die Nachkriegsjahre erinnert, weiß, wie offen die Bevölkerung für diese Idee Schumachers gewesen ist, sieht, daß er realpolitisch richtig gedacht hat, denn der Mitgliederzuwachs in den frühen fünfziger Jahren ist auf die politische Offenheit der SPD zurückzuführen – und schließlich verdanken die Gewerkschaften dem Betriebsverfassungsgesetz, das die Besatzungsmächte »absegneten«, zwar ihre Funktion, dem Wiedererstarken der SPD aber ihre politische Potenz. Es ist ja unumstritten, daß das Miteinander von SPD und Gewerkschaften der CDU-Regierung Sozialisierungsmaßnahmen abgenötigt hat; unumstritten ist jedoch auch die Passivität, der »Häusle-Bau-Egoismus« der Bevölkerung der Bundesrepublik in den fünfziger Jahren, die nach dem Schock von 1945 und dem Nachkriegselend noch nicht bereit war, sich politisch zu aktivieren.

Erst spät – zu spät? –, mit der Zustimmung der SPD zur Notstandsgesetzgebung, war die Bevölkerung alarmiert. Erst in diesem Augenblick wurde sichtbar, wieviel Vertrauen der SPD denn doch entgegengebracht worden war. Die Enttäuschung unter ihren Freunden und Wählern war deshalb so groß, weil die Erwartung in ihre Korrekturfunktion gestört war. Die Notstandsgesetzgebung war ein Eingriff in das Grundgesetz, den bejaht zu haben die ideologische Unsicherheit der SPD verdeutlichte. Die linke Opposition in und außerhalb der Partei formierte sich. In den Republikanischen Clubs, an den Universitäten wurde die Auseinandersetzung über die verschiedenen Erscheinungsformen des Sozialismus einschließlich des Staatssozialismus in den Ländern des Ostblocks aufgenommen.

Für die SPD aber war die Entscheidung für die Notstandsgesetzgebung ein Schritt auf die Regierungsmacht zu und muß ähnlich wie die Entscheidung vom 4. August 1914 als Kompromißversuch gewertet werden, als ein Sich-Einlassen auf die stabilisierenden, die konservativen und die restaurativen Kräfte im Staat. Ohne diesen Schritt wäre möglicherweise die Ostpolitik nicht realisierbar gewesen. Zu tief war noch immer die Verstörung über die Teilung Deutschlands, zu mächtig die Vertriebenenorganisationen, zu heftig die Meinungsmache gegen den Kommunismus, zu eingewurzelt das Mißtrauen gegen die »vaterlandslosen Gesellen« (das Schimpfwort der Kaiserzeit traf schließlich auch Willy Brandt). Und es galt für die SPD, nun endlich an die Regierung zu kommen.

Wenn die SPD nun in der Regierungskoalition mit der FDP und nach der Durchsetzung der Ostpolitik und nach dem Rücktritt Willy Brandts die Politik der Reformen, wie sie der Parteitag in Hannover 1973 genehmigt hat, fortsetzt, eigentümlich nüchtern, wie die SPD eh und je auf Krisen reagiert hat, so ist doch die Schockwirkung spürbar. Die Idee von der Volkspartei deckt sich wohl endgültig nicht mehr mit dem Wählerverhalten. Die Politik der Reformen ist nach der Euphorie, die sich für eine kurze Phase in Brandt personalisiert hat, nicht mitreißend, nicht zukunftgreifend genug, um neue Wählerschichten zu gewinnen. Es ist an der Zeit, das Parteiprogramm zu überprüfen.

2.

Die Schwierigkeiten, denen sich die SPD gegenübersieht, mehr noch, die sie in sich selbst zu überwinden hat, haben ihren geschichtlichen Hintergrund in der Gleichzeitigkeit vom bürgerlichen Kampf um die Verfassung und den deutschen Nationalstaat *und* dem Kampf der Industriearbeiter um ihre Emanzipation im

19. Jahrhundert – anders als etwa in Frankreich oder England, wo die bürgerlichen Revolutionen schon demokratische Traditionen hatten entstehen lassen, als die Industriearbeiter auf den Kampfplatz traten. So blieben die Arbeitervereine und -parteien in Deutschland auch nach 1848/49 an liberal-demokratischen Wertvorstellungen orientiert und machte erst das Scheitern des bürgerlichen Radikalismus, das die Reichsgründung 1871 besiegelte, die Isolation der Arbeiterschaft deutlich. 1875 fanden in Gotha endlich die Lassalleaner, die im ADAV organisiert waren und die Eisenacher in der SDAP nach erbitterten Auseinandersetzungen im Reichstag in der Sozialistischen Arbeiterpartei zueinander.

Hatte August Bebel schon am 25. Mai 1871 den Pariser Kommune-Aufstand »ein kleines Vorpostengefecht« genannt und damit die Position der SDAP umrissen, die sich schließlich in der SAP im Kampf gegen das Sozialistengesetz erhärtete, so haben doch die Überwindung des Pauperismus in Deutschland zwischen 1873 und 1896 wie auch der Fall des Sozialistengesetzes und Bismarcks Sturz dazu beigetragen, der Politik der Reformen, der Nutzung der parlamentarischen Legalität, den Vorrang zu geben, wie sie eher die Lassalleaner in die SAP eingebracht haben. Der Wahlsieg von 1890 bestätigte diese Politik, brachte den Sozialdemokraten mehr als 1,4 Millionen Stimmen Zuwachs und war in Engels' Urteil der »Tag des Beginns der deutschen Revolution«. Georg von Vollmar feierte ihn als den Sieg des »Neuen Kurses«, des Reformismus. Dennoch darf dieser Sieg nicht darüber hinwegtäuschen, daß sich innerhalb der Partei auch die Kritiker der von Engels empfohlenen revolutionären Parlamentsstrategie, die er im Vorwort zu Marx' »Klassenkämpfe in Frankreich« 1895 umrissen hat, formierten und unter Wortführung Eduard Bernsteins den Revisionismusstreit heraufbeschworen. Und schien nicht auch die Entwicklung nach 1900 den Kritikern der revolutionären Parlamentsstrategie recht zu geben, als das Stagnieren der Reallöhne bei steigenden Unternehmergewinnen, durch Unternehmenskonzentration und Schutzzollpolitik ausgelöst, der Partei vor allem in den ostelbischen Landarbeitergebieten Rückschläge brachte; als auch die Auswirkung der nationalistischen Erziehung der Bürgerschicht und der wachsende Einfluß des Militärs dem emotionalen Nationalismus Auftrieb gaben? Die Sozialdemokraten waren am Vorabend des Ersten Weltkrieges wieder, wie schon 1870/71, in einer Isolation, die sie trotz der Zahl ihrer Mandate im Reichstag als Mangel spürten. Die »deutsche Revolution« hatte sich nach 1890 nicht durchgesetzt. Die sozialdemokratische Partei hatte als Klassenbewegung nicht den erwarteten Erfolg gehabt. Sie war nicht an die Regierung gelangt.

Muß auch der Kniefall vom 4. August 1914 als ein tragisches Mißverständnis bewertet werden, fest steht, daß die Sozialdemokraten den Nationalismus vor dem Ersten Weltkrieg unterschätzt haben. So war die Mehrzahl der Parteimitglieder mit der Notwendigkeit der Landesverteidigung gegen den russischen Zarismus, den britischen Imperialismus und die französischen Ansprüche auf Elsaß-Lothringen einverstanden. Sofern Reformen die eigene Situation verbesserten oder zumindest durch Partei und Gewerkschaften errungene Positionen erhalten blieben. Auch die Arbeit der Gruppe um Rosa Luxemburg und Karl Liebknecht irritierte die Mehrheitssozialisten wenig, zumindest bis zur Gründung der Unabhängigen Sozialdemokratischen Partei (USPD) im April 1917 und den beginnenden Aktivitäten des Spartakus-Bundes. Noch lehnten Ebert und Scheidemann als Sprecher der Parteimitte die Verantwortung für die Regierungspolitik ab. Noch bewährte sich das Stillhalteabkommen von 1914. Doch als die Streikwelle im April 1917 mit den Schwerpunkten Berlin und Leipzig auf mehrere Industriestädte, vor allem auf die Kieler Werften, übergriff, wurde deutlich, daß nach der russischen Frühjahrsrevolution die Stimmung umgeschlagen war; daß die USPD die Sympathie der vom Krieg erschöpften Massen gewinnen konnte. Die Marineunruhen vom Sommer 1917, die Januarstreiks von 1918 machten den wachsenden Einfluß der USPD sichtbar, der sich aber kaum in Mitgliederzahlen und Wahlerfolgen niederschlug. Unter dem Druck der Ereignisse entschlossen sich jedenfalls die Mehrheitssozialisten, vom Sommer 1917 an im Interfraktionellen Ausschuß mitzuarbeiten und damit Vorformen der Regierungskoalition zu erproben.

Als Ebert am 9. November 1918 den Vorschlag der USPD aufgriff, Karl Liebknecht in das Revolutionskabinett zu entsenden, Liebknecht aber ablehnte, war der seit den Anfängen der Sozialdemokratie nicht ausgestandene Zielkonflikt im Augenblick der Übernahme der politischen Verantwortung sichtbar geworden.

Sicher, die Konstituierung der Arbeiter- und Soldatenräte im ganzen Land unter Beteiligung von Sozialdemokraten aller Richtungen und die vom Berliner Arbeiter- und Soldatenrat am 10. November sanktionierte Bildung des »Rats der Volksbeauftragten« sowie der Vollzugsrat des Berliner Arbeiter- und Soldatenrates ließen für eine kurze Spanne der Euphorie glauben, daß dieser Konflikt überwunden werden könnte. Jedoch schon Weihnachten 1918 solidarisierten sich Berliner Arbeiter mit den meuternden Matrosen bei den Kämpfen um das Schloß. Und der Spartakusaufstand im Januar 1919, der von Streiks in Oberschlesien und an der Ruhr, in Sachsen und Thüringen, in Braunschweig und Bremen begleitet war und so bitter endete, gab der großen Enttäuschung Raum. Die Mehrheitssozialisten waren unter Verzicht auf das revolutionäre Ziel der Vergesellschaftung der Produktionsmittel bereit, Regierungsverantwortung zu übernehmen. Die »deutsche Revolution« hatte auch 1918/19 nicht stattgefunden. Der Aufstand hatte seine Märtyrer, seine Opfer. Das Pathos der Parteikämpfe in der Weimarer Republik war angestimmt. Es herrschte »eine tiefgreifende Erregung, eine außerordentliche Unzufriedenheit mit der Partei und der Parteileitung«, sagte Otto Wels auf der Sitzung des Parteiausschusses am 13. 12. 1919 (zitiert nach Protokoll). Noske mit seinem Vertrauen in die Offiziere wurde zur traurigen Symbolfigur der jungen Republik.

3.

Man kann die Verstörungen, die die Anfänge der Weimarer Republik und sonderlich die Politik der Sozialdemokraten, die diese Republik zu prägen versuchten, überschatteten, natürlich nicht ohne die russische Oktoberrevolution und ihre Folgen sehen. Man darf nicht außer acht lassen, wie scharf selbst Rosa Luxemburg Lenins Politik kritisiert hatte. Man darf nicht vergessen, daß der blutige Bürgerkrieg in Rußland nicht unreflektiert blieb. Daß sowohl in München als auch in Berlin Bürgerkriegssituationen entstanden waren, daß aber nach den Millionenopfern des Weltkriegs die Scheu vor der Gewalt verständlich war und den reaktionären Gegenkräften allzu bereitwillig freie Hand ließ. Unverständlich bleibt allerdings, daß die internationale sozialistische Bewegung so wenig Druck auf die Versailler Friedensverhandlungen ausgeübt hat. War die internationale Solidarität nur ein Wort? Oder war die Bewegung allenthalben durch den Nationalismus geschwächt?

Es wäre jedenfalls falsch, den unbefriedigten Nationalismus in der Weimarer Republik zu unterschätzen, dem sich die Sozialisten sowohl in der SPD als auch in der aus dem Spartakusbund hervorgegangenen KPD schon von 1919 an gegenübersahen, ohne ihn in den Weimarer Jahren parlamentarisch einzukreisen oder gemeinsam in die Konfrontation zu zwingen. Die Auseinandersetzung auf der Straße und die parlamentarische Politik der Sozialisten blieben zweierlei. Die Märzwahlen von 1933 bestätigten zu spät die Unterschätzung der nationalen Emotion. Emigration, Widerstandsarbeit, KZ-Lager, Zuchthaus, Todesurteile, aber auch Anpassung an die neuen Machthaber – nach mehr als sechzig Jahren Legalität wurden die zwölf Jahre Illegalität zur härtesten Prüfung sozialistischer Zielsetzung in Deutschland.

Hatte, wie schon seit Anfang des Jahrhunderts erkennbar, der Sozialdemokratie die zukunftgreifende Konzeption gefehlt? 1930 beklagt Gustav Radbruch, daß die sozialdemokratische Partei die Demokratie »nur als Leiter zum Sozialismus empfindet, die dann beiseite geschoben wird, sobald man den Sozialismus erstiegen hat«, während doch die Demokratie die »große, bereits verwirklichte und in jedem Augenblick neu zu verwirklichende Hälfte ihres Programms« darstelle. Die Scheu vor dem Pragmatismus – damals noch kein geläufiger Slogan –, zugleich aber auch das Zögern, mit der KPD zusammenzugehen, die sich nicht mit der Republik identifizierte, zeigen im Nachhinein ja nicht nur die erschreckende Verkennung des Nationalismus, sondern auch die Unterschätzung der bürgerlichen Qualität der Verfassung, die zu motivieren und mobilisieren gewesen wäre, anstatt die bürgerlichen Parteien in nationalistische Lager abtreiben zu lassen. Dabei ist die SPD damals reich an guten Köpfen, die, wie Haubach, Mierendorff und Leber, wie die Gruppe Klassenkampf oder die Jungsozialisten und die SAJ, das Fehlen der zukunftgreifenden Konzeption der sozialdemokratischen Partei erkannten und benannten, sich aber am bürokratischen Führungsstil der Partei aufrieben. Wenn Paul Levi geschrieben hatte: »Die Demokratie ist heute in der Sozialdemokratie fast allein zu Hause. Stirbt in ihr die Demokratie ab … so ist der Faschismus der lachende Erbe«, so hatte er schon früh den organisatorischen Leerlauf als Gefahr für die SPD gesehen und davor gewarnt.

Nein, die Demokratie für die »Leiter zum Sozialismus« zu halten, aber nicht den Mut zur revolutionären Parlamentsstrategie Engels' zu haben, war in dem Augenblick falsche Selbstbescheidung, wo die Massenarbeitslosigkeit ein nie dagewesenes revolutionäres Potential freigesetzt hatte.

Die verlogene Adaption sozialistischer Ideen (und Praktiken) durch die Nazis bestätigte wenig später die vertane Chance. Ihr Mißbrauch der nationalen Emotion, ihr Mißbrauch der Republik und der Sadismus, mit der sie sozialistische und bürgerliche Erwartungen benutzten, um sie auszuhöhlen, ist als die erschreckende Erfahrung von der Verführbarkeit der Massen in der zivilisierten, alphabetisierten Industriegesellschaft mitten in diesem Jahrhundert und mitten in Europa nicht mehr auszulöschen.

4.

Die Sozialdemokraten, die nach dem Zusammenbruch 1945 die politische Arbeit wiederaufnahmen, konnten sich dieser Erfahrung so wenig entziehen wie der Einsicht vom Versagen der parlamentarischen Strategie im explosiven Jahr 1932, als der Sozialismus in Richtungskämpfen zerrieben wurde.

Kurt Schumachers Entwurf der Volkspartei ist vor solchem Hintergrund die fast rührende Vorstellung von Verbrüderung, die für die Nachkriegsjahre zumindest die Konflikte eliminierte. Schließlich fand dieser zweite Versuch einer Republik in Deutschland im Niemandsland politischer Traditionslosigkeit statt, ein Versuch, der von den wenigen getragen wurde, die widerstanden, gelitten und überlebt hatten. Die Wunschvorstellung von der Volkspartei war so echt wie auch zwingend ange-

sichts des total zerstörten Wirtschafts- und Sozialgefüges, angesichts des Elends in den Ruinenstädten und Flüchtlingslagern,
hat aber die Profilierung der SPD in den zwei Jahrzehnten, in
denen sie in der Opposition verblieb und zuletzt Koalitionspartner der christlich-bürgerlichen Regierungspartei war, verhindert. Die Gewerkschaften, die im Vorfeld der SPD die soziale
Regulierung leisteten, konnten die Verkürzung der Arbeitszeit,
die Verlängerung des Jahresurlaubs, die Verbesserung der Kran-
ken- und Altersrenten, die Anpassung der Tariflöhne an die steigenden Wachstumsraten der Wirtschaft fast ohne Kampfmaß-
nahmen erreichen, weil die Bundesrepublik durch den Zustrom
ausländischen Kapitals einen ungeahnten und bisher nicht dage-
wesenen Aufschwung nahm. Die Bewährung der SPD in Kom-
munen und auf Länderebene ließ zwar ihre Mitgliederzahl stei-
gen, band aber ihre Aufmerksamkeit vornehmlich an die soziale
Problematik. Die politische Erziehungsarbeit, die die Aktivierung der Bevölkerung hätte vorbereiten, die Partei mit Leben
hätte füllen können, wurde vernachlässigt. Die SPD war in den
fünfziger Jahren zu einer Beamten- und Gewerkschaftler-Partei
geworden, was ihren Einfluß in der Verwaltung und in den Betrieben zwar stabilisierte, sie aber politisch ins Reagieren abgedrängt hatte.

Unübersehbar ist darum auch die Starrheit, mit der sie der
Teilung Deutschlands begegnete. Die sozialistische Einheitspartei, die in der DDR seit ihrer Gründung die Regierungsgewalt
ausübt, ist für die SPD die zum Staat gewordene Erinnerung an
die Abtrennung der KPD; die Verstaatlichung der Produktionsmittel, die Agrarreform, die Planwirtschaft – frühe sozialistische
Zielvorstellungen – sind in der DDR ohne Revolution unter dem
Schutz und durch den Druck der Besatzungsmacht, der UdSSR,
und in den fünfziger Jahren durchaus gegen den Willen der Bevölkerung und unter Anwendung von Gewalt realisiert worden,
man denke nur an die überfüllten Zuchthäuser, die sich erst nach
Stalins Tod langsam entleerten, man denke an die kaum genau
bekannten Zahlen der Todesopfer in Zuchthäusern und Lagern
und die Methoden der Zwangsenteignung der Bauern. Inzwischen hat ein Heer von ausgebildeten Funktionären die Land-
und Produktionsmittelbesitzenden abgelöst; die Planwirtschaft

hat den Wettbewerb auf dem freien Markt ausgeschaltet. Die Demokratievorstellung der Sozialdemokraten hat dem leninistisch-stalinistischen Staatssozialismus Platz gemacht, in dem demokratische Strukturen zwar erhalten, aber verfügbar geworden sind.

Es war der Sozialdemokrat Ernst Reuter, der mit dem Auszug der Westberliner Abgeordneten aus dem Roten Rathaus die unterschiedliche Demokratie-Interpretation von SED und SPD signalisierte – im Vertrauen auf die westlichen Besatzungsmächte und den missionarischen Eifer, mit dem sie die Demokratisierung in ihren Besatzungszonen förderten und, denkt man an die Berliner Luftbrücke, auch schützten.

Die Teilung Deutschlands, das Problem West-Berlin, haben bis in die sechziger Jahre der Konzeptionsschwäche der SPD Vorschub geleistet. Wieder war ja mit der nationalen Emotion zu rechnen, die durch die Teilung des Landes zum größten Aktivposten der christlichen Regierungsparteien geworden war und bis heute geblieben ist.

Der Mut, dessen es bedurfte, diese nationale Emotion zu unterlaufen, um die Entspannungspolitik vorzubereiten und dabei die sozialdemokratische Abgrenzung gegen die sozialistische Einheitspartei, die traditionelle sozialdemokratische Abgrenzung nach links durchzuhalten, ist bewundernswert. Ohne die persönliche Überzeugungskraft Willy Brandts, der der nationalen Emotion mit der weit über die sozialdemokratische Konzeption hinausgreifenden Emotion begegnete, in der das Ja zur deutschen Schuld ebenso mitschwang wie die brüderliche Achtung vor dem Leid der Opfer, wäre die Entspannungspolitik wohl kaum durchzusetzen gewesen. So aber waren die ersten Jahre nach der Übernahme der Regierungsmacht durch die SPD und ihren Koalitionspartner FDP für die Bundesrepublik von einer für die Nachkriegszeit einmaligen Weltoffenheit und Identifikation mit der eigenen jüngsten Geschichte geprägt. Der große Atem dieser Jahre, der Erfolg der Entspannungspolitik haben die SPD ihre Kräfte überziehen, vielleicht sogar überschätzen lassen, haben die Erwartung der Bevölkerung zu hoch getrieben. Die SPD hatte ein Zeichen gesetzt, aber die politische Alltagsrealität schlug darüber wieder zusammen.

Seit der Mitte der sechziger Jahre, seitdem die Nachkriegsgeneration erwachsen wurde, seitdem die Kurve des Wirtschaftswachstums flacher geworden ist, seit dem faulen Kompromiß in der Notstandsgesetzgebung, hat die Bevölkerung in der Bundesrepublik die politische Passivität überwunden und den Sozialismus wieder reflektiert. So sind von der SPD nach zwanzig Jahren der Regierung der christlich-bürgerlichen Parteien Veränderungen erwartet worden, Verbesserungen der sozialen Struktur, die zu leisten mehr als eine oder zwei Legislaturperioden nötig sind.

Mag damit die Hektik in der Reformpolitik zu erklären sein, sie legte denn doch den Mangel an einer zukunftgreifenden Konzeption der SPD bloß. Die dringendsten und ausgereiftesten Reformen bleiben Stückwerk, wenn nicht die Vorstellung einer künftigen Gesellschaft hinter ihnen steht, und es ist nicht verwunderlich, daß der hundertjährige Binnenkonflikt der SPD wieder aufgebrochen ist. Daß die Jungsozialisten die Argumente der außerparlamentarischen Opposition in die Partei einzubringen trachten; daß der Revisionismusstreit wieder aktualisiert worden ist und der Verzicht auf die Vergesellschaftung der Produktionsmittel ebenso angezweifelt wird wie der Verzicht auf eine sozialistische Agrarpolitik; daß der Begriff der Volkspartei von dem der Klassenbewegung in Frage gestellt wird und wilde Streiks auf Dunkelstellen der Gewerkschaftspolitik aufmerksam machen. Die Schwäche der Sozialdemokratie durch ihre frühe Bindung an die bürgerliche Demokratie ist nie so deutlich analysierbar geworden wie in den letzten Jahren.

Aber anders als in der Weimarer Republik scheint die SPD von diesen Angriffen weniger beunruhigt zu werden und wegen der unvergleichlich stabileren Wirtschaftslage auch härter im Nehmen geworden zu sein. Anders als damals ist die Identifikation der SPD mit der Republik so selbstverständlich, daß darüber keine Diskussion mehr geführt wird. Die längerfristige Einübung der demokratischen Spielregeln (die Bundesrepublik ist schließlich schon fast doppelt so alt wie die Weimarer Republik) hat zur Versachlichung geführt. Die SPD als nüchterne Gegenmacht gegen den Kapitalismus und der ihn verteidigenden politischen Parteien ist vorstellbar geworden. Haben die Gewerkschaften in der Bundesrepublik nicht eine ähnliche Entwicklung durchlaufen und hat sich ihr reagierendes Funktionieren nicht bewährt?

Eine Frage, mit der sich die Gewerkschaften im Kampf um die paritätische Mitbestimmung auseinandersetzten. Eine Frage, mit der sich die SPD auseinanderzusetzen haben wird – und nicht wegen der Inhalte von Wahlkampfreden.

5.

Die ängstliche Abgrenzung nach links in den eigenen Reihen, das planmäßige Mißtrauen gegen andere Linksparteien und Gruppierungen, die Unentschiedenheit in der Bewertung des Ministerpräsidentenerlasses, das Sich-Abschirmen vor der studentischen Rebellion der endsechziger Jahre sind nur einige Symptome der Konzeptionsunsicherheit der SPD.

Und wenn auch die parlamentarische Durchsetzung von Reformen, der Versuch, durch Gesetze mehr Sozialismus in die Demokratie einzubringen, an Radbruchs Interpretation des Verhältnisses der SPD zur Demokratie in den Weimarer Jahren erinnert, wenn die Sozialisierung der Demokratie, dann und wann als demokratischer Sozialismus apostrophiert, als politische Konzeption angeboten wird, so läßt die Abgrenzung nach links ein Sozialismus-Monopol fürchten, das sich in Kontrollfunktionen erschöpft; das die von multinationalen Kapitalverflechtungen profitierende Wirtschaft für den Bereich der Bundesrepublik unter demokratisch-sozialistische Kontrolle bringt – zum Wohle der Bundesbürger, sicher!, aber ungeachtet der weniger glücklichen Bürger anderer Staaten, deren Wirtschaft nicht so intensiv von den multinationalen Kapitalverflechtungen profitiert und die darum andere, in ihrer Situation erfolgversprechendere Sozialismusstrukturen entwickeln, vor der sich ein getreues SPD-Mitglied aber zu hüten hat. Eine groteske Vision! Und doch eine realistische Vision! Sicher ließe sich entgegnen, daß die SPD in der Bundesrepublik viel zu hart zu kämpfen hat, um ihr Programm international zu orientieren. Und doch ist damit die Konzeptionsunsicherheit benannt: das fehlende Vertrauen in die internationale Solidarität der Sozialisten, das für die SPD der zwanziger Jahre zumindest noch verbal in Kraft war.

Natürlich basiert dieser Vertrauensmangel auf der Erfahrung von einem halben Jahrhundert praktiziertem Sozialismus, der seine Anfälligkeiten und Gefährdungen bloßgestellt hat – sei es in der UdSSR, in den sozialistischen Staaten Mittel-, Ost- und Südosteuropas oder Lateinamerikas –, Erfahrung, die den utopischen Gehalt des Sozialismus erheblich geschmälert hat. Bürokratische Machtkonzentration, Personenkult, Zwangsarbeitslager, Verbannungen, Entmündigungen, inquisitorische Prozesse, Todesurteile, neue Privilegien, Zensur, Unterbindung der Meinungsfreiheit, Unzulänglichkeiten der zentralistischen Wirtschaftsplanung und damit Versorgungs- und Industrialisierungsschwierigkeiten kennzeichnen den Staatssozialismus ebenso wie straffe Ordnung, Gesundheitsfürsorge, Abbau von Slums, Alphabetisierung, Elektrifizierung. Doch die Byzantinismen, der Machtmißbrauch fallen schwerer ins Gewicht, weil der Sozialismus ja Gerechtigkeit, Ausgleich von Klassen- und Rassengegensätzen, Freiheit und Gleichheit für alle versprochen hat und seit seinen Anfängen in der Phase des europäischen Pauperismus zu Beginn des Industriezeitalters von einer Heilserwartung begleitet wird, die jede nüchterne ökonomische Diskussion ebenso überdauert hat wie jeden Dogmenstreit.

Wenn aber die Faszination des Sozialismus in den Zonen des Pauperismus am Rande Europas, in den Entwicklungsländern Afrikas, Asiens, Lateinamerikas nach wie vor ungebrochen ist, in Ländern und Zonen also, die oft noch frühkapitalistischer und/oder kolonialer oder nachkolonialer Ausbeutung unterliegen, Rassen- und Klassenstrukturen aufweisen, die in Mittel- und Nordeuropa unscharf geworden sind, so sollte das den europäischen, sonderlich aber den deutschen Sozialdemokraten zu denken geben, die in ihrer Skepsis gegen den Staatssozialismus befangener sind als andere Schwesterparteien, weil sie am gespaltenen Sozialismus, an den zwei deutschen Staaten leiden. Sicher, ihr seit Generationen gewachsenes Demokratieverständnis gibt ihnen das Recht, die Opfer des Staatssozialismus zu zählen, seine Maßnahmen anzuprangern – nur sollten die Opfer des multinationalen Kapitalismus auch nicht ungezählt bleiben; sollte die Parteilichkeit überwunden werden, die durch die Dollarbindung der Bundesrepublik, durch die Rubelbindung der DDR zur Polarisierung des Konflikts zwischen Sozialdemokraten und Sozialisten geführt hat.

Das geschichtliche Versagen, das zu der tragischen Spaltung Deutschlands geführt hat, die Einbuße auch der Heilserwartung, die den Sozialismus begleitet hat, und in der Folge die Konzeptionsunsicherheit der SPD, machen noch in der Rückschau Willy Brandts Ostpolitik zu einer absurden Tat. Und jede große Tat ist absurd, ist un-vernünftig, ist rücksichtslos gegen Erfahrungen, Vorbehalte, Skepsis. Jede große Tat reißt für einen Augenblick den Vorhang von der Zukunft.

6.

Wie aber kann im politischen Alltag, im kleinlichen Aushandeln der kühn gewagten Ostpolitik, im Fingerhakeln mit der Opposition um jeden Reformentwurf die zukunftgreifende Konzeption, die in der Ostpolitik sichtbar wurde, aber von der Ängstlichkeit und dem Mißtrauen gegen Linksabweicher in den eigenen Reihen längst wieder überdeckt wird, entwickelt, durchdacht und verteidigt werden?

Natürlich werden die Reformen, die Einflußnahme auf die Verfeinerung sozialer Strukturen, die schließlich zur Kontrolle der Einflußzonen und -felder des multinationalen Kapitals innerhalb der Staatsgrenzen führen, wie im Entwurf zur paritätischen Mitbestimmung enthalten sind, für den Staat, für die Bundesrepublik eine Annäherung an sozialistische Strukturen bringen, die an den Vorstellungen der Praxisgruppe in Jugoslawien, aber auch an den Praktiken der Kulturrevolutionäre in China überprüft werden sollten, um nicht zum Zentralismus zu führen, keine sozialistische Hierarchie entstehen zu lassen, sondern Beweglichkeit und Vielfalt zu erhalten, den permanenten revolutionären Elan. Humanität am Arbeitsplatz, Menschlichkeit in der Bürokratie, Emanzipation der Frauen, Emanzipation der Unterprivilegierten, des Subproletariats, ständig neu entstehende soziale Mängel sind so unter Kontrolle zu halten, der Wohlstand ist breit zu streuen – wenn das Industriepotential die Partizipation am multinationalen Kapital weiterhin sichert.

Und doch, genügt das? Ist eine Sozialdemokratie, die nicht über die Grenzen hinausplant, nicht die Internationalität des Sozialismus aller enttäuschenden Erfahrungen zum Trotz als *die* Gegenkraft gegen den multinationalen Kapitalismus bejaht, nicht ein Zynismus?

Natürlich kann eine Partei, die sich in ihrem Staat dem Wahlkampf stellt, nicht auf ihren Forderungskatalog verzichten, sollte es auch nicht, wenn sie nur nicht außer acht läßt, daß die Reformen, die sie erkämpfen will, im internationalen Zusammenhang möglicherweise von anderen bezahlt werden müssen.

Der deutsche Bundesbürger, der die Randzonen Europas, die Entwicklungsländer Afrikas, Asiens, Lateinamerikas bereist, wird schwerlich übersehen, daß sein Anteil am Sozialprodukt, das eine innerhalb des multinationalen Kapitalismus funktionierende Wirtschaft erarbeitet hat und an dem der Kampf der Gewerkschaften, der sozialdemokratischen Politik ihn teilhaben läßt, ihn in die Position des Besitzenden, des Bevorzugten gebracht hat. Wenn er Sozialist ist, wenn er sich an die hundert Jahre sozialdemokratischer Politik in Deutschland erinnert, wird er begreifen, daß er, wenn auch nicht zum Bundesgenossen, so doch zum Nutznießer des multinationalen Kapitalismus geworden ist. Er kann sich als Herr, als Weißer, als tüchtiger Deutscher aufspielen – und wie oft begegnet man diesen großspurigen Touristen! –, oder er kann beschämt darüber nachdenken, wie das Gefälle zwischen Wohlstand und Elend in der Welt zu verringern ist. Hat ihn nicht die Gewerkschaftspolitik im Vorspann der SPD und die sozialdemokratische Reformpolitik auf die gewiß nicht geringfügigen Mängel in der Bundesrepublik fixiert? Haben ihn die Fehlschläge des Staatssozialismus, über die ihn die bundesdeutsche Presse ausführlich informiert, nicht blind gemacht für den Kampf der Sozialisten in der Welt, den Kampf der Benachteiligten, den Klassen- und Rassenkampf?

Liegt das Versagen der fingerhakelnden Reformpolitik der SPD nicht in der Vernachlässigung des Erziehungsauftrages, im mangelnden Mut, Verantwortung zu fordern, die über den Betrieb, über die Bezirks- und Landesgrenzen hinausreicht? Hat die SPD nicht versäumt, den wesentlichen sozialistischen Impuls, die Idee der internationalen Solidarität, aus der Requisitenkammer des Sozialismus hervorzuholen und auf ihren heutigen Gebrauchswert zu prüfen, nein mehr, sie wieder mit Realität zu füllen? Warum sind denn die kommunistischen Parteien in allen Krisenzonen so viel aktiver als die sozialdemokratischen Parteien?

Sicher, die knappe Mehrheit der SPD/FDP-Koalition im Parlament, die Wahlkämpfe in den Bundesländern, der Funktionalismus und Apparatismus, den die Demokratie braucht, um nicht zur Verbaldemokratie zu werden, beschäftigt die Abgeordneten und die Funktionäre der SPD genauso wie die Abgeordneten und Funktionäre der anderen Parteien, die sich um die Regierungsmehrheit bewerben. Die Wettkampfsituation, die die einzelnen profiliert, die natürlich »vor Ort« engagiert sind, kann immer wieder darüber hinwegtäuschen, daß der SPD eine zukunftgreifende Konzeption fehlt, daß es nicht genug ist, dem multinationalen Kapitalismus durch Gesetze binnenstaatliche Reformen abzuringen.

Ohne den Mut, sich den internationalen sozialistischen Bewegungen zu stellen, nicht nur durch Wohlfahrtsgesten und Spenden (und vorsichtig, am besten über ein Spendenkonto) – ohne den Mut, ja zu sagen zu den unterschiedlichen sozialistischen Strukturen, wie sie die jeweilige Auseinandersetzung mit den Machthabenden fordert – ohne den Mut, die Sozialdemokratie nicht nur mittel- und nordeuropäisch zu liieren, sondern die Internationalität des Sozialismus (nicht ohne Kritik, aber gesprächsbereit) anzuerkennen, selbst da, wo es unbequem ist, wo es die Kapital- und Bündnispartner stört, kann es keine zukunftgreifende Konzeption der SPD geben. Anders bleibt ihr die bisweilen freundliche, bisweilen zynische Schaukelpolitik zur Erhaltung bundesbürgerlicher Privilegien in der Welt. Dann aber sollte sie das S aus ihrem Namen streichen. Denn Sozialismus ist, national begrenzt, an der Schwelle zum 21. Jahrhundert eine Lüge. Und die steht der SPD so wenig an.

Kann man das ändern?

Wir sind zusammen eingeschlossen, achtzehn Lebenslängliche, die meisten haben schon mehr als zehn Jahre hinter sich. Ich soll ihnen eine Erzählung vorlesen, und wir wollen uns dann unterhalten. Einer von ihnen hat das angeregt, hat an mich geschrieben, hat die Genehmigung der Gefängnisleitung für den Besuch erwirkt. Im Treppenhaus der Nachmittagstrubel. Natürlich wollen nicht alle dabei sein. Die hier sind alle freiwillig gekommen, haben ihre Thermosflaschen und die Gläser mit Pulverkaffee dabei, die Zuckertüte, und jeder möchte mir Kaffee anbieten, aber ich kann natürlich nicht 18 Tassen Kaffee trinken, und so entscheide ich mich für den, der zuletzt Geburtstag hatte. (Ich weiß von jedem Gefängnisbesuch, wie wichtig es ist, die Gastfreundschaft anzunehmen.)

Während wir alle mit unseren Kaffeetöpfen beschäftigt sind, sehe ich sie mir an. Sie sind zwischen Ende zwanzig bis Anfang fünfzig Jahre alt, intelligente, gespannte Gesichter, dumpf gewordene Gesichter. Weil es überheizt ist und sie hemdsärmelig oder mit Trikots bekleidet sind, sehe ich, daß jeder von ihnen tätowiert ist, phantastische Gestalten auf den Armen oder im Hemdausschnitt. Die Tätowierungen haben sie alle von draußen mitgebracht. Ich schlage vor, daß wir jeder etwas aus unserem Leben erzählen, ehe ich vorzulesen beginne. Und ich fange an zu erzählen.

Ich hätte nicht erwartet, daß ihnen der Vorschlag so gut gefällt, daß jeder etwas erzählt, Geschichten aus den sozialen Randzonen, Geschichten aus dem sprachlosen Leben mit seinen gestauten Konflikten. Keiner erzählt von der Tat. Die Tat ist die Schockerfahrung ihres Lebens, mit der sie sich herumquälen, und es braucht sehr viel Geduld und Einzelgespräche, bis sie einmal stockend und mit Umschreibungen soweit sind, davon zu reden. Aber auch so erfahre ich genug von den familiären Sorgen, während sie hier einsitzen und fast nichts verdienen, von scheiternden Ehen, von Verwandten, die sie nicht besuchen, ihnen nicht schreiben, die sie ausgestrichen haben.

Nachher lese ich, keinen einfachen Text, und weil wir uns nun schon kennen, muß die Diskussion nach 4 Stunden abgebrochen werden, so lebhaft ist sie, aber die Sonder-Besuchszeit ist abgelaufen, der Beamte hat aufgeschlossen und mich darauf aufmerksam gemacht, daß der an der Pforte Dienst tut, schon telefoniert hat. Wir bedauern es alle. Sie drängen sich, mir in den Mantel zu helfen.

Später kommen dann Briefe. Das Gespräch geht weiter.

*

Ich könnte manche solcher oder ähnlicher Szenen beschreiben. Ich könnte die strukturellen Unterschiede und damit die Verhaltensunterschiede von Anstalt zu Anstalt benennen. Ich könnte erzählen, was ich aus den Briefen erfahre, von der Arbeit nach Pensum angefangen über die Ausbildungsangebote, Schule, Lehre, bis hin zum allmonatlichen Einkaufstag; vom Rauschgiftschmuggel innerhalb der verschiedenen Häuser der Anstalten bis hin zum Pokern um Geld, sehr viel Geld; von Schlägereien, Fluchtversuchen; von der Anhänglichkeit an den Beamten, der die Anstaltsinsassen nicht schuriegelt, bis zum Haß auf den Beamten, der sie verachtet; von der Angst vor der Krankenbehandlung und der Angst vor den Beruhigungsspritzen; von Selbstmorden und Selbstmordversuchen; von dem von den Insassen selbst gebrauten Bier bis zur geschmuggelten Flasche Schnaps, von Hochzeiten im Gefängnis mit Smoking und Schleier, von Todesnachrichten und Verweigerungen, an der Trauerfeier teilzunehmen, von Unruhe um die Kinder, die im Heim sind.

Der Gefängnisalltag ist nicht weniger vielfältig als der Alltag draußen. Aber es ist ein Alltag, der den einzelnen immer wieder erfahren läßt, daß er keinen Einfluß auf das Leben »draußen« hat. In allen Anstalten, bei den verschiedensten Gesprächen mit einzelnen und Gruppen, in den verschiedenen Briefwechseln ist die Angst vor dem Ende der Haft unverkennbar. Und es ist nicht nur die Angst vor der Mittellosigkeit, vor dem Schuldenberg, vor der Entfremdung von der Familie; es ist die Angst, sich nicht behaupten zu können, weil die Selbstachtung sich im Aggressionsstau der Haftjahre nicht wieder hat festigen können, weil die Tat abgesessen, nicht aber bewältigt worden ist; weil die Demütigungen, die in der Untersuchungshaft begonnen haben, über Jahre hin die Zerstörung der ohnehin zerstörten Leben fortgesetzt haben.

Kann man das ändern? Kann eine noch so sorgfältige Ausbildung des Wachpersonals die Spannungen des Abhängigkeitsverhältnisses aufheben? Und wie steht es mit den Ärzten, für die die Betreuung der Anstaltsinsassen oft genug nur eine zusätzliche Einnahme ist? Wie steht's mit den Richtern, für die der (oder die) in der Untersuchungshaft lästig ist, der (oder die) die Rechtsmittel ausschöpft? Überlange U-Haften, Terminverzögerungen sind in solchen Fällen nachweisbar, wenn auch niemand beweisen kann, daß es sich um beabsichtigte Verzögerungen handelt. Wie sehen denn die Antwortbriefe aus, die Außenstehende erhalten, wenn sie sich für einen U-Häftling einsetzen, der allzu lange auf Verhandlungstermine wartet? Demütigungen auch für den Bittsteller, der sich für das Recht eines Häftlings einsetzt.

Nein, man soll nicht den Beamten, die im Vollzug arbeiten, die Mängel des Strafvollzugs in die Schuhe schieben! Man muß den Fehler in der Haltung suchen, die wir alle dem einmal Gescheiterten gegenüber haben; im Hochmut einer Gesellschaft, die vom Ellenbogengerangel lebt und der jeder, der da nicht mitmacht oder der stärker zuschlägt, verdächtig ist. Kann man das ändern? Können wir uns ändern?

Es gibt viele Gedemütigte in unserer Gesellschaft, die sich nicht artikulieren können. Aus dieser Schicht der Ungelernten, der vorzeitigen Schulabgänger, der Arbeitsunfähigen, der Trinker, der zerrütteten Familien erwachsen die Täter und büßen für ihre Herkunft. Kann man das ändern? Können wir das ändern?

Überfordert nicht die soziale Problematik der Industriegesellschaft jeden Staat?

Die Gefahr, in Resignation stecken zu bleiben oder gleichgültig zu werden, ist groß. Der Einzelfall wird zum Routinefall. Und wenn sich der Einzelfall nicht zum Routinefall eignet, wächst der Mißmut derer, die sich mit ihm auseinandersetzen müssen. Das erfahren die politischen Häftlinge, das erfahren die Häftlinge, die konsequent die Rechtsmittel nutzen.

Darüber täuschen die Reformansätze im Strafvollzug nicht hinweg.

Kann man das ändern? Wer kann das ändern? Doch nur diejenigen, die die Mängel sehen und darauf zeigen. Nur noch diejenigen, die Phantasie genug haben, sich das Elend der einzelnen in den Zellen vorzustellen!

Wir wissen, daß die Schwäche des bundesdeutschen und des Westberliner Strafvollzugs die Resozialisierung ist. Daß der Häftling nicht genug auf die Gesellschaft draußen vorbereitet wird und die Gesellschaft nicht bereit ist, ihn aufzunehmen. Daß er Wegwerfware bleibt, wie er's vorher war. Daß die vielen Einzelinitiativen zur Verbesserung dieses Zustands Einzelinitiativen bleiben, nicht in ein groß angelegtes Resozialisierungsprogramm einmünden. Wir wissen, daß Einzelinitiativen an der Routine abprallen.

Nein, wir sind noch nicht vorbereitet, die Haftzeit als Zeit für die Arbeit an der Resozialisierung aufzufassen, wir halten uns noch immer an die Vorstellung von Strafe und fragen nicht, wer straft. Ob wir es nicht selber sind, mit unserer Fähigkeit zur Menschenverachtung?

Wir müssen uns ändern, damit Vollzugsreformen fassen können!

Abrüstung und Entspannung

Eine Rede zum 26. August 1977

Es ist hier nicht der Ort, an die Geschichte des Widerstandes gegen die Wiederaufrüstung der Bundesrepublik in den frühen fünfziger Jahren zu erinnern, und wie dieser Widerstand überrannt worden ist, obwohl wir uns dort »moralische Schützenhilfe« holen könnten. Es ist auch nicht der Ort, nostalgisch an die Idee des entmilitarisierten Europa zurückzudenken, die schon zu ihrer Zeit nach dem Zweiten Weltkrieg ein Anachronismus war. Es ist von der Realität von Nato- und Warschauer-Pakt-

Staaten auszugehen und von der Zugehörigkeit der beiden deutschen Staaten zum jeweils anderen Block. Es ist der Gedanke durchzuspielen, ob die Abrüstung, oder auch nur der Rüstungsstop, in beiden deutschen Staaten, die für die jeweiligen Blocks wegen ihrer Lage in Mitteleuropa, wegen ihres hohen Industriepotentials und des Ausbildungsstandes ihrer Bevölkerung von besonderer Bedeutung sind, die Fixierung der beiden Blocks aufeinander entschärfen könnte. Es ist durchzuspielen, ob ein Freiwerden aus der Fixierung der beiden Blocks aufeinander in Mitteleuropa nicht die Konfliktfelder nur verlagert.

Oder muß man nicht genauer fragen, ob die seit dem Koreakrieg aus Europa verlagerten Konfliktfelder nicht schon deutlich machen, daß das europäische Konfliktfeld ausgeklammert werden kann, wenn es nur stabil ist – wie als schwach militarisiertes Ruinenfeld 1950, oder hochaufgerüstet heute.

Das heißt also, man muß weiterfragen, ob der Rüstungsstop in Mitteleuropa, ob sogar die Abrüstung in Mitteleuropa die Welt vom Krebsgeschwür Krieg (mit allenthalben wachsendem Rüstungsbedarf) heilen kann, ob der moralische Impetus den Impetus der Macht, des Kampfes um Einflußzonen, der längst die nationalen Befreiungskämpfe in der Dritten und vierten Welt bestimmt und ihren emanzipatorischen Elan mißbraucht, entkräften kann.

Es wäre kurz geschlossen und jedenfalls naiv, wollte man das so ohne weiteres annehmen.

Es ist aber ebenso kurz geschlossen, wenn man aus dieser strategischen Ratlosigkeit heraus blindlings weiterrüstet, nur in der Kategorie strategischer Vorteile denkt, was in der Diskussion um die Neutronenbombe ja mit einer erschreckenden Offenheit geschehen ist. Und es ist sicher nicht von ungefähr, wieviel Empörung diese Diskussion ausgelöst hat, wieviel ohnmächtige Wut auch. Es ist sicher nicht von ungefähr, wieviel Beifall Helmut Gollwitzers große Rede auf dem Kirchentag 1977 ausgelöst hat, in der er unter anderem gesagt hat: »Wir sterben nicht erst am Krieg, wir sind schon im Sterben an der Rüstung. Es sterben an der Rüstung unsere nötigsten Reformen, für die kein Geld, für die keine Menschen da sind. Es stirbt an der Rüstung die Entwicklung des hungernden Weltteils. 300 Milliarden Dollar

1975 und wieder 1976 für die Rüstung in der ganzen Welt, und 1 Milliarde Dollar haben die reichen Länder gerade in Paris den armen Ländern als Almosen geboten. Es sterben an der Rüstung unsere Demokratie und unsere Freiheit, denn Heere, hierarchisch aufgebaut, und militärisch-industrieller Komplex, von Geheimnissen umgeben und durch Geheimdienste geschützt, sind Fremdkörper in der Demokratie.«

Die Angst, die Wut, die Empörung über die eiskalt kalkulierte Menschenvernichtung sind die Sprache der Ohnmacht, wenn kaum zwei Wochen später der Bundesverteidigungsminister sagt: »Wir haben Jahr für Jahr mehr Geld für die Verteidigung im Bündnis bereitgestellt, so daß die Verteidigungsaufwendungen von 1970 bis 1976 – das sind sechs Jahre – um 66,8 Prozent gestiegen sind. Das bedeutet im jährlichen Durchschnitt eine reale Steigerung unserer Aufwendungen im Einzelplan 14 um rund 4 Prozent. Es gibt kein Land in der Allianz, das das aufgewendet hat.« (Georg Leber am 23. Juni 1977 im Bundestag) Aber muß die Sprache der Ohnmacht zur Ohnmacht verdammt bleiben?

Wenn ja, warum?

Wenn nein ...?

Wir erinnern uns alle an das Ja der US-amerikanischen Gewerkschaften zum Vietnamkrieg, während in den Staaten der Widerstand, das Nein zum Vietnamkrieg schon überall artikuliert wurde. Die Gewerkschaftler fürchteten – und aus ihrer Sicht logisch – den Verlust von Arbeitsplätzen. Ist diese Logik der Hexenkreis, in dem die Ohnmacht, die Wut, die Angst der vielen gefangen bleibt? Und sind wir dieser Hexenkreislogik bei der wachsenden Zahl von Arbeitslosen nicht unmittelbar ausgesetzt? Denn die Arbeitsfelder, die unbestellt bleiben, die Arbeitsplätze im Humanbereich, die unterbesetzt bleiben, produzieren keine Ware im Machtkampf. Und Rüstung ist Ware im Machtkampf, zielt auf Stabilisierung und Ausweitung der Einflußzonen, der Märkte.

Wie aber, wenn die Sprache der Ohnmacht nicht zur Ohnmacht verdammt bleiben würde? Wenn es dieser Sprache gelänge, die Hexenkreislogik aufzubrechen? Das strategische Denken, das ein Denken in Konflikten ist, zu entkräften?:

a) indem sie den Konflikt, die Konflikte demaskierte, rational entschärfte, um sie emotional unwirksam zu machen –

b) indem sie die Kenntnis vom Zerstörungspotential des Rüstungsbestandes in der ganzen Welt aus Konferenzzimmern in die Öffentlichkeit brächte –

c) indem sie das Rüstungsgeschäft, seine Verflechtungen, seinen Gewinn noch an schrottreifen, weil längst überholten Panzern, in beiden großen und sämtlichen Nebenlagern öffentlich machte –

d) indem sie ohne Beschönigungen ein Menschheitsmodell entwickelte, in dem keinerlei Arbeitskraft (sei es die von Menschen, sei es die von Automaten, die von menschlicher Intelligenz entworfen werden) für Rüstung, Angriff und Verteidigung verbraucht wird –

e) indem die Sprache der Ohnmacht in allen politischen Lagern als die Sprache des Widerstands gegen die Vernichtung der Güter der Erde und damit gegen die Vernichtung des Menschen durchgesetzt wird.

Eine Utopie, sicher, aber eine Utopie, die beim Stand der Informationstechnik denkbar ist; die angebunden ist an den uralten Traum von der Völkerfamilie, der ohne Selbstbestimmung der Völker und Koordinierung ihrer Produktionen Traum bleiben wird, wenn er nicht als Korrektiv der Entwicklung begriffen wird.

Die Sprache der Ohnmacht muß die Ohnmacht überspringen, muß das Umdenken vorantreiben, muß die nationalen, die Cliquen-, die Blockegoismen aufbrechen.

Daß das nicht so weit aus der Realität hinausgedacht ist, wie es sich anhört, beweisen in jüngster Zeit die Bewegungen der Atomkraftwerksgegner (auch gegen sie wird ja mit der Einbuße von Arbeitsplätzen argumentiert, ist aber der Zweifel an den Produktionsbedingungen nicht auszuräumen). Die Grenzen der auf Mehrwert ausgerichteten Arbeitsprozesse der Industriestaaten werden spät genug erkennbar. Das Bemühen um Einflußzonen, um Märkte entbehrt in solchem Zusammenhang nicht des Grotesken. Die Menschheit muß (und wird) begreifen, daß sie sich auf dieser Erde einrichten muß, wenn sie weiterleben will.

Die Sprache der Ohnmacht kann zur Macht werden, wenn sie,

in welcher Zunge auch immer, darauf hinweist. Die Sprache der Ohnmacht ist die Sprache der Aufklärung über die wirkliche Situation der Menschheit. Damit müssen wir bei uns anfangen, so wie die anderen bei sich anfangen müssen. Das setzt voraus, daß wir diese anderen nicht blindlings als Feinde, sondern als Betroffene, wie wir auch, sehen lernen.

Laudatio

Zur Verleihung der Carl-von-Ossietzky-Medaille
an Rudolf Bahro am 10. Dezember 1978
in Berlin, Jüdisches Gemeindehaus

Die Verleihung der Carl-von-Ossietzky-Medaille am Tag der Menschenrechte 1978 an Rudolf Bahro (verurteilt und inhaftiert in der DDR) kann, gerade vom westlichen Berlin aus, Anlaß zu vielen Mißverständnissen geben. Der falsche Applaus ist diesem Entschluß der Liga für Menschenrechte so sicher wie die Schelte derer, die darin einen Affront gegen die Entspannungspolitik sehen. Aber das macht diese Entscheidung so wichtig, weil sie ein wenig von dem Mut verrät, den wir aufbringen müssen, um die nicht nur ideologisch verwirrte, genauer doch wohl machtpolitisch verwirrte Auseinandersetzung um die Zukunft der Welt, um die Zukunft der Menschheit (nicht nur der Europäer!) zu *entwirren*.

Rudolf Bahro hat das versucht, als Sozialist in einem Staat des real existierenden Sozialismus, dem er seine Arbeitskraft und Intelligenz gewidmet hat, dessen Systematik er erfahren hat. Vergleicht man seine Auseinandersetzung mit dem Sozialismus mit den Auseinandersetzungen im historischen Revisionismusstreit, so wird deutlich, daß seine Kritik auf einen im Sozialismus selbst angelegten Widerspruch verweist, der die Gegner des Sozialismus zu seiner Verteufelung ermuntert, die Sozialisten aber immer wieder zu einem pharisäerhaften oder – unter Stalin etwa – zynischen Puritanismus verführt hat. Dabei ist es gerade dieser Widerspruch im Sozialismus selbst, der zur permanenten Herausforderung taugt, Bürokratismus und Apparatschik immer wieder in Frage stellt, ja mehr, den Egoismus des einzelnen in Frage stellt, die Spannung zwischen Selbstverwirklichung und Verantwortung wachhält.

Bahro ist diesem Widerspruch im real existierenden Sozialismus nachgegangen und hat in einer Analyse der nicht-sozialistischen Industriegesellschaften versucht, ihn auch dort einzukreisen, um vom Schlagwort-Sozialismus wegzukommen und die Katechisierung der Marxschen Analysen aufzulösen, um sie in die gegenwärtige und zukunftgreifende Sozialismusdiskussion einzubringen. Daß ihm das gelungen ist, beweist die lebhafte Auseinandersetzung mit seinen Thesen unter den europäischen Sozialisten, die durchaus nicht auf Identifikation mit Bahros Einsichten hinausläuft, aber gerade deshalb deutlich macht, wie notwendig seine Fragen sind, um den Mißbrauch des Klassenbegriffs a) im real existierenden Sozialismus, b) im Sozialdemokratisierungsprozeß (wie ihn Bahro im westlichen Europa zu erkennen meint) zu verhindern; wie dringend es ist, die Position der Technokraten und Facharbeiter in der Relation zum Management, aber auch in der Relation zum Heer der Ungelernten und Angelernten neu zu definieren – nicht um die Grenzen zwischen den sozialistischen und nicht-sozialistischen Staaten zu verwischen, keineswegs auch in naiver Verkennung der realen Demokratien, die an der idealen Demokratie gemessen werden müssen.

Bahro rechnet nüchtern mit der Subalternität der Geführten, über die im sozialistischen Staat der Parteiapparat via Staatsapparat verfügt; über die in nicht-sozialistischen Staaten das Management weitgehend verfügt, auch wenn dort Ventilfunktionen (etwa durch die Mitbestimmungsgesetzgebung) strukturell abgesichert sind. Bahro verwendet den Begriff Subalternität ohne Hochmut (im Gegenteil: mit tiefem Bedauern), weil der Prozeß, der im westlichen Europa mit Verkleinbürgerlichung umschrieben werden könnte, ja nur die Entmündigung des Proletariats bestätigt, das sich im 19. Jahrhundert Organisationsformen gegeben hat, die es – bis 1914 zumindest – zur außerordentlichen politischen Potenz gemacht haben.

Er kommt Ernst Bloch sehr nahe: »Es hat historische Augenblicke gegeben, die etwas über die mögliche *Form* des Übergangs auszusagen haben. Wir können uns diese Augenblicke vergegenwärtigen in manchen Büchern des Alten Testaments, im Neuen Testament, in den Chorälen der Reformationszeit, in den Liedern und Hymnen der jungen Arbeiterbewegung. Es waren immer Zeiten, in denen die Menschen über bestehende Ordnungen hinausdrängten, noch nicht (bisher hieß es immer *noch* nicht) festsaßen unter dem Reglement einer Priesterkaste, Zeiten der Bewegung, Zeiten des von einer *Prophetie* geführten Volks. Nur in solchen Bewegungen vermochten sich sonst subalterne Massen und Klassen zur Höhe eines geschichtlichen Bewußtseins, der unmittelbaren Kommunikation mit dem Allgemeinen zu erheben. In solchen Bewegungen konnten Fischer aus Galiläa und Arbeiter aus Paris jäh zur höchsten überhaupt möglichen Würde des Menschen aufsteigen. Das Wesen der Bewußtseinskoordination, die in solchen Bewegungen vorherrscht, besteht eben in der Konvergenz der ideellen Substanz. Die Hoffnung führt das Volk, und seine Propheten sind nichts als die Dolmetscher, die seine tiefsten, emanzipatorischen Bedürfnisse in ein konkretes, artikuliertes und historisches Bewußtsein heben, in dem aber die Totalität des Versprochenen nicht verlorengeht.«

Bahro versucht denn auch, aus der Erfahrung dieser historischen Schübe Modellstrukturen zu entwickeln, die die überschüssigen Intelligenzen (in der Subalternität, in der Verkleinbürgerlichung) zur Emanzipation motivieren. Und gerade hier trifft er sich mit den Denkern des Sozialismus in Europa, die alle den Grundwiderspruch des Sozialismus als seine Triebkraft erkennen: *Das Nein zur Machtnahme des einen über den anderen,* die Ungleichsetzung der Intellektuellen mit der manuellen, der planenden mit der ausführenden Arbeit, *das Nein zur Stabilisation von Herrschaft* zugunsten der *permanenten Emanzipation.*

Bahro müßte nicht Parteiarbeit bei der Vollkollektivierung der Landwirtschaft im Oderbruch geleistet, sich nicht mit wissenschaftlicher Arbeitsorganisation in der Industrie befaßt haben, nicht Insider der Planwirtschaft in volkseigenen Industrien gewesen sein, um nicht den Annäherungsprozeß an das marktwirtschaftliche Managemant erkannt zu haben: Den Wettlauf bei der Ausbeutung des Planeten mit dem Risiko seiner Voll-

Zerstörung (um den als Mehrwert verpackten Fortschritt oder den als Fortschritt verpackten Mehrwert mit seiner – so oder so – Bedürfniserzeugung in den Industriegesellschaften zu sichern).

Bahros Warnung reicht also weit über die Grenzen des real existierenden Sozialismus hinaus. Er demaskiert die verantwortungslose, sich verfügbar haltende Intelligenz, die Verantwortungslosigkeit derer, die über die Intelligenz verfügen. Als Sozialist im real existierenden Sozialismus entwickelt er aus der Tradition des Sozialismus Verweigerungs- und Kontrollmodelle, die die Entfaltung aller freisetzen könnten, eine Utopie also, die er durchaus nicht als erster denkt, die er aber, nach den Erfahrungen zum Ende des 20. Jahrhunderts modifiziert, anbietet.

Das ist das Verdienst Bahros, dem allein schon eine Ehrung gebührte, um die Bedeutung seiner Aufzeichnungen über die Auflagenziffern hinaus öffentlich zu machen. Er hat über die Rechte der Menschen am Ende des 20. Jahrhunderts nachgedacht. Er hat die Marxsche Gesellschaftsanalyse auf den real existierenden Sozialismus angewandt. Er hat als ein Mann von großem Wissen die Situation der Völker in den – wie es bei uns heißt – Entwicklungsländern bedacht und hat die Einmischungsstrategien gleich welcher Provenienz untersucht. Er hat sein Buch angelegt als einen Denkanstoß in den Staaten des real existierenden Sozialismus. (Darum hat er auch den unmittelbaren Vergleich zwischen Einzelheiten in den sozialistischen Staaten und den westlichen Demokratien ausgespart, etwa das unterschiedliche Gefälle zwischen privatem Wohlstand und öffentlichem Wohlstand, die unterschiedliche Förderung von Unterschichtkindern, die unterschiedliche Stellung der Frau.)

Keineswegs hat er sein Buch als Beitrag zum kalten Krieg aufgefaßt, hat nicht auf den Beifall von der falschen Seite gezielt. Anders als einige Dissidenten hat er keine vorsozialistische Utopie aus der Vergangenheit heraufbeschworen, sondern hat aus der Kenntnis der gegenwärtigen Erscheinungsformen des Sozialismus gerade im westlichen Europa – und im Angesicht der möglichen globalen Katastrophe – Gesellschaftsmodelle entwickelt, die bei uns erst zögernd (und verhöhnt) in den Arbeitskämpfen der jüngsten Vergangenheit anvisiert werden.

»Die sogenannte wissenschaftlich-technische Revolution [...]

muß von einer neuen gesellschaftlichen Umwälzung her umpro-
grammiert werden. Die Idee des Fortschritts überhaupt muß radikal anders interpretiert werden, als wir es gewohnt sind«,
schreibt er, und: »Die extensive Phase der Menschheit geht so
oder so zu Ende, im guten oder bösen. Die Gattung kann und
wird ihre materielle Basis weiter qualifizieren, aber sie muß um
ihrer Fortdauer und ihres Lebenssinnes willen mit der Megalo-
manie brechen, muß kollektive Rücksicht gegenüber dem Na-
turzusammenhang lernen, den sie bisher eher zu stören als zu
verbessern vermocht hat.«

Der frühe Marx der Ökonomisch-Philosophischen Manu-
skripte mit seinem Entwurf »der kommunistischen Gesellschaft
als wahrhafter Auflösung des Widerstreits nicht nur zwischen
Mensch und Mensch, sondern auch zwischen Mensch und Natur, darunter seiner eigenen« spielt ihm das denk-bare Zukunfts-
modell zu, das an das an der Bergpredigt orientierte frühe Christentum erinnert und in den revolutionären Bewegungen Lateinamerikas heute schon im vorpolitischen Raum effizient ist.

Natürlich fragen wir: Warum muß so ein Mann einsitzen?
Und müßten auch fragen: Welche Auflage hätte sein Buch bei
uns (das ja keinesfalls die Bestsellerspitzenauflage jeder Saison
bei uns erreicht hat), wenn es ein Wissenschaftler aus dem mittleren Management bei uns geschrieben hätte? Wäre es da nicht ein
Titel unter vielen, weil es ja unbequem ist, weil es unseren Fortschrittsoptimismus in Frage stellt und durch einen sozialistischen Zukunftsentwurf korrigiert? Weil es schließlich so gar
nicht politisch aktuell ist? Wahrscheinlich hätte es die *Spiegel*-
Redaktion nicht einmal des Besprechens für würdig befunden,
weil es keine Geheimnisse ausplaudert, keine Skandale aufdeckt,
keine Brisanz hat, die die Auftraggeber der Anzeigen irritiert
und neugierig macht.

So fragen, heißt nach dem Anlaß der Würdigung Rudolf Bahros hier und heute fragen.

Mit Ossietzky hat er gemein, daß er den Mut hatte, unbequem
zu sein und in dem Staat, in dem er gearbeitet hat, zu bleiben,
obgleich er von der Gefahr gewußt hat, die das Bleiben für ihn
bedeutete.

Eine Märtyrer-Geste? Wohl kaum, eher das nüchterne Kalkül,

so doch gehört zu werden. War es das, was die Juroren bestimmt hat, ihm die traditionsreiche Ossietzky-Medaille zu verleihen? Ich glaube, es war mehr: Es war der Wunsch, die Sozialismus-Kritik Bahros, die keine Absage an den Sozialismus darstellt, zu würdigen, gerade weil seine Kritik über die Grenzen des real existierenden Sozialismus hinausweist; weil die Kritik nach der Zukunft greift und uns mitmeint, uns anfragt, wie wir es politisch zu meistern gedenken, daß das wirtschaftliche Management, ohne mitzuregieren, die Politik der westlichen Demokratien steuert, ohne die von Bahro beschriebenen Folgen der technischen Revolution planend abzufangen. Und das wäre dann sicher der richtige Anlaß, Bahro zu würdigen: Er hat allen, die sich dem Zynismus und der Menschenverachtung der technischen Revolution widersetzen, Denkanstöße – und durch sein Verhalten: Die Annahme des Urteils ohne Wehleidigkeit – Ermutigung gegeben.

Die Angst des Prometheus

Natürlich ist die Sage schön und deutbar, gebläht vom Pathos menschlichen Selbstbewußtseins, durchblutet von der Trauer und dem Schöpferglück, ohne die die europäische Geschichte anders verlaufen wäre, lärmend vom Hochmut, der uns allzu vertraut vorkommt – und wer weiß denn schon noch vom stillen Epimetheus, dem unscheinbarsten und vielleicht doch morgigsten der drei Titanenbrüder? Müßten wir heute nicht tiefer in der ungeschriebenen Geschichte graben, um die Entdeckung des Feuers auf dem Wege der Mensch-Werdung zu orten?

Ist es die Angst des Prometheus, die die Sage nicht überliefert? Oder die Angst des Epimetheus, des Beobachtenden? Oder die Angst des dem Leben zugewandten Zeus, der den Hochmut des Prometheus straft, weil er die Gefahren der freigesetzten schöpferischen Intelligenz ahnt? Es ist unsere Angst.

Dabei ist alles so schnell gegangen, nannte sich Fortschritt, brachte Erleichterungen, ließ die Erdbevölkerung überquellen, machte die Erde der prometheischen Phantasie untertan. Es ist alles zu schnell gegangen. Und hat seinen Ursprung in Europa, in der Kontinuität, ja, Kausalität der sich hier ablösenden Kulturen, Kulturvölker, Herrschaftsformen, die sich in anderen geschichtlich faßbaren Räumen der Erde so nicht wiederfindet.

Gewiß, der Historiker kennt die Brüche, die Nahtstellen, die Störungen der Kontinuität, aber er kann nicht übersehen, daß die Emanzipation des namenlosen Menschen innerhalb der gottzentrierten jüdischen Überlieferung im frühen Christentum durch das Zusammentreffen mit der mensch-zentrierten Spätantike die Emanzipation der Menschen zur immer neuen geschichtlichen Motivation in Europa gemacht hat, ein faszinierender moral- und geistesgeschichtlicher Vorgang, der in den Christianisierungsfeldzügen zur Grausamkeit pervertiert, der in der intellektuellen Ekstase der Renaissance fast wieder in die spätantike Menschenverherrlichung überkippt. Und seither, *ratio*-gebändigt, auf die in Frankreich vorangetriebene Aufklärung und Revolution von 1789 und schließlich die spekulative Harmonie des deutschen Idealismus hinzielt.

Da erst – genaugenommen ein paar Jahrzehnte früher mit der beginnenden Industrialisierung – wird die fast zweitausendjährige Kontinuität untergraben, gebiert die menschen-zentrierte Philosophie und Religiosität in Europa ihren schärfsten Widersacher, erkennt ihn noch nicht, begreift ihn noch als Fortsetzung ihrer emanzipatorischen Tradition und setzt ihn so ein, wie sie immer ihre Widersacher eingesetzt hat: zur Stabilisierung der Macht des emanzipatorischen Humanismus.

Der Widersacher ist der technische Fortschritt: die Freisetzung der physikalischen und chemischen Energien der Erde, die Freisetzung der handwerklich-technischen Intelligenz des Menschen. Ein überwältigender Vorgang.

Immerhin war das Ende der zweitausendjährigen Kontinuität europäischen Denkens erkennbar geworden und hat Nietzsche die Krise benannt, ohne ihr eine für die Realität taugliche Zukunftsvision entgegensetzen zu können. Er schleudert das Ich in die Freiheit ohne Kontinuität, hinterläßt den Riß in der europäischen Denk-Tradition. Marx hingegen setzt die sozialökonomische Analyse der (inzwischen etablierten) Industriegesellschaft anstelle der Philosophie ein, um die emanzipatorische Tradition nicht verloren zu geben. Ist auch die Tauglichkeit der Marxschen Analyse für die Sozialisierung der Emanzipation unbestritten, so ist es auch unbestritten, daß sie den technischen Fortschritt nicht zu binden vermocht, ja, ihn durch die Freisetzung sozialer Energien eher beschleunigt hat.

So ist nun die Ratlosigkeit angesichts der Erfolge des technischen Fortschritts unübersehbar. Ratlosigkeit nicht nur, weil das Zurückgreifen auf emanzipatorische Wertvorstellungen der Aufklärung und des deutschen Idealismus unmittelbar nichts bringt. Ratlosigkeit vor allem, weil es uns nicht gelingt, ein neues Menschen-Bild zu entwerfen. (Sicher, wir feiern den Widerstand, weil er gefeiert werden muß; aber noch greift jeder Widerstand auf die tradierten Werte zurück. Noch hat der Widerstand keine Utopie.)

Wie sollte, wie könnte, wie müßte sie denn aussehen? Eine Utopie, die den Menschen die Leistungen des technischen Intellekts einholen, überholen läßt. Die ihm Pari bietet. Die stark genug ist, die Menschen darin zu bestärken, daß Fortschrittsverzicht notwendig ist; daß Leistungsstreß und Fortschrittsoptimismus Null-Werte sind; daß Lebensqualität, die nicht nur aus Auto-Kilometern und überfüllten Stränden und Disco-Lärm und Hotelzellen besteht, entdeckt werden muß; daß Verantwortung in die Privatzonen übergreift.

Aber das alles klingt noch verdammt nach den Slogans, die Regierungen, Gewerkschaftsführungen und Kirchenführer verbreiten. Stimmt das denn? Und reicht es? Vom Konsumverzicht zu sprechen, ist beinahe schon Mode. Aber jeder weiß, daß es eine Modelüge ist, weil der Konsum die hochindustrialisierten Wirtschaften stabilisieren hilft und die sozialistisch strukturierten Wirtschaften konsumorientiert geführt werden müssen, um nicht »außen vor« zu bleiben.

Wie nun reagieren? Abwartend planend wie die Ökonomen, die die Überlegenheit des geballten Kapitals bis zum äußersten nutzen werden? Oder helfend, engagiert für die sozial Betroffenen, der human-christlichen Tradition gemäß? Oder mit dem Entwurf einer möglichen Zukunft, die nicht mehr von Prometheus' Feuer allein bestimmt wird?

Also andere, gar nicht ich-konzentrierte Wertvorstellungen

akzeptieren, weiterdenken? Die permanente Emanzipation und den galoppierenden technischen Fortschritt auf ihre Widersprüchlichkeit hin benennen? Verzicht auf Verantwortung zusammensehen? Über die Morbidität des Ich (auch in der europäischen Kunst und Literatur) nachdenken? Das Sozialgefälle erkennen und wegarbeiten, nicht nur durch Wohlstandsangleichung (wie in Tarifauseinandersetzungen nun schon Routine), sondern durch Freisetzung von Verantwortlichkeit, durch Abbau des Ich-Verschleißes?

Lernen, begreifen, daß das Feuer des Prometheus nicht blindlings genutzt werden darf, wie die Katastrophengefährdung bei der Nutzung der Atomenergie immer wieder beweist. Und die Ratlosigkeit annehmen als Chance. Als Offenheit für Entwicklungen, die nicht europäisch gesteuert sind.

Eine dürftige Auskunft, ich weiß. Aber vielleicht gestützt durch die in unserer Denktradition vorbereitete Fähigkeit zur Toleranz – das heißt doch auch: zum Erstaunen. Ob es denn etwa möglich sein kann, die sehr verschiedenen Wertvorstellungen, die den Menschen beschreiben, nebeneinander gelten zu lassen?

Was besagen die unterschiedlichen Entwicklungen, auch Fehl-Interpretationen? Daß die Entartung der Emanzipation des Ichs in die Wohlstandshysterie mit ihrer Nachtseite des sozialen und psychischen Elends Sehnsüchte offengelassen hat, genauso wie der durchgeplante Sozialismus Sehnsüchte abgeschnürt hat, die zum Binnendruck sozialistischer Gesellschaften werden.

Das Ich nicht mehr so wichtig nehmen

Kann es denn sein, daß wir lernen müssen, das Ich nicht mehr so wichtig zu nehmen? Kann es denn sein, daß die europäisch-prometheische Tradition am Ende ist? Daß die Selbstvergewisserung des Menschen nicht mehr ausschließlich Ich-bezogen ist? Daß die Radikalität des Ur-Christentums neu benannt werden muß, weil hier ein Gesellschaftsentwurf gegen Tradition und vorgefundene gesellschaftliche Realität behauptet worden ist? Daß es neu benannt werden muß, wenn Menschen gemeinsam ausscheren, nicht auf der Flucht in die Idylle, aber ins Nein zur Realität?

Wie soll, wie kann die Utopie aussehen? Wir müßten den Gedanken an die Völkerfamilie neu beleben, wie er im Vormärz in den europäischen revolutionären Bewegungen geläufig war. Wir sollten die Gleichung »Erfolg ist Ich-Identität« überwinden. Wir sollten uns mit den außer-europäischen Kulturen ohne Ich auseinandersetzen. Wir leben ja längst so.

Wir sollten lernen, daß Europa, und also auch wir, am Ende einer zweitausendjährigen Kontinuität angelangt sind. (Nimmt man Prometheus' Auseinandersetzungen mit Zeus beim Wort, mindestens am Ende einer viertausendjährigen Kontinuität.) Wir sollten lernen, daß unsere Verantwortung, die wir eingegangen sind, auch Verzicht mitmeint. Resignation ist das nicht.

Vielleicht aber das, was Prometheus nicht bedacht hat, als er den Menschen ihre Unabhängigkeit vorzeigte: daß unter der Euphorie der Neugier, der Wißbegier, des Gelingens, daß unter dem Hochmut der eigenen Kraft die Abgründe des Versagens, des Sterbens unausgeleuchtet geblieben sind, der nicht gebändigte Leben-Sterben-Rhythmus: das immer neue Anfangen-Müssen. Und daß das eine nicht meßbare, nicht wägbare Kraft ist.

Engagiert leben

(Variationen zum Thema)

1

Die Leute sagen das so hin, mokant. Na, die engagiert sich aber! Ihr Blick verrät, was sie denken. Und hinterm Rücken und durch das Telefon die Einkreisung. So eine ist das! So eine.

2

Nein, engagiert lebt sich's nicht bequem in diesem Land. Anonyme Anrufe, Drohbriefe und Postkarten. Am schlimmsten aber doch die flüsternde Einkreisung. Und warum?

Ich habe mich für das Recht von Häftlingen eingesetzt, das im Grundgesetz beschrieben ist.

Ich habe mich gegen die Verteufelung des Kommunismus ausgesprochen.

Ich habe die Berufsverbotspraxis kritisiert.

Ich habe die zensurale Praxis (ohne Zensurgesetz) kritisiert.

Ich habe mich um die Sorgen der Gastarbeiter gekümmert.

Ich habe auf die soziale Situation der Mehrzahl der Schriftsteller in der Bundesrepublik hingewiesen und sie zu bessern versucht.

Darum also . . .

3

Ich engagiere mich nicht um des Engagements willen. Ich hasse Betriebsamkeit und Emsigkeit, zu der das Engagement den Engagierten oft genug verführt, weil zu wenige die Not der vielen mittragen. Ich plane mein Engagement kühl, auch wenn mich die emotionale Betroffenheit antreibt, weil es nicht darauf ankommt, etwas zu tun, zu sagen, sondern wie es zu tun ist, wem es zu sagen ist, wann und wie. Ich trainiere mich in Gelassenheit, was nicht leicht ist gegen die eigene Ungeduld an. Weil Hilfe, Abhilfe oft gar keine Zeit läßt.

4

Sie schreiben doch! Genügt das nicht zur Selbstvergewisserung? Aber mein Herr, meine Dame, Kollege, Kollegin, du oder Sie! Sich für andere einsetzen ist doch keine Selbstvergewisserung, sondern ist auf den anderen, auf die anderen, auf die Betroffenen gerichtet.

Und erwarten Sie Dank?

Die Frage verstehe ich nicht.

Dankt Ihnen denn niemand? Zum Beispiel, wenn Sie etwas für ihn erreicht haben?

Das schon, aber es ist nicht wichtig. Wichtig ist's, wenn ein Gefangener Mut zu sich selber faßt; wenn ein Berufsverbot aufgehoben wird; wenn eine Zensurfall öffentlich wird; wenn die Gastarbeiterkinder nicht länger benachteiligt sind. Wichtig wäre das Ende der Kommunismusverteufelung, die Entschärfung des Hasses gegenüber den Andersdenkenden. Wichtig wäre die Verbesserung der sozialen Situation der meisten Schriftsteller.

Sie müssen ziemlich viel Zeit haben. Unsereiner – ja, unsereiner hat doch genug mit dem täglichen Kram zu tun! Und dann nicht mal Dankeschön. Und wann schon mal'n Erfolg!

5

Engagiert leben – für mich bedeutet das: Zielvorstellungen von einem möglichen besseren Zusammenleben der Menschen haben, die emanzipatorischen Strukturen der Demokratie nicht verhärten lassen, den emanzipatorischen Sozialismus gegen die hierarchische Technokratie verteidigen. Mit der Kraft menschlichen Widerstands rechnen, um anti-emanzipatorische Entwicklungen aufzuhalten. Mit dem Mut zum Verzicht rechnen, wenn es um die künftige, die Überlebensordnung der Menschheit geht.

Denn wir sind im 20. Jahrhundert politisch nicht kreativ gewesen, haben die Ideen des 19. Jahrhunderts einzubringen versucht, haben sie nicht an der eigenwüchsigen wissenschaftlich-technischen Entwicklung überprüft, so daß wir von der Kausalität der Technologie überholt worden sind. Die Entwicklung des einzelnen zu sich selbst – dieses erste oder dritte Versprechen von 1789 – haben wir vernachlässigt.

Dem gilt mein Engagement.

6

Deshalb betrete ich immer wieder die politische Arena. Deshalb wage ich, mißverstanden und angefeindet zu werden; die publizistisch verbreiteten und die demagogisch verbreiteten Bosheiten, die mich meinen, nicht in mich aufzunehmen, weil sie Gifte sind.

Die Grenzkontrollen (einschließlich Abschrauben der Radkappen an meinem Auto) auf mich zu nehmen, wenn ich die halbe Stadt West-Berlin verlasse, um die andere halbe Stadt Berlin zu besuchen; die Kontrollen an den Toren der Gefängnisse, das Warten vor verschlossenen Türen, das Frösteln in kalten Besucherzellen für selbstverständlich hinzunehmen;

in dunklen Hinterzimmern zu diskutieren, Leid zu erfahren; über Akten zu sitzen, die Verwirrungen bloßlegen;

in verqualmten Sälen gegen nicht funktionierende Mikrofone anzureden;

in schwammverseuchten Treppenhäusern an Türen zu klopfen, von denen die Farbe blättert;

zuzuhören, weil keiner mehr zuhören will;

Briefe zu schreiben, nachts, nach der Arbeit, Briefe an Häftlinge, Briefe an Verstörte, Briefe an Behörden und Ministerien;

mit den Zerbrochenen, Gekrümmten, Verformten mit-zufühlen, mit-zu-denken.

Weil ich hoffe, daß die Träume vom Menschen und seiner Freiheit nicht vergeblich gewesen sind. Weil ich sicher bin, daß Demokratie und Sozialismus keine Gegensätze sind, sondern (beides ausgelaugte Wörter) neu gedacht, neu versucht, neu gesucht werden müssen.

7

Aber Sie schreiben doch, leben um zu schreiben, schreiben um zu leben. Lenkt Sie's denn nicht ab, wenn Sie sich so auf andere, hilflose Leben einlassen?

Da muß ich zögernd antworten. Doch, es lenkt mich ab, wenn mir's nicht gelingt, den Riegel vor dem anderen Leben ein wenig wegzustoßen. Es lenkt mich ab, wenn ein Berufsverbot aufgehoben und in der nächsten Instanz wieder verfügt wird. Es lenkt mich ab, wenn ein Freund, den ich schätze, sich ganz allmählich mit der Selbstzensur einläßt.

Aber es ermutigt mich, wenn einer die Resignation überwindet, nach der Haftentlassung über die Widerstände hinweg zu leben beginnt. Es hilft mir, wenn ich mit einem Brief, einem Telefonat, einem Telegramm erreiche, das Behördengestrüpp, in dem sich einer verfangen hat, zu durchschlagen.

Denn ich weiß, daß mein Leben als Autorin ein Luxus ist (bei aller Anpassung und dem sozialen Risiko), weil es mir erlaubt, den eigenen Gesetzen nachzuhorchen, Flüchtiges festzuhalten, dem Antrieb zu formen, nachzukommen. Weil ich mir eine Freiheit habe schaffen können, die mir Verantwortung auferlegt.

Und nutzen Sie den Lebensstoff, den das Engagement Ihnen aufdrängt? Nicht unmittelbar – aber jede Erfahrung schlägt Wunden, die nur schreibend vernarben.

Und haben Sie nicht Angst, sich aus den Augen zu verlieren im Wachsein für andere?
Dann wäre ich doch unfähig, mich für sie zu engagieren.

Liebeserklärung an Deutschland

Ich habe den Verdacht, daß mir die bundesdeutsche *Ausgewogenheit*, das *Jein*, das wie ein Pfropfen im Ohr sitzt, einen Streich spielt, wenn ich, wenige Wochen nachdem ich als »Ratte und Schmeißfliege« öffentlich beschimpft worden bin – nach der Zurücknahme hieß es: »Keine Dame, aber zweischneidig« – eine Liebeserklärung an Deutschland abzugeben gebeten worden bin.

Ich habe den Verdacht, daß die Liebeserklärung freundlichst vertuschen soll, was da an hilfloser Deftigkeit allzu smart und sprach-ratlos abgemindert und boshafter artikuliert worden ist. Ich habe den Verdacht, daß mir das ABC der Geläufigkeit abverlangt wird, denn ich habe noch von keinem Politiker anderes gehört, als daß er (und fast immer sind's ja *er*'s) –: daß er das Land Deutschland, Bundesrepublik Deutschland, Gesamtdeutschland liebt. *Liebt.* (Hin und wieder drückt sich diese Liebe in größerem Grundbesitz aus.)

Aber keine Angst, ich laß mich von dem dreifachen Verdacht nicht irritieren, auch nicht vom Neid auf schönen Landbesitz, wenn ich mich auch manchmal angesichts der Steuerbescheide frage, warum ich denn eigentlich so hart arbeite und die mich beschimpfen miternähre. Doch das ist eine Frage, die ich mit allen arbeitenden Staatsbürgern teile, und sie soll im Zusammenhang dieser Liebeserklärung nicht vertieft werden. Denn es wird eine Liebeserklärung, weil ich anders längst den Koffer genommen und das Land verlassen hätte; weil ich anders nicht so empfindlich gegenüber denen wäre, die mit der Zukunft dieses Landes und seiner Bewohner so leichtfertig umgehen wie jene Erfinder des Groß-Deutschland, für die die arbeitenden Menschen Jubler, die Toten Zahlenkolonnen, die zu gebärenden Kinder künftige Soldaten gewesen sind.

Über die Schönheit des Landes, über den Charme von Fußgängerzonen, Fachwerkidyllen und steigenden Ladenmieten inmitten wiederhergestelltem, altväterisch städtischem Image läßt sich kaum streiten; über die saubere Ruhr, den wieder durchsichtigen Bodensee und den verschmutzten Rhein, die Smogglocken über den industriellen Ballungszonen nicht, über die Zersiedlung der Landschaft, die Einfamilienhausmonotonie inclusive der lebenslangen Verschuldung ihrer Noch-nicht-Besitzer und Gartenfreunde nicht, denn sie sind ein stabiles Wählerpotential (mit der Angst vor der Enteignung als politischem Glaubensbekenntnis). Auch läßt sich nicht streiten über die allabendliche Fernsehruhe hinter sauberen Gardinen – das ist nun mal so friedlich, gleichviel wieviele Tote, Verhungernde, Erschossene, von Polizeikordonen Davongetriebene auf dem Fernsehschirm zu sehen sind, denn all das findet ja nur ein paar Flugstunden, aber *so* weit entfernt, statt.

Doch sind da auch erinnerte Augenblicke, manchmal auf Fotos festgehalten: barfuß im Schlick und der Sonnenuntergang überm Meer in pathetischen Farben – zwischen Apfelgärten im Frühjahrslicht der Ebenen – auf Schipisten in der Traumlandschaft über den Wolken – auf schwingender Brücke über dem Niederrhein – am Stadtrand zwischen den saubergeharkten Rasenflecken, den Blumen- und Rhabarberstauden und den buntgestrichenen Lauben – zwischen Anemonenfeldern im gescheckten Licht unter alten Buchen – an faulschlammschwarzen Seen, die den Vogelflug spiegeln.

Und sind da überall Frauen und Männer, die sich die Sensibilität ihrer Herzen bewahrt haben und anpacken, handeln, einspringen, wo andere in Not sind, nicht weiter wissen, aus dem Fadennetz der Kommunikation herausgeglitten sind, verachtet, beiseitegestoßen werden. Das junge Mädchen, das die behinderte alte Frau durch den Großstadtverkehr geleitet, der unauffällige Mann, der in der Drogentherapie arbeitet, die Männer und Frauen, die in die Gefängnisse gehen, die Mütter und Väter, die einen Schrottplatz in einen Kinderspielplatz verwandeln, die Männer und Frauen in den Rettungsdiensten, die Frauen und Männer in der Telefonseelsorge; Frauen und Männer, die das Klischee vom satten, gleichgültigen Bundesbürger widerlegen, eine Minorität, sicher – aber ohne sie wäre eine Liebeserklärung an dieses Land schwieriger, ohne sie tät' ich mich schwerer, mit Beschimpfungen und Denunziation, mit anonymem Haß per Post und durch das Telefon zurechtzukommen und das Land und seine Menschen unbeirrt zu lieben.

Auch wenn ich mich nicht getroffen fühle, weil ich tue, was ich tun muß, schreibe, was ich schreiben muß, denke, was ich denken muß: Daß Verführbarkeit korrigierbar ist! Daß Unwissen durch Wissen, Halbwissen durch Information behoben werden muß! Daß Machtgier demaskiert werden muß, wenn sie sich nur selbst reproduziert! Daß die leere Formel *Zukunft* durch eine entworfene Zukunft ersetzt werden muß! Daß dieses Land, in dem ich geboren bin, eines unter vielen ist, die Menschen, die in diesem Land leben, ein Bruchteil der Menschheit ausmachen, den ihr Anspruch und Lebensstandard um ein Vielfaches übersteigt! Daß dieses Land und seine Menschen eine Geschichte haben, die nicht mehr auszutilgen ist, eine Geschichte, die sie gefügig, zu Untertanen und Herrenmenschen gemacht hat, ein Widerspruch, den sie angenommen, den sie ausgelebt haben; der sie schuldig gemacht hat. Daß das Leiden, das ihnen daraus erwachsen ist, die Schuld des Versagens nicht aufwiegt. Daß dieses Land Bundesrepublik Deutschland und das Land Deutsche Demokratische Republik zusammen nicht Gesamtdeutschland ausmachen, auch wenn die verminte Grenze zwischen beiden Staaten, der aufgepflügte Ackerstreifen eine tiefe Wunde ist, die auszuheilen nicht sie vergessen heißt. Daß den Menschen in diesen zwei deutschen Staaten eine Aufgabe zugewachsen ist, die nach der Reichsgründung vor 110 Jahren immer wieder vernachlässigt, mißverstanden, mißbraucht worden ist: die in der Balance ruhende Mitte Europas zu sein.

Wegen dieser Aufgabe liebe ich das Land, begehre ich gegen Ideologieverkrampfung auf, gegen Gleichgültigkeit und gegen die, die Haß säen, um Sturm zu ernten.

Wegen dieser Aufgabe liebe ich die Menschen, die sich nicht zur Untertänigkeit verführen lassen.

Und das ist keine Liebeserklärung um der Ausgewogenheit willen, kein Vertuschen der Betroffenheit über den Intellektuellenhaß, der die neuere deutsche Geschichte begleitet und in Bücherverbrennung und Genozid gipfelt. Das ist nicht nach dem ABC der Geläufigkeit buchstabiert, sondern hingeschrien, hingeschrieben, hingetrotzt – in kalten Seminarräumen zwischen Menschen aus beiden deutschen Staaten beim Ausprobieren, ob die Sprache noch trägt; bei Gesprächen hinter Glas und bewacht in bundesdeutschen Gefängnissen (wie schwer, den Haß auf dieses Land, der sich in die Hirne gefressen hat, in solcher Situation entschärfen!); von Angesicht zu Angesicht mit schwarz uniformierten Jungnazis; an der Straßenecke, wo sie auf die Demonstranten schimpfen; in Gesprächsrunden bei Verwandten und Freunden, wenn jäh das Verstummen eintritt. Es ist eine Liebeserklärung gegen die nach Minuten ausgehandelte Meinungsfreiheit, gegen das *Jein* an, das wie ein Pfropfen im Ohr sitzt.

Und ich weiß, daß ich damit nicht allein stehe ...

Dank-Rede anläßlich der Verleihung der Carl-von-Ossietzky-Medaille am 14. Dezember 1980

Unvergeßlich ist mir ein Gespräch mit meiner Mutter im Februar 1945; die Ostfront seit Januar ständig zu hören, die Luftangriffe unvermindert, die Lebensmittelversorgung miserabel, die Nachrichten von der großen Flucht, das geballte Elend nur noch mit Apathie zu ertragen, die Menschenlandschaft Berlin eine Elendslandschaft. Und sie fragt: Kannst du das glauben, was sie von den Gasöfen sagen? Das *können* doch Menschen nicht tun! (Und sie war keine, die die Augen zugehalten hatte. Ihre jüdischen Freunde waren emigriert, sie hatte geholfen, wo sie konnte, sie hatte sich nicht mit den Nazis eingelassen.)

Ich weiß noch, daß ich sehr zögernd antwortete: *Vorstellen* kann ich mir's auch nicht.

Vorstellen. Glauben. Wörter, die die ungenaue Information bezeugen. Wir wissen heute, daß damit Politik gemacht werden kann, nicht nur faschistische Politik. Ich weiß seit damals, daß ich mich nicht mehr mit ungenauer Information habe zufriedengeben wollen. Und weiß doch auch, wieviel an Ungenauigkeit uns, auch mich, bis heute bestimmen und daß es unmöglich ist, das zu ändern in der stündlichen Flut von Informationen, die der einzelne nicht einmal aufzunehmen, geschweige zu sortieren fähig ist. Weiß, wie leicht wir darauf mit Apathie, mit Gleichgültigkeit zu reagieren versucht sind, auch ich. Und daß ein Aufpikken von Einzelheiten, ein Herausfiltern von Teil-Zusammenhängen dem legendären Versuch des Kindes gleicht, das das Meer mit einem Becher ausschöpfen will.

Und doch, wie klein ist der Schritt von der Ratlosigkeit, in die uns diese Situation täglich von neuem bringt, zur Negation von Verantwortung. Denn wer kann schon verantworten, was er nicht genau weiß? Nicht übersehen kann?

Das Gespräch mit meiner Mutter, das Nicht-Vorstellbare, wie es sich uns Deutschen 1945 in seiner ganzen Brutalität enthüllte, sind für mich – und ich denke, für viele meiner Generation, die wir damit zu leben hatten, daß im Namen von uns Deutschen der Völkermord perfektioniert und ideologisch verfochten worden war – seit damals, als wir gerade begannen, Erwachsene zu sein, *Triebkraft und Unruhe* gewesen. Wir mußten allerdings sehr schnell lernen, wie wenig wir vermochten, nicht nur, als wir das schwierige Geschäft der Demokratie zu lernen hatten; nicht nur, als wir die Spannung im Konfliktfeld zwischen den Großmächten auszuhalten lernen mußten; nicht nur, als wir die Ungebrochenheit reaktionärer Kräfte in der Bundesrepublik entdecken und uns gegen sie wehren mußten; nicht nur angesichts der Konfliktlage in der Welt, die in fast anderthalb hundert Kriegen seit 1945 immer wieder aufgebrochen ist und aufbricht; nicht nur angesichts der Entwicklung der Waffen, der Versehrung der Erdoberfläche, der Hungerkatastrophen, der Folterregime, der chemischen Verseuchung der Atemluft; nicht nur – nicht nur. Wir mußten begreifen, daß wir noch an unserem Arbeitsplatz in Konflikte und das Elend anderer Regionen verstrickt waren und sind.

War uns aber die Ausflucht ins Zusehen, ins Treibenlassen gestattet? Ist sie's? Die Generation unserer Kinder hat uns in den Jahren der Jugendrevolte angefragt, hat uns als Generation angeklagt. Wie haben wir reagiert? Konnten wir reagieren? Rannen uns nicht die Jahre wie Sand aus der Eieruhr und wollten wir unsere Ruhe haben? Und wie reagieren wir auf die zehn Jahre jüngere Nachkriegsgeneration mit ihrer ratlosen Geschäftigkeit und ihrem Ausscheren? Leisten wir uns ihre Angst? Ihre Untergangsstimmung? Es ist leicht und ist sicher auch falsch zu sagen, daß alles so nicht hätte kommen müssen, weil es industrielle und historische Entwicklungen verkürzt, die Krisen des Nachkolonialismus in der Dritten Welt verniedlicht. Es ist nicht leicht zu fragen: Was können wir tun? und das nicht bloß rhetorisch zu meinen. Denn obgleich für uns alle deutlich ist, daß die Konzeption für das Zusammenleben der Völker grundsätzlich überdacht werden muß und wir, wenn auch selektiv informiert, jede Brutalität für denkbar, ja, für real halten müssen, haben wir doch, jeder einzelne an seinem Platz, kaum die Möglichkeit einzugreifen und haben uns die Philosophen dieses Jahrhunderts die Analysen verfügbar gemacht, *die Prophetie, den Zukunftsentwurf jedoch ausgespart*, von Ernst Bloch abgesehen, der die Permanenz der Hoffnung historisch nachgewiesen und die wechselnden Utopien auf die ur-christliche Konstante zurückzuführen vermocht hat, die radikale Chancengleichheit also als denkbar, als immer anzupeilendes Ziel benannt hat.

Antrieb; Zielvorstellung und dazwischen eingehängt das tägliche Leben.

Das Gespräch im Februar 1945, noch abwehrend, schaudernd auch: Das können doch Menschen nicht tun.

Die denkbare radikale Chancengleichheit für die nicht mehr vorstellbaren Menschen-Milliarden.

Und dazwischen die täglichen, die kleinen Möglichkeiten, das unvorstellbar Wirkliche zu verhindern, das vorstellbar Unwirkliche, die Utopie nicht aus den Augen zu verlieren.

Ein Balanceakt zwischen dem, was ist und dem, was sein könnte. Ich versuche ihn fast täglich. Und ich weiß, daß es nicht wenige sind, die ihn täglich versuchen. Ein Balanceakt, der einen nicht ans Ziel gelangen läßt und von dem, was ist, nur ein paar Millimeter weit wegkommen läßt. Ein bescheidener Versuch, ich weiß es. Unser aller Ungeduld rührt daher, daß wir nur so wenig vorankommen auf das angepeilte Ziel zu. Daß wir auf der Stelle treten, zurückgeworfen werden, ermüden, verhöhnt werden.

Was aber wäre, wenn wir den Balanceakt nicht versuchen würden? Wenn wir in der Bundesrepublik die Grundrechte nicht immer von neuem einfordern würden, uns nicht um die Scheiternden und Gescheiterten kümmern würden, nach- und neofaschistische Entwicklungen nicht aufzeigen würden, negative Auswirkungen der Politik und der Wirtschaft nicht beachten würden, Rechtsbeugungen übersehen würden, wenn wir nicht Stellung nehmen, Demokratie nicht beim Wort nehmen würden? Was wäre, wenn wir das Drogenelend, die Aussteiger, die sozial Benachteiligten, die Unterprivilegierten nicht beachten würden? Wenn wir unmotivierten Haß, tägliche Pression einfach hinnehmen würden? Was wäre, wenn wir Lügen Lügen sein lassen würden, falsche Aussagen nicht widerlegen, manipulative Informationen, propaganditische Schönfärberei hinnehmen würden?

Frage nach Frage ließe sich so aufreihen. Jede meint uns, braucht unsere Antwort, unser Verhalten. Und jedem wird einfallen, wo er nicht geantwortet, nicht reagiert hat, weil er müde war, keine Zeit hatte, keine rechte Lust, weil er nicht durchschaut hat, worum es ging oder auch, weil er ja damit nichts strukturell verändert, die Angst nicht unwirksam macht, das Rüstungspotential hier wie dort nicht mindert, das Elend in der Welt nicht verringert, ja nicht einmal seinen faschistisch daherredenden Nachbarn eines Besseren überzeugt.

Ich denke, ein solches Eingeständnis ist so ehrlich wie die vielen kleinen Balanceakte, das millimeterweise Vorankommen auf das zu, was sein könnte. Denn gäbe es den Zweifel nicht, hätte auch das Gegen-den-Zweifel-Anleben nicht die Funktion der Selbstbehauptung, nicht die leidenschaftliche Wärme der Tat. Die Spannung zwischen Reflexion und Aktivität ist es, die die Starre der Anpassung aufbricht.

Vielleicht ist damit umschrieben, was mich immer wieder antreibt, mich zu engagieren – und ich weiß, daß das oft genug mit einem leisen Vorwurf in der Stimme angemerkt wird: Aber mich macht Gleichgültigkeit zornig, Nichthinsehen traurig. Ich versuche hinzusehen. Ich versuche zuzuhören. Ich versuche, dem Gescheiterten Mut zu machen und sein Recht so ernst zu nehmen wie meines. Ich versuche, nichts zu beschönigen, nicht mit den Wölfen zu heulen. Ich versuche, die Erwartungshaltung der ganz Jungen zu bekräftigen und wenn einer keinen Ausweg mehr sieht, zu ihm zu halten. Und ich weiß und erfahre es immer wieder, daß die Versuche, Mitmensch zu sein, fehlschlagen, weil meine Kraft nicht ausgereicht hat, meine Geduld zu kurz gewesen ist. Aber wenn eine junge Frau, ein junger Mann nach Jahren des Berufsverbots endlich eingestellt ist, wenn einer nach 15, 16 Haft-Jahren sich draußen zurechtfindet, wenn es gelingt, den Haß gegen eine Gruppe aufzubrechen, weil die Ursache des Hasses erkennbar geworden ist, wenn es möglich geworden ist, den Irrwitz eines Gesetzes, einer Verordnung, einer Maßnahme aufzudecken, so ist das Selbstverständliche gelungen.

Ich denke an das Gespräch mit meiner Mutter im Februar '45 zurück, an das Grauen vor dem unmenschlichen Möglichen, an unser beider Ausweichen in eine nicht mehr gültige Wunschvorstellung vom Menschen: »*Vorstellen* kann ich mir's auch nicht.«

Seither weiß ich, daß ich mir alles vorstellen können und doch die damals nicht mehr gültige Wunschvorstellung vom Menschen, die seither immer gefährdete Wunschvorstellung vom Menschen *dagegenhalten* muß. Wir sind alle der Logik des Leninschen Satzes »Vertrauen ist gut, Kontrolle ist besser« verfallen. Der Raster der Kontrollen liegt unserer Wirklichkeit auf, das Mißtrauen, das den verbissenen Egoismus fördert, das uns Selbstzensur üben läßt, uns staatshörig macht, anstatt den Staat als unsere Sache anzusehen. Ich möchte den Satz verändert für mich in Anspruch nehmen: »Kontrolle ist gut, Information ist besser, Vertrauen ist am besten.«

Und ich weiß, daß ich damit nicht allein stehe, sondern nur einem heftigen Bedürfnis gerade in der jungen Generation, aber doch auch unter den Älteren, Ausdruck gebe. Die große Zahl sehr aktiver Initiativen, die sich der verborgenen und halbverborgenen Mängel unserer Gesellschaft annehmen, ihnen Öffentlichkeit schaffen, die sich der Randgruppen unserer Gesellschaft annehmen, die sich für die emanzipatorischen Bemühungen in der Dritten Welt einsetzen, das Elend, den Hunger, die Seuchen hier öffentlich machen, hier Hilfsgruppen aufbauen, die jungen und älteren Bürger unseres Landes, die sich für die Inhaftierten, Gefolterten überall in der Welt einsetzen, die Initiativen, die auf die Opfer von Mißlichkeiten unserer Rechtsprechung hinweisen, die das Grundgesetz beim Wort nehmen, die nüchtern auf das Vernichtungspotential hinweisen, das in der Welt vorrätig ist und ständig vermehrt wird, sind keine Versammlungen von Narren, nehmen die Aufgabe ernst, das Gewissen unserer Gesellschaft zu sein. Handeln an Ort und Stelle und jetzt. Handeln, weil sie nicht aufgehört haben zu hoffen, daß mitmenschlich leben chancengleich leben heißt: weil sie nicht aufgehört haben zu hoffen, daß die Utopie der Bergpredigt, die Erwartung von 1789 und 1848 und 1919 (in Deutschland), die Utopie, dank der Lateinamerika lebt, Südafrika nicht zur Ruhe kommt, die in den Slums, den Favelas, in den Gulags, in den Steppen und Sümpfen, über die die Milizen herrschen, überleben wird. Handeln an Ort und Stelle und jetzt, weil sie nicht aufgehört haben zu hoffen, die Flucht in den Selbstmord, die Flucht in die faszinierend schwingenden Träume, die die Drogen schenken und nehmen, die Flucht in die enge Zufriedenheit von Sonntag zu Sonntag und Urlaub zu Urlaub, die Flucht in den widerspruchslosen Gehorsam der Angepaßten, die Flucht in den befohlenen kollektiven Haß zu überdauern.

Wo immer einer von uns – vielleicht ich – mit denen zusammenkommt, die so noch zu hoffen fähig und willens sind, ist die Spannung zwischen dem, was ist und dem, was sein könnte, nicht erloschen.

Kaum würde ich meiner Mutter heute noch antworten: »*Vorstellen* kann ich mir's auch nicht.« Aber weil es so ist, weil Menschen so verfügbar geworden sind, müssen wir nach den Menschen suchen, die nicht verfügbar sind, die mit uns neu anzufangen versuchen, immer wieder.

Nachwort

Ich habe diese Reden, Aufsätze und Anmerkungen zusammengestellt, um Rechenschaft über mein Nachdenken über die Demokratie und in die Demokratie hinein zu geben, um die Konflikte begreifbar zu machen, denen ich mich nicht entzogen, in
denen ich gewiß auch geirrt habe. Da ich zu der Generation ge-
höre, der erst als Erwachsene vergönnt war, und in einem vom
Krieg verelendeten Land, sich in Demokratie einzuüben, ja,
überhaupt Demokratie zu denken – zu der Generation, die die
Auseinandersetzung mit der eigenen Nation am radikalsten ver-
suchte, anders als die Gleichaltrigen im übrigen Europa, die in
ihren Nationen Widerstand und Sieg vorfanden –, hat sich die
Empfindlichkeit für Verstörungen der Demokratie verfeinert,
zuweilen bis zur nervösen Ungeduld.

Denn die Schwierigkeit, sich mit der eigenen Nation zu identi-
fizieren, ist für diese Generation fast unüberwindlich, weil sie,
wo immer, auf die Spuren der Verbrechen stößt, die im Namen
ihrer Nation an den anderen Nationen in Europa begangen worden sind. Und schließlich hat auch die Teilung Nachkriegs-
deutschlands in zwei Staaten mit unterschiedlichen Verfassungen, Währungen, Sozialstrukturen, Ideologien und Bündnis-
Zugehörigkeiten diese Generation nicht nur emotional, sondern
auch existentiell getroffen und zum ständigen Abhorchen des
Herzrhythmus der Demokratie genötigt.

Meine kritische Einmischung begann mit literarischen Texten ab
Ende der vierziger Jahre. In Reden und Aufsätzen hat sie sich bis
auf wenige Ausnahmen erst mit dem Beginn meiner Arbeit im
Schriftstellerverband (ehrenamtlich, das muß leider wegen immer wieder auftauchender Mutmaßungen notiert werden), das

heißt ab 1965, gespiegelt; lange nicht ohne die Hoffnung, die Schriftsteller in der Situation des kalten Krieges zum Gespräch über die Grenzen hinweg zu ermutigen.

Davon und von der Einmischung durch Reden und Aufsätze gibt diese Sammlung Zeugnis – denn: Ich habe Angst, nicht nur vor dem Verschleiß der Demokratie, nicht nur vor dem emotionalen Stau, den die fehlende Auseinandersetzung um den Verlust der nationalen Identität (durch geschichtliches Verschulden) hat anwachsen lassen, und der sich in einem gefährlichen Neo-Nazismus seinen Weg bahnt; sondern auch vor dem Alltagsegoismus, der die Lebensleere zudeckt und blind und taub macht für die Verantwortung über die Grenzen der bundesdeutschen Demokratie hinaus: für die Mißstände in der Dritten Welt.

Ich habe Angst, daß die Demokratie, die für ihren eigenen Mißbrauch so empfindlich ist, im Mißbrauch verschlissen wird, sei es in den neuen Praktiken des Kolonialismus (Kapitalismus plus Verschuldung der Dritten Welt), sei es im Mißbrauch der garantierten Rechte des einzelnen durch den einzelnen.

Ich habe Angst, daß der Traum vom Individuum als der Krönung einer langen emanzipatorischen Entwicklung den Zerstörungen des Individuums im Industriezeitalter nicht standhält (aber noch immer propagiert wird, wenn auch auf den Konsum verengt).

Ich habe Angst, daß – weil wir den Tod der vielen (einzelnen) längst schon eingeplant haben – das Demokratiemodell seinen Utopiegehalt einbüßt, »1984« also kaum mehr ein Schreckensbild ist.

Ich schreibe, rede und versuche, gegen die Angst zu handeln. Das ist meine Hoffnung.

Anhang

Die Organisation der Schriftsteller in der Bundesrepublik Deutschland

(Seite 14 bis 69)

Ingeborg Drewitz löste im November 1967 die Entwicklung aus, die zur Gründung einer bundesweiten Schriftstellerorganisation führte. Sie war auch nach dem Beitritt des Verbandes deutscher Schriftsteller (VS) in die IG Druck und Papier im literaturmäzenatischen und kulturpolitischen Bereich tätig gewesen, hat in der Neuen Gesellschaft für Literatur (NGL) e. V. in Berlin sieben Jahre im Gründungspräsidium gearbeitet und hat neben der Literaturförderung die internationale Diskussion zur Situation der Schriftsteller weitergeführt. Ihr ist die Vorbereitung und Durchführung des Ersten Kongresses Europäischer Schriftstellerorganisationen 1977 in Berlin zu danken, die erste Sozialstatistik europäischer Schriftsteller, europäische Arbeitstreffen, die seither jährlich weitergeführt werden.

Sie hat zuerst auf die künstlerische Arbeit der Gastarbeiter in Berlin, aber auch auf die Literaturen des Widerstandes in Franco-Spanien, im Brasilien unter der Diktatur, auf die Literaturen in der Türkei und sehr früh schon auf die Literatur in Polen, in der DDR aufmerksam gemacht, hat die erste Ausstellung zur Literatur der Emigration (Autoren um die New Yorker Zeitschrift *Aufbau*) 1967 vorbereitet. Sie hat die (natürlich unbezahlten) Ehrenämter genutzt, um die Entwicklung in der Welt in Berlin gegenwärtig zu machen.

So sind auch ihre Überlegungen zur Kulturpolitik zu verstehen, die in diesem Kapitel abgedruckt sind.

Sie jagt einem Traum nach – so sagt sie selbst –, der vielleicht nicht zu erfüllen, aber darum umso faszinierender ist: Eine menschliche Gemeinschaft, die ihre Konflikte ohne Gewalt löst, weil sie den einzelnen Menschen wieder wichtig nimmt, weil sie begreift, daß Kultur nicht ein im Staatshaushalt nebensächlicher Posten ist, sondern die Art zu leben, sich selbst zu entdecken; und das Schreiben noch anderes ist als das Vergnügen der Ästheten, daß es ein Stück Selbstvergewisserung ist, die auch der Ungeübte braucht. Das heißt nicht, ästhetische Wertungen außer Kraft setzen, das heißt nur, die Wirklichkeit nicht allein an ästhetischen Kategorien messen.

Literatur und Politik-Reflexionen kurz vor 1984 erschien in »Die Horen« 120 (April 1980).

Der freie Autor – eine Fiktion? Erstabdruck in »Merkur«, Januar 1973.

Zum Ende meiner Amtszeit. Ein Arbeitsbericht zum Ende der Amtszeit als stellvertretende Bundesvorsitzende des »Verbandes deutscher Schriftsteller (VS) in der IG Druck und Papier«. Zuerst abgedruckt im Informationsblatt des VS, Mai 1980.

Die Spielfreiheit der Künste oder Die Angst sitzt neben der Schreibmaschine wird abgedruckt in »Text und Kritik 1981«, herausgegeben von H. L. Arnold.

Kritik oder Literaturbetrieb? erschien zuerst im »Literaturmagazin 1«, das im Rowohlt Verlag, Reinbek bei Hamburg, 1973 herauskam.

Kulturpolitik in der Reform? Erstabdruck in »Sprache im Technischen Zeitalter«, herausgegeben von Walter Höllerer 1971.

Förderalismus oder Zentralisierung? ist in Heft 3/1974 der im Colloquium Verlag, Berlin, erscheinenden Zeitschrift »Politik und ›Kultur‹« veröffentlicht worden.

Organisierung von Kulturschaffenden (Kulturproduzenten) erschien zuerst in dem von Manfred Bosch herausgegebenen Buch »Kulturarbeit«, päd. ex. Verlag, 1977.

Gespaltenes oder doppeltes Leben?

(Seite 70 bis 97)

Bereits Anfang der sechziger Jahre hat Ingeborg Drewitz die Diskussion um die Emanzipation wiederaufgenommen (vergleiche dazu auch ihr Buch »Zeitverdichtung«, Europa-Verlag Wien/Zürich/München, 1980). In ihren kulturhistorischen Arbeiten »Berliner Salons – Literatur und Gesellschaft zwischen Aufklärung und Industriezeitalter« (1965) und »Bettine von Arnim – Romantik Revolution Utopie« (1969) hat sie der Emanzipationsdiskussion der siebziger Jahre vorgearbeitet.

Gespaltenes oder doppeltes Leben? erschien im Mai 1971 in »Zeitwende«.

Die Kolumnen *Verehrte Leser…* und *Ich meine…* (hier zur Unterscheidung:) *I* und *II* wurden für die Ausgaben März 1973, April 1974 und November 1976 der Monatsschrift »frauen. Zeitschrift für Politik und Mitbestimmung« (Chefredaktion: Dr. Lore Breuer) geschrieben. Ingeborg Drewitz gehörte von 1971 bis 1976 der Redaktion dieser im Frauenverlag, Oberelbert, erscheinenden Zeitschrift an.

Zur Emanzipation in Ost- und Westeuropa und in der Dritten Welt, eine am 5. Oktober 1975 auf dem Kongreß für die Rechte der Frau in der Bundesrepublik Deutschland, Köln, gehaltene Rede, wurde im damaligen »Kongreß-Info« abgedruckt.

Die *Nachüberlegungen zum Internationalen Jahr der Frau* sind dem Heft 3/1975 der »Blätter für deutsche und internationale Politik« entnommen.

Bei dem Beitrag *Frauen sind dazu berufen, Utopien bewohnbar zu machen* handelt es sich um eine Rede zur Eröffnung der Ausstellung »Frauen in der deutschsprachigen Literatur seit 1945«, die in der »Stuttgarter Zeitung« vom 10. September 1977 abgedruckt wurde. Die Ausstellung, angeregt und vorbereitet von Ingeborg Drewitz, wurde nach ihrem Start in Freiburg im Breisgau 1977 in acht weiteren Städten der Bundesrepublik und anschließend in den Goethe-Instituten Italiens gezeigt. Sie steht jetzt als Dauerleihgabe der Stadtbibliothek Wiesbaden zur Verfügung.

Deutsche Ängste –
Zum Thema Berufsverbote, zensurale Praxis und Terrorismus

(Seite 98 bis 122)

»Es ist«, merkt die Autorin an, »nicht unwichtig festzustellen, daß durch die Proteste gegen die Praxis des Radikalenerlasses (Berufsverbote-Praxis auf Grund des Ministerpräsidentenerlasses von 1972) eine Entspannung eingetreten ist. Daß auch die Ablehnung der zensuralen Praktiken, die mit der 14. Strafrechtsreform stabilisiert wurden, zur Abschwächung der Zusatzparagraphen beziehungsweise ihrer Streichung geführt hat.

Es bleibt wichtig festzustellen, daß weiterhin Hochsicherheitstrakte gebaut werden, daß die Auseinandersetzung mit den politisch motivierten Straftätern praktisch nicht möglich ist trotz gutwilliger Richter und Anstaltsleiter, daß es selten, fast nie, gelingt, die sozialen Schranken zwischen den normalen Straftätern und den politisch motivierten Straftätern aufzuheben.

Dennoch ist mit Leidenschaft für die demokratische Auseinandersetzung einzutreten – auch da, wo sie scheitert –, weil sie das Denken und Handeln und Gegen-an-Denken und Gegen-an-Handeln ohne Gewalt ermöglicht und dabei kleine Erfolge aufweist, wenn die Auseinandersetzung nur konsequent und ohne Karriere-Egoismus geführt wird.«

Deutsche Ängste, eine anläßlich einer Protestkundgebung gegen Radikalenerlaß und § 88a StGB auf Einladung des Schwedischen Schriftstellerverbandes am 13. April 1976 in Stockholm gehaltene Rede, wurde in der Zeitschrift »Moderna Språk«, Saltsjö-Duvnäs/Stockholm, abgedruckt. Prof. Dr. G. Korlén merkte dazu an: »[...] Die Rede scheint mir als Beitrag zu einer gegenwartsbezogenen

Germanistik und einer kritischen Landeskunde [...] so bemerkenswert – auch in ihrer literarischen Qualität –, daß sie es verdient, schwedischen Deutschlehrern bekannt gemacht zu werden.«

Nachdenken über Verstörungen: Diese im März 1977 in der Theodor-Heuss-Akademie in Gummersbach vorgetragene Rede erschien in dem von Ingeborg Drewitz und Wolfhart Eilers herausgegebenen Band »Mut zur Meinung – Gegen die zensierte Freiheit«, im Fischer Taschenbuch Verlag, Frankfurt, 1980

Warum leben wir in einer Routine-Demokratie? Der Erstabdruck dieser Rede auf einer Großveranstaltung des Hamburger Vorbereitungskomitees für das III. Russell-Tribunal (zu den Menschenrechten in der Bundesrepublik Deutschland) am 7. Mai 1977 erfolgte im Oktober 1977 in den »Berliner Heften«.

Es ist sehr leicht, NEIN zum Terrorismus zu sagen, eine am 7. Mai 1978 auf einer Veranstaltung anläßlich des Zweiten Kongresses Europäischer Schriftstellerorganisationen in Florenz gehaltene Rede, wurde bisher nur in italienischer Sprache in der Zeitschrift des italienischen Schriftstellerverbandes und in dem Buch »Contro il terrorismo per la libertá«, das 1979 bei Marsilio Editori, Venedig, erschien, abgedruckt.

Die *Tagebucheintragung Einzelhaft* erschien in Heft 5/1974 der Zeitschrift »Merkur«.

Zum Neonazismus

(Seite 123 bis 138)

Zur Verjährung von Nazi-Verbrechen ist dem Band »Verjährung – 200 Persönlichkeiten des öffentlichen Lebens sagen NEIN«, herausgegeben von Simon Wiesenthal, Europäische Verlagsanstalt, Köln, 1965, entnommen.

Nazideutschland – Traum? – oder schon wieder beinahe wirklich? Erstabdruck in »Nach 30 Jahren Grundgesetz«, Veröffentlichungen des Liberalen Bildungswerkes 4/1980.

Neonazismus – keine Bagatelle mehr erschien zuerst in »Vorgänge. Zeitschrift für Gesellschaftspolitik«, Heft 4/1978.

Die Vergangenheit liegt nicht hinter uns wurde in »Freiheit und Gleichheit. Eine Streitschrift für Demokratie und Menschenrechte«, herausgegeben von der Initiative für ein Kuratorium für Demokratie und Menschenrechte in der Bundesrepublik Deutschland, am 1. Dezember 1979 veröffentlicht.

Die Welt, die uns angeht

(Seite 139 bis 162)

Briefe, Telegramme, Aufrufe zur Situation von Inhaftierten, Gefolterten, zum Tode Verurteilten sind in diesem Kapitel *nicht* abgedruckt. Jeder, der hier einzugreifen, Menschenrechte zu wahren versucht, weiß, daß Spontaneität und Ausdauer notwendig sind und eine ideologie-unabhängige Objektivität, die durchzuhalten nicht immer leicht ist.

Wider die Unausrottbarkeit der Folter, eine am 26. Oktober 1977 in Konstanz anläßlich der Aktionswoche von amnesty international gehaltene Rede, wurde teilweise in dem Band »Deutsche Schriftsteller und ihr Staat von 1945 bis heute«, Wagenbach Verlag, Berlin, 1979, abgedruckt.

Es ist schade, liebes Jahrhundert ..., der Bericht über die Tagung des Internationalen PEN-Clubs in Rio de Janeiro im Juli 1979, wurde im November 1979 in »Westermanns Monatsheften« wiedergegeben.

Abschiebung – Eine Anmerkung, 1979/80 geschrieben, wird hier zum erstenmal veröffentlicht.

Reden und Reflexionen

(Seite 163 bis 207)

Die SPD, geschrieben 1974 in Portugal, wurde in »Aktiva. Festschrift für Walter Hesselbach«, Europäische Verlagsanstalt, Köln, 1975, abgedruckt.

Kann man das ändern? Diese Rede, im November 1976 in West-Berlin auf einer Großveranstaltung zur Situation in den Justizvollzugsanstalten der Bundesrepublik in den Messehallen am Funkturm vorgetragen, erschien in Heft 1/1977 der Zeitschrift »Die Horen«.

Abrüstung und Entspannung, eine Rede zum 26. 8. 1977, wird hier zum erstenmal abgedruckt.

Auch die *Laudatio zur Verleihung der Carl-von-Ossietzky-Medaille an Rudolf Bahro am 10. Dezember 1978* wird hier zum erstenmal nachlesbar.

Die Angst des Prometheus erschien im August 1979 in den »Evangelischen Kommentaren«.

Engagiert leben (Variationen zum Thema) wurde im »Lesebuch 1980«, das im »Autorenverlag na und« erschien, abgedruckt.

Die *Liebeserklärung an Deutschland* wurde in der Reihe »Fragen der Zeit« (Redaktion: Jörg Hafkemeyer) im April 1980 vom Saarländischen Rundfunk gesendet und ist in diesem Band zum erstenmal abgedruckt.

Auch *Und ich weiß, daß ich damit nicht allein stehe ...*, die Dankrede Ingeborg Drewitz' zur Verleihung der Carl-von-Ossietzky-Medaille an sie am 14. Dezember 1980, wurde bisher noch nicht gedruckt.

Das *Nachwort* zu diesem Buch schrieb Ingeborg Drewitz im Januar 1981.

Inhalt

»Wenn Literatur allgemein ihren Anlaß im Empfinden eines Mangels hat, dann ist dieses Buch ein Musterbeispiel sozialer Literatur. Ein Buch, das nicht nur aus resozialisierenden und therapeutischen Gründen wichtig ist, sondern auch für die draußen, weil es betroffen macht durch den Nachweis:

da sitzen welche stellvertretend für viele von uns, die wir bessere Bedingungen hatten. Literatur als Schrei: des Protests gegen Unmenschlichkeit, des Aufbegehrens, des Verlangens nach Änderung. Jedes Gedicht einzeln ein Beweis, wie notwendig wir alle diese Literatur haben.« ekz-informationsdienst

»Man tut gut daran, obwohl sich hier manches beachtliche literarische Talent offenbart, an diese Dichtung nicht nur mit streng literarischen und rein ästhetischen Maßstäben heranzugehen. Es sind sehr subjektive Aussagen persönlich Betroffener, bei denen man niemals den allen gemeinsamen sozialen Hintergrund aus dem Auge verliert ...« Die Bücherkommentare

Schatten im Kalk. *Vorgestellt vom PEN-Zentrum der BRD. Zusammengestellt und herausgegeben von Ingeborg Drewitz. 140 Seiten, Paperback DM 12,80*

RADIUS-Verlag · Kniebisstr. 29 · 7 Stuttgart